나는 오늘도
나를 응원한다

나는 오늘도 나를 응원한다

평생 흔들리지 않을 자신감 회복 프로젝트

마리사 피어 지음 | 이수경 옮김

비즈니스북스

옮긴이 **이수경**

1975년 서울에서 태어났고 한국외국어대학교 노어과를 졸업 후 현재 인트랜스의 전문번역가로 활동하고 있다. 옮긴 책으로는 『인생이 우리를 위해 준비해 놓은 것들』, 『스무 살에 알았더라면 좋았을 것들』, 『에코지능』, 『권력의 법칙』, 『에너지 버스』, 『전쟁의 기술』, 『통치의 기술』, 『끌어당김의 법칙』, 『신화창조의 비밀, 스토리』 및 애거서 크리스티 전집 중 『목적지 불명』 등이 있다.

나는 오늘도 나를 응원한다

1판 1쇄 발행   2011년 6월 7일
1판 48쇄 발행   2025년 3월 26일

지은이 | 마리사 피어
옮긴이 | 이수경
발행인 | 홍영태
편집인 | 김미란
발행처 | (주)비즈니스북스
등 록 | 제2000-000225호(2000년 2월 28일)
주 소 | 03991 서울시 마포구 월드컵북로6길 3 이노베이스빌딩 7층
전 화 | (02)338-9449
팩 스 | (02)338-6543
대표메일 | bb@businessbooks.co.kr
홈페이지 | http://www.businessbooks.co.kr
블로그 | http://blog.naver.com/biz_books
페이스북 | thebizbooks
인스타그램 | bizbooks_kr
ISBN 978-89-91204-87-4   03320

* 잘못된 책은 구입하신 서점에서 바꾸어 드립니다.
* 책값은 뒤표지에 있습니다.
* 비즈니스북스에 대한 더 많은 정보가 필요하신 분은 홈페이지를 방문해 주시기 바랍니다.

비즈니스북스는 독자 여러분의 소중한 아이디어와 원고 투고를 기다리고 있습니다.
원고가 있으신 분은 ms1@businessbooks.co.kr로 간단한 개요와 취지, 연락처 등을 보내 주세요.

오래된 상처를 치유해주는 놀라운 책!

마리사와 내가 처음 만나게 된 것은 신의 오발탄 같은 극적인 우연이 아니라 순전히 일 때문이었다. 그래도 이후 15년 넘게 친분 관계를 이어오고 있으니 이제 우리는 관계의 최고점으로 올라선 상태라고 할 수 있다. 마리사처럼 천부적인 재능을 타고난 심리상담가를 만난 것은 내게 커다란 행운이었다.

나는 그동안 수많은 사람에게 마리사를 소개해주었다. 그중에는 세계적인 명사도 있고 꽤 유명한 사람도 있다. 또한 조금 알려진 사람과 세간에 인지도가 거의 없는 평범한 사람도 있다. 흥미롭게도 그 각양각색의 사람들에게는 한 가지 공통점이 있었다. 그것은 바로 '도움을 필요로 했다'는 점이다. 나는 조금도 망설이지 않고 그들에게 마리사의 연락처를 알려주었다. 그녀라면 분명 그들의 삶을 변화시킬 수 있을 거라고 믿었기 때문이다.

단언컨대 그녀의 특별한 능력은 우리의 인생을 변화시킨다. 그녀를 존경하고 또한 그녀의 능력을 믿은 나는 내 방송 프로그램인 『셀러브리티 핏 클럽』(Celebrity Fit Club, 체중감량 경쟁 프로그램—옮긴이)에서 그녀에게 중요한 역할을 맡겼고, 그녀는 여덟 명의 유명 인사를 도와 4개월 만에 놀라운 체중감량 결과를 이끌어냈다.

마리사는 심리상담가로서 세계적으로 인정받고 있으며 그녀의 도움과 조언을 얻기 위해 세계 곳곳에서 많은 사람이 찾아온다. 실제로 그녀는 온갖 문제로 고민하는 사람들을 도와(그중에는 가혹한 학대에 시달리는 사람도 있었다) 극적인 변화를 이끌어냈다. 지금까지 나는 이 분야에서 그녀만큼 탁월한 능력을 발휘하는 인물을 본 적이 없다.

수많은 사람이 내게 마리사의 치료법이 특별한 이유를 묻는데, 그 대답이 여기에 들어 있다. 만약 심장에 문제가 발생하면 우리는 심장 전문의를 찾아가 상담을 한다. 의사는 무엇이 잘못되었는지 진단하고 우리에게 어떤 치료가 필요한지 말해준다. 의사가 수술이 필요하다고 말하면 우리는 수술을 받는다. 병원에 가서 상담만 할 경우에는 심장질환을 진단받을 수는 있지만 질병은 치료되지는 않는다. 기껏해야 그 상태가 유지되거나 최악의 경우 더 심각해질 뿐이다.

마리사는 진단을 하는 전문가 역할과 수술을 집도하는 외과의 역할을 동시에 수행한다. 따라서 우리는 그녀와 만나 이야기를 나눈 다음 스스로 문제에 뛰어들어 그것을 해결하게 된다.

나는 거의 12년 동안 그녀에게 심리치유를 위한 책을 집필하라고 끈질기게 권유했다. 세상에는 그녀를 찾아올 수 없는 사람 혹은 그녀가 찾아갈 수 없는 사람이 너무도 많기 때문이다. 그러한 과정 끝에 나온 결과물이 바로 이 책이다. 실로 '굉장하다'는 말 외에 그 어떤 말로도 이 책의 가치를 표현하기가 어렵다. 마리사의 기지와 지혜, 솔직함이 가득 담긴 이 책에서 흠 잡을 만한 곳은 한 군데도 없다. 더구나 이 책은 최신 치료요법까지 소개하고 있다.

이 책을 펼쳐든 당신은 그야말로 행운아다. 지금까지 당신의 삶을 불행하게 만든 태도나 행동패턴을 멀리 날려버릴 확실한 길에 들어선 셈이니 말이다. 사람들은 흔히 이런저런 이유를 대며 자신에게는 희망이 없다고 말한다. 그러면서 늘 의문에 휩싸인다. 나는 왜 항상 인간관계가 틀어지는 걸까? 나는 왜 언제나 좋아하지도 않는 일을 해야만 하는 걸까? 대체 왜 그럴까?

사람들은 자신도 모르는 사이에 부정적인 행동패턴을 반복하고 결국 그 행동의 지배를 받는다. '나는 왜 그럴까'라는 생각이 들 때 혹은 혼잡한 교차로처럼 머릿속이 복잡할 때 차분하게 앉아 이 책을 읽어보라. 분명 실타래처럼 엉켜버린 문제의 매듭이 서서히 풀리는 것을 느끼게 될 것이다.

새로운 신경회로를 만들기 위해 노력하면 우리의 두뇌는 얼마든지 변화할 수 있다. 우리의 두뇌는 변화로의 초대에 기꺼이 응하기 때문이다. 이 책을 읽는 것은 마리사와 개인 면담을 하는 것이나 다름없다. 무엇보다 읽는 데 어려움이 없고 실천하기도 쉬워 수일 혹은 수주일 안에 당신은 완전히 변화된 자기 자신을 만나게 될 것이다.

부디 모든 독자가 이 책이 만들어내는 긍정적인 변화를 체험하길 바란다. 이 책은 마리사만큼이나 경이롭고 멋지다.

버진 미디어 TV 텔레비전 국장, 전前 ITV 엔터테인먼트 국장,
클라우디아 로젠크란츠Claudia Rosencrantz

"자신감은 언제나 옳은 행동을 함으로써 생겨나는 것이 아니라,
틀리는 것을 두려워하지 않는 데서 생겨난다."
– 피터 매킨타이어(Peter McIntyre)

이 프로그램은 왜 좋은가

시중에는 자신감을 얻는 방법을 설명하면서 그대로 실천하기만 하면 즉각 결과를 얻을 수 있다고 큰소리치는 책이 많이 나와 있다. 하지만 이 책은 그런 부류와는 차원이 다르다. 이 책은 당신이 '태어날 때부터 이미 갖고 있던' 자신감을 되살리는 것은 물론 그것을 크게 높여준다. 또한 자신감이 어디에서 어떻게 손상되었는지 그 원인점을 찾게 해주고, 일련의 간단한 실천방법을 통해 영원히 훼손되지 않을 높은 자신감confidence과 자존감(self-esteem, 자아존중감, 자기존중감)이 내면에서 솟아나도록 이끌어준다.

이 책에는 몇 가지 중요한 열쇠가 들어 있다. 이제 당신은 그 열쇠로 영원히 지속될 내적 자신감과 자존감으로 이어지는 비밀의 문을 열게 될 것이다. 당신이 그 안으로 들어서려면 무엇보다 기존의 태

도와 말투, 생각, 신념을 모두 바꿔야 한다.

이제부터 나는 자신감 회복에 영향을 미치는 영구적이고 효과적인 방법에 대해 이야기할 생각이다. 이를 위해 나는 독특한 최면催眠 문체로 이 책을 집필했다. 최면 문체란 생각과 정신 상태에 중대한 변화를 유발하는 언어패턴을 말한다. 최면 문체라고 해서 내가 말하는 것을 그대로 실천하라고 강요하는 것은 아니다. 내 목적은 당신이 내가 말하는 것을 찬찬히 생각해보고 그 내용을 흡수한 뒤 자연스럽게 변화하도록 이끄는 데 있다. 그것은 매우 효과적이고 영구적인 변화로 자리 잡는다.

이 책의 또 다른 장점은 반복에 있다. 독자들이 조언과 지시사항을 읽으면서 변화를 완전히 받아들일 수 있도록 돕고자 반복 구성으로 집필했기 때문이다. 이 책을 읽는 것은 어쩌면 당신 자신을 위한 최고의 투자일지도 모른다.

그밖에도 이 책은 여러 가지 훌륭한 방법을 제시한다. 먼저 내면으로부터 자연스럽게 발산돼 주변 사람에게 영향을 미치는 자신감을 회복하도록 돕는다. 또한 자기가치, 자기존중, 자기중요성의 감각을 키울 수 있는 방법을 제시한다. 내면의 자신감을 키우면 타인 역시 당신에게 긍정적으로 반응하게 된다. 심지어 당신의 삶을 모범으로 삼거나 당신을 중요하고 가치 있는 사람으로 본다. 내면에 웅크린 최고의 모습을 이끌어낸다는 점에서 이것은 책 이상의 가치를 담고 있다고 볼 수 있다. 그뿐 아니라 당신 자신은 물론 주변 사람들의 기대치를 뛰어넘을 수 있도록 도와준다. 새로운 차원의 자기 확신과 결코 사라지지 않을 자신감으로 진정 원하는 것을 성취하도록,

나아가 내면의 잠재력을 최대한 발현하도록 이끌어주는 것이다.

과거로부터 벗어나 더욱 자신감 있는 미래상을 그리게 해주는 10단계에 주목하라. 교훈이 되는 사례, 고객 상담 이야기, 나쁜 습관을 버리는 방법, 불안하고 우울한 기분에서 벗어나는 법 그리고 성공한 사람들의 일상적인 습관은 모든 인간관계, 의사소통, 사회생활을 개선하는 데 분명 도움을 준다. 그러한 비법을 당신의 삶에 적용해 실천하면 영구불변의 자신감을 키울 수 있다.

자신감을 얻는 것과 동기부여를 받는 것은 다른 문제다. 어떤 사람은 막연히 '당신은 할 수 있어'라고 말하고, 또 어떤 사람은 효과가 확실한 특정 도구와 방법을 알려주며 당신이 해낼 수 있다는 사실을 깨우쳐준다. 여기에는 커다란 차이가 있다. 동기부여가 매번 행동을 유발하는 것은 아니다. 어떤 행동을 하기 위해 항상 동기부여가 필요한 것도 아니다. 오히려 특정 행동을 실제로 하고 나면 그것을 더 하고 싶어질 때가 많다.

예컨대 나는 종종 별로 마음이 내키지 않는 상태에서 헬스클럽에 가기도 한다. 그럴 경우에는 '그냥 30분만 해야지'라고 생각하며 헬스클럽으로 들어선다. 그런데 막상 운동을 시작하면 어느새 한 시간 혹은 그 이상 땀을 흘리며 운동을 즐기는 나 자신을 발견한다. 간혹 나는 글쓰기가 싫을 때도 있지만 일단 시작하면 갈수록 동기부여를 받으면서 생각보다 오랫동안 책상 앞에 앉아 있기도 한다. 글을 쓰면 쓸수록 더 많이 동기를 부여받기 때문이다.

동기부여는 어렵거나 하기 싫은 일을 하도록 자극하는 방법으로, 스스로 어떤 행동을 하게 만드는 데 활용할 수 있다. 하지만 자신감이 있는 사람은 다르다. 이런 사람은 계속 스스로를 자극하거나 억지로 동기부여를 할 필요가 없다. 일단 진정한 자신감을 얻으면 그것은 늘 내면에 존재하면서 무엇이든 할 수 있다는 확신을 심어준다.

이 책과 함께 여행을 하다 보면 당신의 신념, 생각, 행동에 미묘한 변화가 찾아들 것이다. 그리고 그러한 변화 이후에는 과거의 모습이 사라진다. 마음속에 성공을 구체적으로 그리는 방법을 배우기 때문이다. 마음속에 그리는 행위와 상상력이 자존감을 키우는 데 탁월한 힘을 발휘한다는 사실은 이미 과학적으로 입증되었다.

이 책을 덮는 순간 자신감 넘치는 새로운 인생의 첫 장이 시작된다. 그때부터는 어떤 상황에서도 자신 있게 행동할 수 있다. 더불어 당신이 마땅히 될 수 있고 또한 마땅히 되어야 하는 모습을 되찾는 것은 물론, 목표를 달성해 스스로에 대한 만족감과 자기애가 높아진다. 자존감의 정도는 '자기 자신을 얼마나 사랑하느냐'에 달려 있다. 단언컨대 당신의 자존감과 자신감, 자부심에 놀라운 변화가 찾아들 것이다.

나는 20년 넘게 수천 명에게 도움을 주었고 그들은 모두 성공적인 결과를 체험했다. 그들 중에는 슈퍼모델, 유명 인사, 백만장자, 심지어 왕실 사람도 있다. 나를 찾아올 당시 그들은 자신이 불행하다고 생각했고 사회적인 성공에 당연히 따를 것으로 예상되는 자신감과 자존감도 없었다. 개중에는 자신이 거짓말쟁이라거나 위선적이라고 생각하는 사람도 있었다. 모든 것을 다 가진 것처럼 보이는 사람이 자기 확신과 자신감이 부족해서 삶을 즐길 수조차 없다고 말하기도 했다.

나는 일시적으로 자신감을 얻는 방법이나 '성공하기 전까지는 성공한 시늉이라도 하라'는 식의 접근법을 믿지 않는다. 나는 그런 권고를 실천하는 사람을 많이 만났다. 그들은 성공을 거둔 후에도 여전히 '가짜 성공'이라 생각했고 그 결과 불행과 불안감, 압박감에 시달렸으며 거짓된 삶을 사는 것 같다고 했다.

많은 사람이 자기 자신에 대해 만족하지 못한다. 뛰어난 재능이 있고 부와 명예를 얻은 사람들도 여전히 자신이 불행하다고 느낀다. 자기 자신을 믿지 못하기 때문이다. 이 책은 자기 자신을 믿는 방법, 자신에 대해 좋은 감정을 품고 만족감을 얻는 방법을 알려준다. 스스로를 의심하게 만드는 믿음을 찾아내 제거하지 않으면 결코 자신감을 회복할 수 없다. 그러나 일단 이 책이 제시하는 과정을 거치고 나면 '최고의 자신감'을 회복할 수 있다. 평생토록 지속되는 자신감 말이다.

오래 전, 나는 인간관계를 다룬 어느 베스트셀러를 읽다가 '끊임없이 칭찬하는 것만이 상대방의 자신감과 자존감을 높여주는 유일한 방법'이라는 내용을 발견했다. 그 말이 꼭 맞는 것은 아니다. 칭찬이 효과가 있으려면 적절한 때에 해야 하고 가끔은 예상치 못한 칭찬이어야 하며 무엇보다 타당성이 있어야 한다. 나는 그 책의 내용을 남자친구에게 적용해보기로 했다. 재능이 있고 외모가 준수한 그는 유머감각이 있는 데다 직업에서도 성공을 거뒀지만 늘 자신감이 부족했고 자신을 믿지 못했다. 그런 그에게 말 그대로 '끊임없이' 칭찬을 퍼부었다. 남자친구의 반응은 어땠을까? 놀랍게도 짜증을 냈고 심지어 화를 내기도 했다. 나중에는 원하는 게 뭐냐고, 대체 왜 자꾸 거짓말을 하느냐고 다그쳤다.

나는 그 베스트셀러 작가에게 편지라도 쓰고 싶은 심정이었다. '칭찬을 했는데 상대가 받아들이려 하지 않고 내가 하는 말을 믿지 않으면 대체 어떻게 해야 합니까?'라고 말이다. 그때의 경험은 내 견해가 옳다는 것을 어느 정도 입증해주었다. 즉, 자기 자신에 대해 만족하지 못하는 사람은 다른 사람의 평가에 그다지 귀를 기울이지 않는다. 결국 스스로를 어떻게 생각하느냐가 더 중요한 셈이다.

자신감을 얻으려면 자기 자신에 대한 생각(혹은 믿음)부터 바꿔야 한다. 이 책은 지금까지 당신의 삶을 방해해온 나쁜 믿음을 찾아내 다시는 그것이 힘을 발휘하지 못하도록 깨끗이 제거해줄 것이다.

이 프로그램은 어떻게 다른가

이 프로그램은 운동선수나 연기자가 실전에 임하기 전에 자신감을 충전하기 위해 행하는 육체적, 정신적 훈련법 같은 것이 아니다. 물론 그러한 '무대 뒤 준비훈련'은 효과가 있긴 하지만 매번 반복적으로 시행해야 하는 수고가 따른다. 나는 당신에게 평생 사라지지 않을 내면의 자신감을 찾아주고 싶다.

자신감 부족의 주요 원인은 자신이 충분히 잘하고 있다고, 자신이 만족스럽다고 생각하지 않는 데 있다. 안타깝게도 수많은 사람이 더 크게 이루고 더 열심히 일하고 더 근사해 보이고 더 좋은 결과를 냄으로써 자신에 대한 불만족을 덜어내려 애쓴다. 자기 불만족에서 해방되면, 즉 자신이 충분히 '잘난' 사람이라는 것을 확실히 알게 되면 자기 자신과 싸울 필요가 없다.

나는 영국과 미국에서 많은 유명인을 치료하는 동안 스스로를 못났다고, 아직은 충분하지 않다고 믿는 사람을 수없이 만났다. 해를 거듭하면서 나는 그들을 위한 기술을 개발했고 그것은 상당히 성공적이었다. 그 특별한 기술 덕분에 나는 최고의 심리상담가로 알려지는 동시에 많은 고객에게 감사편지를 받기도 했다. 그 기술과 방법이 이 책에 고스란히 담겨 있다. 따라서 독자 여러분도 내 고객들과 마찬가지로 분명 긍정적 변화를 이룰 수 있을 것이다.

나 역시 과거에는 자신감이 부족했고 자존감도 낮았다. 그런 내가 변화한 것도 결국 이 책에 담긴 방법 때문이었다. 그 방법을 보다 많은 사람에게 전해주고 그들이 변화하도록 도울 수 있다는 사실에 나는 늘 짜릿한 흥분과 뿌듯함을 느낀다. 진정한 변화를 체험한 경험자로서 나는 당신도 나와 같은 결과를 얻길 바라며 당신이 분명 변화할 수 있다고 믿는다.

오래 전부터 고객들이 내 치료법과 기술을 책으로 내라는 요청을 해왔다. 그들 스스로 내 치료방법을 통해 처음으로 의미 있고 효과적인 내면의 변화를 이루었기 때문이다. 그러한 요청에 부응해 나는 모든 사람이 본래 갖고 태어난 자신감을 되찾아 보다 행복하고 충만한 삶을 살아가길 바라는 마음에서 이 책을 집필했다. 독자 여러분은 소파에 편안히 앉아 책을 읽기만 하면 된다. 이 책에 담긴 방법들은 매우 효과적이고 실행하기도 쉽다. 당신은 분명 내가 얻은 것과 똑같은 결과를 얻게 될 것이다. 나는 단 한 번도 고객유치 광고를 낸

적이 없다. 다만 내 치료법의 효능을 경험한 많은 이들이 그 힘을 입증한 덕분에 고객이 입소문을 듣고 혹은 개인적인 추천을 받아 나를 찾아왔을 뿐이다.

이 프로그램의 효과는 왜 오래 지속되는가

이 책을 읽다 보면 먼저 생각의 습관이 바뀌고 그 다음에 행동의 습관이 바뀐다. 결과적으로 평생 사라지지 않을 내적, 정서적 변화가 일어나며 동시에 외적인 변화도 이루게 된다. 물론 그러기 위해서는 책을 읽는 데서 그치는 것이 아니라 여기에 담긴 방법들을 실천해야 한다. 특히 당신과 관련성이 높은 부분은 형광펜으로 표시하면서 주요 기술과 실천사항을 활용하는 것이 좋다.

단순히 책 한 권을 읽는 것이 아니라 여행을 한다고 생각하라. 내면의 멋진 자신감과 자존감으로 향하는 여행 말이다. 목적지에 도달하려면 끝까지 여행해야 한다. 도중에 중단하면 약속된 최고의 장소를 놓치고 말 것이다. 그래도 정신적인 변화를 위한 여정은 비용이 들지 않고 즉각적으로 효과를 볼 수 있으며 실천하기 쉽다는 장점이 있으므로 너무 걱정할 필요는 없다.

이 책에서 요구하는 변화는 대개 작고 간단하다. 하지만 그로 인한 혜택은 상상도 못할 만큼 어마어마하며 당신의 인생을 통째로 바꿔놓을 수도 있다. 신체적 변화를 추구할 때는 땀 흘려 열심히 노력할수록 더 좋은 결과를 얻지만, 정신적 변화를 추구할 때는 그렇지 않다. 인내심을 시험할 만큼 엄청난 노력을 할 필요도, 끊임없이 애쓸 필요도 없다. 다만 생각을 바꾸고 매일 잠시 동안이라도 마음속에 변화를 꾸준히 키워나가면 된다.

하루 중에서 잠깐의 시간도 내지 못하는 사람은 없다. 그렇지 않은가? 정신적 변화를 위한 연습은 대개 욕조에 몸을 담그고 있을 때나 출근하는 지하철 안에서, 심지어 양치질을 하는 동안에도 실천할 수 있다. 사람들은 대부분 거의 하루 종일 자기 자신과 대화하거나 생각을 하면서 시간을 보내므로 내가 소개하는 방법만 잘 따른다면 지속적이고 생산적인 변화를 만들어낼 수 있을 것이다.

누구나 하루에 몇 분의 시간은 낼 수 있다. 이 책은 최면 책이지만 당신을 잠들게 하지는 않는다. 오히려 당신을 진정으로 깨어나게 만든다.

또 책의 내용은 그 자체만으로도 좋은 결과를 얻을 수 있을 만큼 매우 효과적이다. 하지만 나는 "느끼지 못하면 치료할 수도 없다."는 말을 전적으로 믿는다. 다시 말해 무엇이 잘못되었는지 알지 못하면 문제를 해결할 수 없다.

이 책은 당신의 자신감이 사라지게 된 원인과 과정을 이해하도록 돕고 자신감을 회복시킬 방법을 알려준다. 그리고 변화는 당신에게 자신감이 부족한 이유와 그것에 영향을 미치는 모든 근본적인 문제에 접근해 그곳에서부터 시작한다. 결과적으로 자신감은 자연스럽게 당신의 일부가 된다.

이 책은 부정적인 생각과 믿음에 영원한 작별을 고하도록 구성되었다. 아울러 내면의 변화를 더욱 강화하고 마음에 단단히 고정시켜 평생 자신감 넘치는 삶을 영위하도록 도와줄 것이다.

Step 1

:

태도

———

"우리 세대의 가장 위대한 발견은 태도를 바꾸면
인생도 바꿀 수 있다는 것을 알게 된 점이다."
−윌리엄 제임스(William James, 1842~1910, 미국 심리학자)

ULTIMATE CONFIDENCE

여행을 시작하라

∎ ∎ ∎

나는 10대와 20대 시절 내내 스스로를 낙오자라 생각하며 살았다. 실제로는 뛰어난 성과를 낸 적도 있지만 자신감은 없었다. 좋은 기회가 와도 스스로 자격이 없다고 생각해 거부한 적도 있다. 그런데 성인이 된 뒤 최면치료를 공부하면서 내면의 진정한 자신감을 되찾는 일이 생각보다 쉽다는 것을 알게 되었다. 이후 나는 20년 넘게 심리상담가로 활동했는데, 그 과정에서 누구나 자신감 넘치는 삶을 살아가는 것은 물론 진정으로 자신을 사랑할 수 있도록 도와주는 효과적인 방법을 개발했다.

자신감을 얻는 과정을 여행이라고 생각하라. 우리는 본래 자신감을 갖고 태어나지만 그중 대부분을 청소년기에 잃어버리고 만다. 그리고 어떻게 해야 하는지도 정확히 모르면서 오랜 시간 그것을 되찾기 위해 애쓴다.

어떻게 하면 타고난 자신감을 되찾을 수 있을까?

자신감을 되찾는 여행은 결코 어렵지 않다. 태도와 믿음, 생각, 언어를 바꾸면 얼마든지 자신감을 극적으로 높일 수 있다.

태도에 변화가 일어나고 그 상태로 시간이 흐르면 그것은 자연스럽게 당신의 일부가 된다. 나도 한때는 불안감을 느꼈고 매사에 소심한 편이었지만 지금 내 모습에서 그런 점은 전혀 찾아볼 수 없다.

몇 년 전 시카고에서 일할 때, 우연히 예전에 LA에서 사귀었던 남자친구를 만났다. 거의 10년 만의 일이었다. 그는 내게 많이 변했다며 그동안 무슨 일이 있었느냐고 물었고 나는 별일 없었다고 대답했다. 무슨 일이 있었던 게 아니라 본래의 나를 되찾았을 뿐이니까.

나는 먼저 나 자신을 바꾸는 데 도전했다. 몸과 마음에 밴 습관을 거스르는 일은 많이 힘들었지만 나는 결국 해냈고 변화된 태도를 내 일부로 받아들이게 되었다. 그 과정에서 나는 특정 방식으로 생각하고 행동하는 법을 배웠는데 결과적으로 더 큰 자신감을 얻었고 행복해졌다. 그 방법 덕분에 나는 태어날 때부터 예정되어 있던 진정한 나 자신이 될 수 있었다.

우리는 흔히 자신을 믿지 못하고 타고난 재능을 의심하며 숨어버리거나 불안해한다. 하지만 그것은 진정한 우리의 모습이 아니다. 영적 심리치유 전문가, 메리앤 윌리엄슨Marianne Williamson은 이렇게 말했다.

"움츠러드는 나약한 행동은 세상에 아무런 도움이 되지 않는다. 우리는 모두 아이들처럼 빛나야 할 존재다. 우리가 빛을 발하면 다른 사람들도 빛을 내도록 기회를 줄 수 있다."

아기, 강아지, 새끼 고양이를 보라. 그들에게는 삶에 대한 빛나는 열정이 있다. 그들은 부끄러워 숨지 않으며 누군가로부터 관심받는 것을 좋아하고 집중적으로 주목받는 것을 즐긴다. 또한 그들은 우리가 자신들을 좋아할 거라고 기대하며 실제로 우리의 사랑을 받는다.

내면의 진정한 자신감은 자신을 좋아하는 것, 자신에 대해 좋은 느낌을 갖는 것으로부터 나온다. 다른 사람이 되려고 노력하거나 자신을 중요한 사람으로 포장하려 애쓸 필요는 없다. 타인에게 깊은 인상을 남길 필요도, 남들이 자신을 좋아하도록 만들려고 노력할 필요도 없다.

물론 자신감이 곧 오만함은 아니다. 그 둘은 현저히 다르다. 오만함은 자신감이 극단적으로 부족한 상태로 자신뿐 아니라 주변 사람들에게 자신이 훌륭하고 특별한 사람이라는 것을 납득시키려 애쓰는 것을 말한다. 자신이 정말로 훌륭하고 특별하다고 확신하는 사람은 남들이 자신을 어떻게 생각하든 크게 신경 쓰지 않는다.

자신감은 당신이 발산하는 조용한 자기 확신이다. 어린아이나 동물과 스스럼없이 교감하며 잘 어울리는 사람 그리고 자신이 타고난 요리사, 무용수, 운동선수, 화가라는 확신이 있는 사람은 그러한 자신감을 발산한다. 그들은 자신의 뛰어난 능력을 굳이 말로 설명하지 않지만 주변 사람들은 그것을 자연스럽게 느낄 수 있다. 특히 어린아이와 동물은 속일 수 없다. 이들은 상대가 자신을 좋아하는지 혹은 상대가 자신을 잘 다룰 수 있는 사람인지 금방 알아차린다.

사람은 누구나 최소한 한 가지 이상의 재능을 갖고 태어난다. 누구나 잘하는 것이 하나씩은 있게 마련이다. 기억해야 할 점은 모든 것을 잘할 수는 없다는 사실이다. 그러므로 모든 것을 잘하려 애쓸 필요는 없다. 우리는 타고난 재능에 대해 진정한 자신감을 갖는 법을 배워야 한다. 어떤 한 가지에 뛰어난 재능이 있는 사람은 그 한 가지를 잘하는 것만으로도 충분하다는 것을 알고 있다. 더불어 그 한 가지를 잘한다는 사실에서 자신감을 얻는다.

몇 년 전, 내 남편이 전립선암에 걸렸다. 남편을 진단한 전문의는 모호하게 말했다.

"글쎄요, 최선을 다하긴 하겠지만 우선 환자 분이 약물에 어떤 반응을 보이는지 지켜봐야 합니다. 저도 약물치료가 효과가 있기를 바라지만 확실히 보장할 수는 없군요."

나는 남편을 설득해 다른 의사를 만나보도록 했다. 영국에서 전립선암 분야의 권위자로 인정받는 그 의사는 몇 가지 검사를 한 뒤에 말했다.

"당신은 암을 충분히 이겨낼 수 있습니다. 최고의 전문의를 만났으니까요. 저는 유럽에서 가장 뛰어난 전립선암 전문의입니다."

이 말을 들었을 때 얼마나 안심이 되던지! 그의 말은 오만함이 아니라 자신감에서 나온 것이었고 그 분명한 메시지는 우리에게 나을 수 있다는 확신을 심어주었다. 결국 남편은 무사히 완치되었다.

예전에 비행기를 타고 가다가 무서운 난기류를 만난 적이 있다. 그때 조종사가 기내로 잠깐 나오더니 승객들을 향해 공손하게 말했다.

"예상치 않던 디즈니 놀이기구를 타게 해드려 죄송합니다. 하지만 걱정하지 마십시오. 저는 숙련된 조종사입니다. 델타 항공의 최고 조종사죠. 저는 이런 경우에 어떻게 대응해야 하는지 잘 알고 있습니다. 조금 있으면 난기류를 통과해 다시 편안한 여행을 할 수 있을 겁니다.”

그의 자신감 덕분에 승객들은 더 이상 불안에 떨지 않았다. 우리는 조종사가 오만하다거나 우리를 속인다는 생각을 하지 않았고 오히려 그의 자신감에 마음의 안정을 찾았다.

자신 있게 행동하는 사람을 싫어하는 경우는 드물다. 반대로 아주 좋아한다. 만약 당신이 영국의 유명한 요리사, 고든 램지Gordon Ramsay에게 전화를 걸어 “오늘 저녁 당신의 레스토랑에 가서 식사를 할까 하는데 음식 맛이 좋을까요?”라고 묻는다면 고든은 아마 당당하게 대답할 것이다.

“나는 세계 최고의 요리사입니다. 음식 맛은 그냥 좋은 정도가 아니라 끝내주게 좋을 겁니다.”

그의 직원들은 물론 대다수의 사람이 이처럼 자신감 넘치는 고든을 진심으로 존경하고 좋아한다. 고든은 결코 정원 가꾸기나 그림 그리기도 잘한다고 말하지 않는다. 그는 자신이 잘하는 것, 즉 요리에 대해서만 열정적으로 말한다. 무언가를 향해 열정을 내뿜는 것만큼 멋진 일이 또 어디 있겠는가.

나는 노숙자들을 돕는 단체에서 활동하고 있는데 그 단체는 노숙자들이 거리생활에서 벗어날 수 있도록 일자리를 제공하기도 한다. 노숙자들에게 무엇을 잘하느냐고 물어보면 그들은 자신이 할 수 있다고 생각하는 것은 죄다 주워섬긴다. 목수, 정원사, 요리사, 건축가, 배관공, 잡역부, 운전기사, 기계공 등 입으로는 그야말로 팔방미인이지만 사실은 특별히 잘하는 것이 없다.

우리는 한 가지 일만 잘하면 된다. 특히 타고난 재능을 발휘할 수 있는 일, 즉 당신이 하고 싶은 일을 찾아내 그것을 놀라울 만큼 잘해야 한다. 배우로 활동하던 제인 애셔Jane Asher는 창의적 재능을 발휘해 케이크 제빵사가 되었으며, 자신의 성공 노하우를 다른 이들에게 알려주기 위해 책도 출판했다. 그녀는 한 가지만 잘하면 성공한다는 것을 보여주는 훌륭한 본보기다. 자신의 일을 사랑하는 사람은 때로 보수 없이도 그 일을 열정적으로 해낸다. 자신이 원하고 사랑하는 일을 할 경우에는 자신감이 높아지지만 하기 싫은 일을 억지로 하면서 만족감을 얻기는 거의 불가능하다.

Step5에서는 원하는 일을 하는 것과 타고난 재능에 관해 다루고 있다. 하지만 중간 내용을 건너뛰고 곧바로 Step5를 펼치지 않길 바란다. 이 책은 각 단계를 순서대로 읽어야 사고방식을 변화시킬 수 있도록 세심하게 구성되어 있기 때문이다. 순서대로 읽어야 최상의 결과를 얻을 수 있다.

타고난 자신감을 손상시키는 계기들

마음의 법칙 중 하나는 '언제나' 감정이 이성을 이긴다는 것이다. 감정은 이성보다 훨씬 더 강하다. 그래서 이성보다 감정을 바꾸는 것이 중요하다. 주저앉고 싶거나 어떤 행동을 하기가 두려울 때 당신은 감정을 다스리고 변화시켜야 한다. 앞으로 이 책에서 그 방법을 배우게 될 것이다.

감정만 제대로 다스린다면 사람들 앞에 나서거나 집중적으로 관심을 받을 때 혹은 낯선 사람 앞에서 이야기할 때, 아무런 두려움 없이 그 행동을 즐길 수 있다. 오히려 어린아이처럼 관심받는 것에서 편안함을 느끼게 된다.

아기나 어린아이의 행동은 우리에게 저마다 타고난 내면의 자신감이 있다는 사실을 끊임없이 상기시켜 준다. 딸아이가 네 살이었을 때 나는 종종 딸과 딸의 친구들을 차에 태워 유치원까지 데려다주었다. 가는 길에 "누가 노래해볼래?" 하고 물으면 아이들은 너나 할 것 없이 "저요, 저요! 제가 할래요. 저 진짜 노래 잘해요!"라며 소리쳤다. 음정, 박자, 가사가 모두 엉망인데도 자신이 누구보다 노래를 잘한다는 듯 자신 있게 노래하는 모습이 어찌나 사랑스럽던지!

만약 내가 열네 살이 된 아이들에게 그런 요구를 했다면 어땠을까? 아마도 아이들은 무슨 생뚱맞은 요구냐는 듯 눈을 동그랗게 뜨고 서로를 쳐다보며 내 말을 무시했을 것이다. 또한 내 딸은 친구들 앞에서 창피하게 왜 그러느냐고 투덜댔을 게 뻔하다. 열네 살쯤 되면 아이들은 평가받는 것(특히 나쁘게 평가받는 것)을 두려워한다. 이러한 두려움은 유아기 때는 존재하지 않던 것이다. 사실 당신 자신을 제외한 어느 누구도 당신을 평가할 수 없다. 그리고 자기 자신을 제대로 평가하는 법을 배우면 평생 사라지지 않을 '최고의 자신감'을 얻을 수 있다.

일곱 살 된 내 조카는 운동감각을 타고났다. 조카는 자신이 학교에서 가장 잘 달린다고 자랑스럽게 말한다. 테니스에도 남다른 소질이 있음을 인정받은 조카는 절대 자신의 능력을 과소평가하지 않는다. 그런 조카 녀석이 기특해서 얼마 전에 내가 물었다.

"학교에서 네가 최고라며?"

"아니에요. 이 근처 여섯 개 학교 전체에서 최고예요."

거드름을 피우는 게 아니라 그냥 사실 그대로를 말한다는 투였다. 조카는 겸손해야 한다거나 자랑하면 안 된다는 식의 훈계를 들은 적이 없고 형제나 친구들의 질투를 경험하지도 않았다. 그렇다면 조카의 그런 자신감은 계속해서 유지될까? 안타깝게도 그렇지 않다. 자라면서 우리는 타인에게 비치는 자기 모습에 신경 쓰고 다른 사람의 반응에 적응하려 애쓰기 시작한다.

내 딸이 여덟 살 때 학교 운동회에서 2등을 했다. 아이에게 "와, 전교에서 2등을 했구나. 정말 대단해."라고 했더니 아이는 곧바로 "아니에요. 전교생이 몇 명 되지 않아 2등이라고 해봐야 별것 아니에요."라며 자기폄하 식 대답을 했다. 나는 "그렇지 않아. 넌 대단한 일을 해낸 거야. 엄마는 네가 자랑스러워."라고 말해주었다. 아이는 벌써부터 자신을 과소평가하고 있었던 것이다.

자신의 특별한 재능이나 능력, 소질에 대해 자신감을 갖는 것은 매우 중요하며 또한 그것은 기분 좋은 일이기도 하다. 기억나지 않을지도 모르지만 세상에 태어났을 때 당신은 분명 '뭐든 잘하는 사람'이었다. 작은 입을 오물거리며 "비키, 비키."라고 말하면 부모님은 "비스킷이라고? 이젠 제법 말을 잘하네."라며 엉덩이를 토닥여주었다. 당신의 모든 행동, 즉 걷고 말하고 손가락으로 가리키고 웃는 행동에 박수와 칭찬이 쏟아졌다. 심지어 화장실에서 소변을 보는 것도 칭찬을 받았다. 당신이 실수하고 단어를 잘못 사용하고 머리카락에 음식물을 묻히고 신발을 바꿔 신고 속옷 입는 것을 잊어도 부모님은 그런 모습까지 귀여워하며 사진을 찍기도 했다.

그런데 형제들이 늘어나거나 학교에 들어가면 그 전처럼 칭찬을 자주 받지 못한다. 다른 아이들보다 더 빨리 잘해야 겨우 칭찬을 받고 실수를 하면 그것을 귀엽다거나 사랑스럽게 봐주지 않는다. 어느 날 딸아이를 교실까지 데려다주었는데 아이가 같은 반 친구를 가리키며 말했다.

"쟤는 노트에 자기 이름을 깔끔하게 잘 쓸 수 있는데 나는 잘 못해요."

"저 아이 이름은 미아Mia고 네 이름은 페드라Phaedra잖아. 네 이름이 훨씬 복잡해서 깔끔하게 쓰기가 더 힘들어. 그리고 어른이 되면 누가 더 이름을 깔끔하게 쓰는지 따위에는 아무도 신경 쓰지 않아. 어른이 되면 누구나 이름을 잘 쓸 수 있거든. 그리고 페드라, 너는 그림을 잘 그리잖니. 아마 너보다 잘 그리는 친구는 없을 거야."

속상하게도 딸아이가 다니던 초등학교에서는 학생들의 발달 과정을 다른 아이들과 비교하여 평가했다. 노력이 아니라 평가표에 기재된 결과로만 판단하는 것이 아이들의 자존감을 얼마나 많이 훼손했을까.

자신의 본래 능력보다 낮은 성과를 내는 이유는 진정한 자기 모습에 다가서는 것을 방해하는 믿음이 마음을 점령하고 있기 때문이다. 그 잘못된 믿음을 찾아내 마음에서 몽땅 내쫓아야 한다. 우리는 모두 특정 방식으로 행동하고 반응하도록 프로그램화되어 있다. 이는 곧 인간의 행동에 일정한 패턴이 있다는 것을 의미한다. 따라서 당신의 내면에 있는 프로그램을 다시 설정하면 부적절한 역할모델과 잘못된 조언 및 믿음으로 형성된 사고방식을 없앨 수 있다. 그것이 사라지면 태어날 때부터 본래 갖고 있던 자신감을 되찾을 수 있다.

부정적인 믿음과 습관 버리기

먼저 당신의 마음을 점령하고 있는 모든 부정적인 믿음에 질문을 던져보라. 왜 당신은 스스로를 부족한 사람이라고 생각하는가? 왜 그런 믿음이 생겨났는가? 당신에게 처음으로 그 말을 한 사람은 누구인가? 그는 당신에 대해 얼마나 알고 있는 사람인가? 그는 어떤 근거로 그런 잘못된 가정을 했는가?

크게 성공을 거둔 사람 중에는 한때 주변 사람들로부터 절대 성공하지 못할 거라는 말을 들은 사람도 있다. 엘비스 프레슬리는 『그랜드 올 오프리』(Grand Ole Opry, 공개 음악방송 프로그램-옮긴이)에서 첫 공연을 한 후 쫓겨났다. 그때 그는 "당신은 재능이 없어. 절대 가수가 될 수 없으니 다시 트럭 운전이나 해."라는 말을 들었다. 비틀스는 데카 레코드사의 오디션에서 탈락했고 조앤 롤링의 첫 작품 『해리 포터와 마법사의 돌』은 출판사에서 여러 번 거절당했으며, 알베르트 아인슈타인은 학습장애 진단에서 교육 부적격자라는 말을 들었다. 20세기 최고의 발명가인 토머스 에디슨도 어린 시절에 학교에서 쫓겨났으며 '머리가 나빠 교육조차 시킬 수 없는 아이'라는 꼬리표가 따라다녔다.

오늘날 크게 성공한 인물이나 부자 중에는 한때 능력이 없다고 무시당하던 사람이 많다. 유명 요리사 고든 램지는 부상 때문에 글래스고 레인저스 축구팀에서 쫓겨난 경험이 있다. 바닥부터 시작해 차근차근 출세 곡선을 올라갔던 TV 프로그램 제작자 사이먼 코웰Simon Cowell과 유명한 기업가 피터 존스Peter Jones는 어느 날 갑자기 모든 것을 잃었지만 결국 재기에 성공했다. 펠릭스 데니스Felix Dennis는 과거에 잡지 『오즈』Oz를 출간한 이후 두 명의 동료와 함께 재판을 받게 되었는데, 판사가 그를 "다른 두 공동피고인보다 지능이 훨씬 떨어지므로 책임이 가볍다."고 판단한 덕분에 더 짧은 형량을 선고받았다. 감옥에서 나온 이후 그는 7억 5,000만 파운드로 추정되는 재산을 쌓은 갑부이자 미디어계 거물이 되었다. 소문에 따르면 그는 판사의 판단에 기분이 상한 나머지 자신이 뛰어난 사람이라는 것을 증명하기 위해 더욱 이를 악물고 노력했다고 한다.

우리의 생각과 믿음은 언제든 변할 수 있다. 종종 자신의 믿음에 질문을 던지고 의심해보면 그것이 사실이 아님을 발견하게 된다. 단, 그 믿음은 더 좋은 믿음으로 바뀌어야 한다. 자신감이 부족한 사람들이 나를 찾아오면 나는 우선 그들이 무엇을 믿는지 살펴본다. 그들은 대개 다음과 같은 믿음에 사로잡혀 있다.

★ 나는 항상 불안하고 남의 시선을 의식한다.

★ 나는 자신 있게 행동한 적이 한 번도 없다.

★ 나는 평생 수줍어하며 살았다.

★ 우리 가족도 모두 나처럼 남의 시선을 의식한다.

★ 나는 열심히 노력해도 시험에 통과할 수 없다.

★ 나는 인터뷰를 잘 못한다.

★ 나는 내가 좋아하는 사람이나 무서워하는 사람과 대화를 잘 못한다.

★ 내 인간관계는 늘 최악이었다. 마치 내가 패배자들만 골라서 끌어당기는 것 같다.

이러한 믿음은 사실인 경우가 별로 없다. 하지만 자신에 대해 계속 이런 식으로 생각하면 그 문제를 해결하기는커녕 언제까지나 그것을 끌어안고 살아갈 수밖에 없다. 설령 그 믿음이 일정 부분 사실일지라도 당신은 그 믿음을 바꿀 수 있으며 믿음이 변화하면 당신의 자신감도 바뀐다.

우리의 생각은 신체 반응에 영향을 미친다. 예컨대 특정 생각을 하는 것만으로도 얼굴이 붉어지는 것은 생각이 인체의 혈류에 영향을 미친다는 증거다. 생각은 불안함과 긴장감을 불러일으키고 혈압 및 심장박동수를 증가시키기도 한다. 같은 방법으로 생각은 자신감에 매우 강력한 영향을 미치는데 그 과정은 다음과 같다.

★ 생각은 감정에 영향을 미친다.

★ 감정은 행동을 좌우한다.

★ 행동은 자세를 결정한다.

결국 생각은 모든 것에 영향을 주고 모든 것을 통제한다. 그 생각을 하는 주체는 바로 '당신'이므로 당신은 마음만 먹으면 얼마든지 스스로를 바꿀 수 있다. 이 책은 당신에게 그 방법을 알려준다. 그것을 제대로 활용할 경우 그 어떤 약물치료보다 효과가 크다. 지금부터 당신의 머릿속에 존재하는 이미지와 말, 믿음을 변화시키는 방법에 주목해보자. 이것은 당신의 자신감과 자존감을 크게 높여줄 것이다.

자석 실험

생각이 신체 반응에 영향을 미친다는 증거를 알고 싶다면 다음에 소개하는 재미있는 실험을 해보라.

양발을 조금 벌리고 서서 팔을 자연스럽게 몸 옆에 붙인다. 눈을 감고 바로 등 뒤에 있는 거대한 자석이 당신을 끌어당긴다고 상상한다. 생각을 100% 자석에 집중한다. 당신의 어깨 뒤에 양끝이 빨간색으로 칠해진 거대한 U자형 자석이 있다. 속으로 이렇게 말하라.

'자석이 강한 힘으로 나를 뒤로 당기고 있다.'

당신의 몸은 분명 비틀비틀 흔들리다가 뒤쪽으로 넘어지려 할 것이다. 이번에는 자석이 턱 바로 아래에서 당신을 앞으로 끌어당긴다고 상상한다. 이때 생각이 막대한 힘을 발휘하면서 몸이 앞쪽으로 기울며 흔들린다. 만약 자석이 왼쪽 어깨 옆으로 이동했다고 상상하면 몸이 왼쪽으로 당겨지는 듯한 느낌이 든다. 오른쪽 어깨로 이동했다고 상상할 경우에는 몸이 그 방향으로 움직인다. 자석에 더 많이 집중할수록 당기는 힘은 더욱 강해진다. 원한다면 눈을 감고 있는 동안 친구에게 당신의 뒤, 앞, 옆에 있는 자석을 묘사해달라고 부탁하거나 이 글을 읽어달라고 해도 좋다.

이 실험을 해보면 진짜 자석이 없어도 정신이 말하는 내용(그것이 실제든 상상이든)을 받아들인다는 것을 알 수 있다. 마음속으로 자석을 상상하는 순간 당신의 몸은 자석에 반응하기 시작한다.

머릿속의 어떤 생각이나 상상도 마찬가지다. 만약 실패를 생각하면 마음속에 실패의 모습이 그려지고 당신의 정신은 그 그림을 실현 시키고자 노력하게 된다. 성공을 상상할 경우에도 그와 똑같은 과정 이 진행된다. 자신이 건망증이 심하다고 생각하거나 반대로 기억력 이 끝내준다고 생각할 때도 같은 현상이 일어난다. 생각은 신체에 긍정적인 반응을 만들어낼 수도 있고 부정적인 반응을 만들어낼 수 도 있다. 그 생각이 사실을 근거로 하든 허구를 바탕으로 하든 우리 의 정신은 개의치 않는다. 우리의 정신은 '어떤 생각에든' 영향을 받 는다.

중량 실험

이번에도 간단하고 안전한 실험이다. 당신은 앉아 있어도 되고 서 있 어도 된다. 눈을 감고 양팔을 어깨 높이에서 앞으로 뻗은 다음 주먹을 쥔다. 이제 상상을 시작한다.

당신의 왼손에 커다란 붉은색 양동이가 들려 있고 그 양동이 안에는 20킬로그램이 넘는 젖은 모래가 가득 담겨 있다. 손가락으로 전해지는 양동이의 무게를 느껴보라. 그리고 그 무게가 손목으로 팔꿈치로 어깨 로 올라간다고 상상하라. 시간이 흐를수록 양동이가 더욱 무겁게 느껴 지고 팔은 점점 아래로 내려간다. 양동이와 그 무게, 색깔, 크기, 내용 물에 집중하면 할수록 양동이는 더 무겁게 느껴지고 팔은 더욱더 내려 간다.

왼팔이 계속 아래로 내려가고 있을 때, 오른손에 커다란 헬륨 풍선을 쥐고 있다고 상상하라. 풍선은 밝은 청색이고 당신의 키보다 훨씬 높이 있다. 손에 쥐고 있는 풍선 끈의 감촉을 느껴보라. 헬륨이 공기보다 가볍고 풍선 끈은 오른손에 단단히 고정되어 있기 때문에 오른팔은 점점 높이 올라갈 것이다. 풍선 끈을 쥔 쪽과 양동이를 든 쪽의 움직임에 어떤 차이가 있는지 주목하라. 하나는 무겁고 다른 하나는 가볍다. 이제 눈을 뜨고 확인하라. 하나는 아래로 내려갔고 다른 하나는 위로 올라갔을 것이다. 이러한 결과는 모두 당신의 사고 작용에서 비롯된다.

이 실험은 마음에 영향을 미치는 것이 얼마나 쉬운지 잘 보여준다. 생각은 실제로 신체에 직접적인 영향을 미친다. 또한 생각은 신체의 화학적 변화에도 영향을 준다. 가령 긍정적인 생각은 두뇌와 중추신경계 세포에 특정 화학물질을 분비시키고 이것은 면역시스템에도 영향을 미친다. 이에 따라 자연살해세포(NK세포, natural killer cell), T세포, 백혈구 등이 생성돼 인체가 특정 질병을 물리치거나 박테리아 혹은 바이러스와 싸워 건강을 유지하게 된다.

우리는 생각하는 대로 행동하게 마련이다. 그러므로 당신 자신이나 능력에 대한 모든 부정적인 생각과 믿음을 긍정적인 것으로 바꿔야 한다. 원치 않는 모습이 아니라 '원하는 모습'에 마음을 집중하라. 원하는 것만 생각하고 원치 않는 것은 마음속에 흔적조차 남기지 마라. 원하는 것을 얻으려면 '원하는 것'에만 집중해야 한다. 그 반대로 하면 절대 안 된다. 잊고 싶은 것, 원치 않는 것, 갖고 싶지 않은 것은 반복해서 생각하지 마라. 다음의 원칙을 기억한다면 위에 설명한 과정이 한결 쉬워질 것이다.

★ 어떤 것에 집중하든 당신은 그것을 향해 이동하게 된다.

★ 어떤 것에 집중하든 당신은 그것을 경험하고 느끼게 된다.

★ 어떤 대상에 집중하면 당신은 그것을 실제로 더 많이 얻게 된다.

가령 주사를 맞는다고 해보자. 주사 맞는 것에 집중해 바늘이 살갗을 뚫고 들어가는 것을 보면 고통이 더 크게 느껴진다. 하지만 주사를 맞는 동안 흥미진진한 책을 읽거나 다른 것에 집중하면 주사바늘이 찌르는 것을 느끼지 못할 수도 있다. 한밤중에 공포 영화를 볼 때처럼 무서운 느낌에 집중하면 더 무서워진다. 그러나 두려운 대상에 집중하지 않고 심호흡을 여러 번 하면 마음이 한결 편안해진다.

우리는 생각하고 믿는 대로 된다. 만약 당신이 이 책에서 제시하는 방법이 아무런 효과도 없을 거라고 믿는다면 그런 부정적인 생각은 버려야 한다. 당신은 한 번도 이 프로그램을 접해본 적이 없다. 이것은 매우 특별한 방법이며 분명 당신에게 도움을 줄 것이다. 그리고 그 효과는 평생 지속된다.

자신감 부족의 여러 가지 유형

자기애가 부족하거나 마음속에 여러 가지 부정적 믿음을 가진 사람들이 흔히 보이는 특성은 다음과 같다.

★ 자신감이 부족하다.

★ 자존감이 낮다.

★ 자아상이 낮다.

★ 인간관계에서 문제를 겪는다.

★ 자부심이 약하다.

★ 불안해한다.

★ 미루는 버릇이 있다.

자신감이 부족한 사람은 크게 세 가지 유형으로 나뉜다. 어떤 유형이든 불안감을 감추기 위해 과도하거나 극단적인 행동 방식을 보이는데 그 치료방법은 모두 같다. 즉, 자신을 있는 그대로 받아들이고 좋아해야 내면에 평온함과 자신감이 되살아날 수 있다. 그러면 세 가지 유형의 특징을 살펴보자.

첫 번째 유형 – 소심형. 부끄러워한다, 겁이 많다, 불안해한다, 미루는 버릇이 있다, 지나치게 조용하다, 조심성이 있다, 늘 자신을 비판한다. 이들은 인간관계를 그럭저럭 유지하지만 직장에서 문제를 겪으며 자신감 부족을 감추기 위해 자꾸만 숨는 경향이 있다.

두 번째 유형 – 독불장군형. 오만하고 공격적이다, 타인을 폄하하고 깔본다, 스스로를 뽐낸다, 극단적인 낙천주의자다. 한마디로 '나는 언제나 옳다'는 생각을 지닌 사람이다. 이들은 인간관계보다 일에서 더욱 뛰어나며 자신감 부족을 감추기 위해 공격적으로 행동한다.

세 번째 유형 – 광대형. 스스로를 과장한다, 지나치게 웃음이 많다, 괴팍스럽다, 일벌레, 완벽주의자, 간섭하길 좋아한다, 지배욕이 강하다, 옷차림에 유달리 신경 쓴다.

당신이 어느 유형에 속하는가는 그리 중요치 않다. 이 책을 읽고 필요한 사항을 실천하다 보면 어느새 자기불신과 불안감은 사라지고 자신감, 자기가치, 자아상은 높아질 것이다. 당신이 그렇게 변화하면 주변 사람들도 당신의 가치를 더욱 높이 평가하게 된다.

당신의 마음은 뭔가를 성취했을 때와 스스로에게 만족했던 순간을 분명히 기억하고 있다. 이 책의 프로그램은 그러한 느낌을 되살려줄 것이다. 당신은 성공과 성취, 자기애라는 진주를 품고 태어난 존재다. 그러므로 그것을 찾아내 되살리는 것은 결코 어렵지 않다.

연결 대상을 바꾸는 방법

. . .

태도와 자신감을 변화시키는 첫 번째 단계로 우리는 한 가지 사실을 분명히 인식해야 한다. 그것은 특정 경험을 고통이나 즐거움과 연결하는 방식만큼 우리 삶에 커다란 영향을 미치는 것은 없다는 점이다. 그 방식을 변화시키거나 그것을 스스로 선택하기 시작하면 당신의 인생 전체가 바뀌기 시작한다.

즐거움을 추구하고 고통을 멀리하는 것은 인간의 생존 본능이다. 즐거움을 경험할 때마다 잠재의식은 그 원인이나 동기를 신속하게 찾아내고 두뇌는 이를 저장해두었다가 당신이 즐거움을 느낄 필요가 있을 때 그것을 상기시킨다. 고통의 경우(신체적, 감정적), 잠재의식은 즐거움을 경험할 때보다 훨씬 더 열심히 그 원인과 동기를 찾는다. 잠재의식이 고통의 원인을 추적하면 두뇌는 그것을 저장해두었다가 당신이 그 고통을 다시 느끼지 않게 하려고 최대한 저지한다.

다시 말해 두뇌는 우리를 즐거움으로 이끌고 고통은 피하게 하도록 구조화되어 있다. 또한 두뇌는 즐거움을 추구하는 것보다 고통을 피하는 일에 훨씬 더 많은 에너지를 쏟는다. 고통과 괴로움, 나쁜 일을 피하는 것은 생존 본능이기 때문에 잠재의식은 고통을 피해야 할 때 훨씬 더 큰 동기를 부여받는다.

인간의 가장 큰 욕구는 인정받고자 하는 것이며 가장 큰 두려움은 거절당하는 일이다. 이런 까닭에 많은 사람이 괴로움을 겪고 싶지 않아 거절당하는 상황을 피한다. 예컨대 '혹시 나를 싫어하면 어쩌지' 하는 불안감 때문에 마음에 드는 사람이 있어도 데이트를 신청하지 못한다. 거절당할까 봐 누군가에게 도움을 청하지도 않는다. 정말로 원하는 직장이면서도 떨어질까 두려워 면접조차 보러 가지 못한다.

내가 지금까지 배운 교훈 가운데 무엇보다 중요한 것은 '거절을 두려워하지 마라'이다. 이상하게 들릴지도 모르지만 인생에서 가장 큰 위험요소는 위험을 감수하지 않는 것이다. 모험을 하지 않는 것이야말로 커다란 도박이다. 그동안 나는 모험을 두려워하는 사람을 많이 만났다. 어떤 사람은 글을 썼지만 아무도 읽어주지 않을까 두려워 출판하지 못했고, 또 어떤 사람은 기발한 아이디어가 있으면서도 거절당할까 봐 망설이다가 다른 누군가가 비슷한 아이디어로 성공하는 것을 지켜보아야 했다.

수년 전, 나는 배우가 되고 싶어 하는 사람을 만난 적이 있다. 나는 그에게 배우가 되기 위해 어떤 노력을 하고 있느냐고 물었다. 그는 오히려 "제가 어떤 노력을 해야 하는 겁니까?"라고 되물었다.

"글쎄요, 최소한 에이전트를 구하거나 연기 수업을 듣고 오디션에 도전해야죠."

"저는 아무것도 할 수가 없어요. 떨어질까 봐 불안하고 두려워서 오디션 장에 들어가지도 못하는 걸요."

그 말을 듣고 나는 그가 배우로 성공하기는 힘들겠다고 생각했다. 배우가 되려면 먼저 두려움을 극복해야 한다. 배우라는 직업은 수많은 거절을 경험해야 하는 일이기 때문이다. 두려움을 극복하는 유일한 방법은 거절을 개인적인 것으로 받아들이지 않는 것이다. 최고의 배우는 일부러 혹평을 읽지 않는다고 한다. 내 고객이던 어느 배우는 언론으로부터 심한 혹평을 받고 우울해했는데 내가 준 쿠션이 그의 기분을 풀어주었다. 그 쿠션에는 "세상에 존재하는 훌륭한 인물의 조각상 가운데 비평가는 단 한 명도 없다."는 문구가 수놓아져 있었다.

만약 당신이 작가나 화가, 배우, 강연자 등 청중을 필요로 하는 일을 한다면 좀 더 자신감을 높일 필요가 있다. 청중 중에는 당신의 작품, 연기, 강연을 좋아하는 사람도 있고 그렇지 않은 사람도 있게 마련이다. 하지만 그들이 거절하는 것은 '당신' 자신이 아니다. 거절을 자기 자신과 연결 지을 필요는 없다. 어떤 사람은 선물을 사는 것조차 두려워한다. 선물을 잘못 고를까 봐 혹은 상대방이 그 선물을 싫어한 나머지 선물을 준 사람까지도 싫어할까 봐 걱정하는 것이다.

생각보다 많은 사람이 식당에서 마음에 들지 않는 음식을 취소하지 못하고, 가게에서 구입한 물건의 환불을 요구하지 못한다. 심지어 종업원이 싫어할까 봐 음식을 주문할 때 구체적인 요구사항을 말하지도 못한다. 하지만 특정 경험을 고통이나 즐거움과 연결하는 방식을 변화시키면 또한 상대방이 당신 자신을 거절하는 게 아니라는 사실을 깨닫고 나면, 당신은 특정 상황을 피하지 않고 보다 충만한 삶을 살아갈 수 있다. 우리는 자신이 고통이나 즐거움을 무엇과 연결하고 있는지 인식해야 한다. 그뿐 아니라 고통과 즐거움을 동일한 대상에 연결함으로써 두뇌에 혼란스러운 메시지를 주는 경우에 대해서도 생각해봐야 한다.

고통과 즐거움이 동시에 똑같은 대상에게 연결되어 있으면 두뇌는 혼란을 느낀다. 우리를 즐거움으로 향하게 만드는 '동시에' 고통에서 멀어지도록 할 수는 없기 때문이다. 두뇌는 미사일처럼 당신을 고통에서 발사시켜 쾌락을 향해 돌진하게 만들고 싶어 한다. 그러나 당신의 마음이 고통과 즐거움을 똑같은 대상에 연결하면 두뇌는 마치 세탁물 건조기처럼 빙빙 돌기만 할뿐 아무런 성과도 내지 못한다. 이러한 혼란스러움은 당연히 당신의 행동에 영향을 미친다.

나를 찾아온 많은 사람이 '적극적으로 도전해 성공하는 것과 즐거움을 연결하지' 않고, 미래에 발생할지도 모르는 거절과 실패를 고통에 연결하다가 결국 원하는 것을 이루지 못했다. 한마디로 성공한다는 즐거운 상상을 하는 대신 실패할지도 모른다는 고통스러운 상상만 했다는 얘기다. 만일 당신이 연봉 인상이나 승진을 즐거움과 연결하고 동시에 사장과 어렵게 면담하는 것을 고통과 연결하면, 당신은 이도저도 아닌 상황에 봉착하게 된다. 맘에 드는 직업에 종사하게 된다는 사실을 즐거움과 연결하는 동시에 긴장되는 면접, 일에 투자해야 하는 시간, 출근 전쟁, 친구와의 즐거운 시간 포기하기 등을 고통과 연결하는 경우도 마찬가지다. 또한 초콜릿 먹는 것을 즐거움과 연결하면서 동시에 다이어트를 해야 한다는 사실을 고통과 연결하면 당신은 계속해서 과체중을 벗어날 수 없다.

연인과 좋은 만남을 유지하고 있을 때조차 거절에 대한 두려움과 고통은 사라지지 않는다. 때론 더 심해지기도 한다. 만약 누군가를 정말로 사랑하는데 그가 당신을 떠난다면 어떻겠는가. 어떤 사람은 고통스러운 거절과 이별을 겪고 싶지 않아 차라리 혼자 지내는 편을 택한다. 누군가를 사랑했다가 헤어지는 것은 엄청난 고통이 따르는 일이기 때문이다.

이런 상태에서는 두뇌가 아주 바빠진다. 두뇌는 혼란스러운 메시지 앞에서 망설이다가 결국 당신이 고통을 피하도록 만드는 데 모든 에너지를 쏟아 붓는다. 따라서 고통과 즐거움을 같은 대상(혹은 경험)에 연결하면 당신은 결코 성공할 수 없다.

지금 당신의 인생에서 정말로 원하지만 갖지 못하는 것이 있는가? 만약 있다면 그 이유는 당신이 원하는 것을 즐거움보다 고통과 더 많이 연결하고 있기 때문이다. 나는 임신과 관련된 문제를 겪고 있는 여성들과 수차례 상담을 했다. 그들은 대부분 아이를 간절히 원하면서도 임산부가 되는 것, 출산의 아픔, 새로 태어난 아기 때문에 생길 삶의 혼란 등을 고통과 연결했다. 이 경우 마음은 고통이 연결된 대상(즉, 임신과 출산)을 벗어나고자 애쓰게 된다.

내 고객 중에 지금도 기억에 남는 여성이·있다. 병원의 마취제 투여와 기계장치에 대해 거부감이 있던 그녀는 병원이 아니라 집에서 출산하기로 결정했다. 남편이 둥둥둥 북을 치고 냄새가 좋은 향초를 태우는 가운데 부부가 함께 성가를 부르며 아기를 낳기로 한 것이다. 그녀는 그것이 자연과 최대한 가까운 출산 방식일 거라며 자신의 출산 계획을 몹시 자랑스러워했다. 다시 말해 그녀는 마취제 투여 없이 집에서 출산하는 것을 즐거움과 연결했고 병원에서의 출산을 고통과 연결했다. 출산 몇 주 후, 그녀를 만난 나는 어떻게 되었는지 물어보았다.

"말도 마세요. 끔찍하게 아팠어요. 그렇게 아픈 줄 알았다면 애초에 집에서 출산하겠다는 생각은 하지도 않았을 거예요. 너무 고통스러워서 남편에게 병원으로 가자고 졸랐지요. 당장 의사를 불러 전신을 마취해달라고 부탁했어요. 남편은 집에서 자연분만하기로 했던 계획을 상기시켰지만 저는 소리를 질렀죠. '자연분만이고 뭐고 아파서 죽을 것 같단 말이야! 당장 마취해달라고 해!'"

그녀는 즐거움과 연결했던 대상을 즉시 바꿔버린 것이다. 우리도 충분히 그럴 수 있다. 당신의 삶에서도 이런 일이 일어날 수 있다. 만약 당신이 병원이나 진통제를 끔찍이 싫어하고 모든 약을 거부했는데(그런 것을 고통과 연결했는데) 신체의 특정 부위에서 통증이 시작됐다고 해보자. 처음에는 그럭저럭 참아내지만 통증이 지독하게 심해지면 어쩔 수 없이 약을 찾게 된다. 이 경우 당신은 약 먹는 것을 고통이 아니라 즐거움과 연결할 것이다. 통증이 사라지면 당신은 의사에게 고개 숙여 감사할지도 모른다.

당신은 고통과 즐거움의 연결 대상을 얼마든지 뒤바꿀 수 있다.

이것은 조금도 어려운 일이 아니다. 지금부터 그것을 어떻게 바꾸는지 또한 바뀐 상태를 어떻게 하면 평생 지속시킬 수 있는지 알려줄 것이다.

오로지 인간만이 무엇을 고통과 연결할지 혹은 무엇을 즐거움과 연결할지 선택할 수 있다. 그것은 인간의 중요한 강점인 동시에 약점이 될 수 있다. 고양이는 거품 목욕을 즐거움과 연결하겠다고 선택할 수 없고, 북극곰은 열대 해변에 눕는 것을 즐거움과 연결하겠다고 선택할 수 없다. 사자는 채식주의자가 되는 것을 즐거움과 연결하겠다고 선택할 수 없다.

하지만 당신은 다르다. 당신은 고통과 즐거움을 어디에 연결할지 '선택'할 수 있고 그 선택에 따라 당신이 원하는 삶과 자신감 성취에서 성공 혹은 실패하게 된다. 따라서 그 선택이 얼마나 커다란 힘을 발휘하는지 인식하고 그것을 의식적으로 당신을 위해 사용해야 한다. 목표를 이루지 못하는 삶이나 특정 상황(태도만 바꾸면 즐길 수도 있는 상황)을 피하려 드는 것을 '고통'과 연결하고, 목표를 이루는 삶 혹은 높은 자신감으로 스스로를 사랑하고 행복해지는 것을 즐거움과 연결해야 하는 것이다. 실패했을 경우의 쓰라림을 생각하며 두려워할 것이 아니라 목표를 이루었을 경우의 만족감을 상상하며 움직여야 한다. 당신은 절대로 실패할 리 없다. 단지 노력하는 데 실패할 뿐이다.

마음에서 실패의 두려움을 제거하는 순간 우리는 실패를 고통과 연결하지 않게 된다. 고통과 즐거움의 연결 대상을 뒤바꿀 수 있다는 사실을 잊지 마라. 다음에 나오는 '뒤바꾸기' 실험은 뒤바뀐 상태를 영원히 유지하도록 도와줄 것이다. 다음의 지침에 따라 당신을 고통스럽게 만드는 생각들을 적은 다음, 그것을 바꾸거나 최소화해 다시는 당신에게 고통을 주지 못하게 만들어라. 그러면 마음의 혼란과 주저하는 습관이 사라진다. 당신을 고통스럽게 만드는 생각을 바꾸거나 최소화하고 반대로 즐거움을 주는 생각을 최대화하면, 당신은 고통과 즐거움의 연결 대상을 바꾸는 셈이다. 이는 곧 보다 나은 삶으로 향하는 첫걸음이다.

배운 대로 따라하기 

당신을 고통스럽게 만드는 생각들을 적는다.

(예)
나는 성공하지 못할 것이다.
나는 실패할지도 모른다.
나는 바보처럼 보일 것이다.
나는 거절당할지도 모른다.
만일 실패한다면 다시 극복하지 못할 것이다.
사람들이 나를 비웃을지도 모른다.
나는 일을 제대로 해내지 못할 것이다.
내가 재능이 없다는 사실을 남들이 눈치챌지도 모른다.

이제 위의 내용을 즐거움을 주는 생각들로 바꾼다.

(예)

나는 성공할 것이다. 나는 반드시 그렇게 만들 것이고 이 프로그램도 내 성공을 돕고 있다.

내게 실패란 없다. (설령 실패처럼 보이는 일을 경험할지라도) 그것을 나 자신을 보다 많이 알게 되는 기회로 삼아 목표에 한 발 더 다가간다면, 결국 타고난 재능에 맞는 일을 찾게 될 것이다.

어느 누구도 나를 바보로 만들 수 없다.

내가 받아들이지 않는 한 누구도 나를 거절할 수 없다. 물론 나는 절대로 받아들이지 않을 것이다.

나는 목표를 향해 앞으로 나아가고 있으며 그 과정에서 마주치는 어떤 일도 극복할 수 있다.

나는 더없이 훌륭하게 해내고 있다.

때로 마음먹은 대로 풀리지 않더라도 그것은 내 진짜 재능과 능력을 깨달아가는 과정일 뿐이다.

당신에게 즐거움을 주는 생각들을 적는다.

(예)

나는 승진할 것이다.

나는 자신 있게 급여 인상을 요구할 것이다.

나는 낯선 사람과도 편안하게 대화를 나누고 사람들은 나를 좋아한다.

나는 자신감이 넘치므로 좋은 사람을 만날 것이다.
내 재능과 소질, 능력을 발견하는 일이 즐겁다.

많은 연구 결과에 따르면 재능이 있고 자질도 훌륭하다는 말을 계속해서 듣는 학생은 실제로 뛰어난 실력을 발휘한다고 한다. 이 분야의 선구적인 인물은 미국의 훌륭한 교육자 마바 콜린스Marva Collins다. 그녀는 절망적인 상황에 놓인 아이들에게 자기 능력에 대한 믿음을 심어주고 이를 통해 그들이 일궈낸 놀라운 성과를 여러 편의 글로 기록했다. 그녀의 삶을 주제로 한 『마바 콜린스 이야기』(1981)는 저소득층 아이들이 절망과 편견을 딛고 놀라운 결과를 만들어내는 과정을 담은 영화다. 그녀는 특별한 교수법을 실천한 공로를 인정받아 미국인문학훈장National Humanities Medal을 수상했다. 콜린스는 이렇게 말했다.

"성공은 저절로 오지 않는다. 당신이 성공을 향해 가야 한다."

"모든 학생의 내면에는 훌륭한 아이의 모습이 숨어 있다."

그녀는 비슷한 학습능력이 있는 아이들을 대상으로 연구한 결과, 자신에 대한 만족도가 높은 아이들이 항상 더 좋은 점수를 받는다는 사실을 발견했다. 병원에서 나온 연구 결과도 비슷하다. 효능이 뛰어난 약을 먹는다고 믿는 환자들이 훨씬 더 눈에 띄게 증세가 호전되었다. 플라시보 효과도 이러한 연구 결과에 바탕을 두고 있다. 군사훈련 학교에서 실시한 실험 결과도 있다. 훈련 과정에서 탈락한 사람들은 비관적인 믿음을 바탕으로 자신이 실패한 것은 운이 나빴거나 훈련 방식에 문제가 있었기 때문이라고 말했다. 반면 합격한 사람들은 긍정적인 믿음으로 자신의 성공은 삶의 태도와 스스로에 대한 강한 믿음, 낙관적인 마음자세 덕분이라고 말했다.

Step 2

마음

———

ULTIMATE CONFIDENCE

인간의 가장 커다란 욕구

★ 우리는 누구나 인정받고 싶어 한다. 하지만 남에게 인정을 받으려면 먼저 스스로를 인정해야 한다.

★ 우리는 누구나 거절당하는 것을 두려워한다. 하지만 당신이 받아들이지 않는 한 어느 누구도 당신을 거절할 수 없다.

인간의 가장 커다란 욕구는 인정받고자 하는 것이며, 가장 커다란 두려움은 거절당하는 것이다. 나를 찾아온 고객에게 이러한 사실을 말해주면 그들은 이렇게 말한다.

"저는 거절을 두려워하지 않아요. 제가 가장 두려워하는 것은 돈이나 직업을 잃는 거예요."

나는 간단하게 덧붙인다.

"돈이나 직업, 특정 지위를 잃었을 때 우리는 거절당한 것과 똑같은 기분을 느끼게 되죠.”

조직의 구성원들과 다른 존재로 인식되는 것에 대한 두려움, 무리에 소속되지 못하거나 함께 어울리지 못하는 것에 대한 두려움은 보편적인 것이다. 우리는 각자 조금씩 다른 존재이면서도 소속되지 못하는 것을 두려워한다. 이러한 두려움은 생존 본능과 관련되어 있다.

인간은 무리를 지어 살아가는 존재이며 인류의 생존은 태곳적부터 무리에 받아들여지고 소속되는 것과 직결되어 왔다. 안전과 안정에 대한 욕구 역시 무리에 소속되어야만 충족될 수 있었다. 무리에서 거절당하거나 추방당한 구성원은 생존을 담보하기가 어려웠다.

영국 BBC2의 다큐멘터리 시리즈 『부족』Tribe 에서 브루스 패리Bruce Parry는 문명세계와 떨어진 오지의 부족사회에 들어가 그들의 생활방식을 그대로 따라했다. 그는 부족민처럼 행동하고 똑같이 옷을 입었으며(때론 나체로 지내기도 했다) 먹기 싫은 음식도 함께 먹었다. 그러자 얼마 지나지 않아 부족민들은 그를 같은 부족민으로 인정하기 시작했다.

사람들은 상대방이 자신과 다르다고 생각할 때보다 비슷하다고 여길 때 더 좋아하고 잘 받아들인다. 즉, 자신과 다르게 느껴지면 쉽게 받아들이거나 인정하지 않는다. 동물도 마찬가지다. 당신이 동물 옆에 있는 것을 편안하게 느끼면 동물도 그 느낌을 받아 당신을 좋아하게 된다. 반면 당신이 불안해하면 동물이 그것을 감지해 당신을 싫어하게 된다.

하지만 우리가 살아가는 세상은 과거처럼 부족사회가 아니다. 따라서 그런 식의 인정은 이제 생존과 직결되지 않으며 당신이 받아들이지 않는 한 어느 누구도 당신을 거절할 수 없다. 또한 당신이 스스로를 온전하게 인정하고 좋아하면 다른 사람들도 당신을 인정하고 좋아할 가능성이 크다. 당신이 스스로를 소중한 존재로 인식하고 자아상을 높일 경우, 주변 사람들도 당신을 가치 있는 사람으로 여기고 존중하게 마련이다.

물론 우리는 어딘가에 속해야 하고 그것은 생존과 연결되지만, 우리는 이 세상에 존재한다는 사실만으로도 이미 소속되어 있는 셈이다. 누군가와 어울리려고, 어딘가에 소속되려고 애쓰지 마라. 편안한 마음으로 스스로를 받아들이고 다른 사람과 함께하는 것 역시 편안하게 생각하라. 그리고 그런 모습이 자연스럽게 우러나도록 하라. 중요한 것은 당신의 믿음이다. 당신이 세상에 소속되어 있고 사람들과 잘 어울린다는 믿음, 사람들도 당신을 좋아하고 당신도 스스로를 좋아한다는 믿음 말이다.

인정받고 싶어 하고 거절을 두려워하는 것은 매우 자연스러운 일이다. 누구나 그렇다. 중요한 것은 당신이 받아들이지 않는 한 누구도 당신을 거절할 수 없다는 사실이다. 누군가가 당신을 거절한다면 그것은 당신에 대한 그들의 믿음 탓이다. 그러한 믿음은 그들의 마음속에 있는 것이지 당신의 마음속에 있는 것이 아니다. 당신이 그들의 믿음을 받아들이는 순간, 당신은 타인이 당신을 거절하도록 만드는 셈이다.

들춰내고 꼬집기 좋아하는 어느 기자가 하루는 성인聖人을 만나 특유의 입담을 풀어놓았다. 기자는 성인의 신념과 믿음을 헐뜯으며 그의 모든 가치관을 비난했다. 그런데 비판과 모욕적인 말이 쏟아지는 내내 성인은 조용히 미소를 지었다. 오히려 그의 얼굴은 평온했고 행복해 보이기까지 했다. 있는 대로 쏟아 부은 기자가 마침내 지쳐서 말했다.

"도저히 이해할 수가 없군요. 온갖 비판과 모욕적인 말을 들으면서 어떻게 웃을 수 있죠? 억지로 참고 있는 겁니까?"

성인이 조용히 되물었다.

"만일 당신이 나에게 선물을 주려고 하는데 내가 그것을 받지 않는다면 그 선물은 누가 갖게 됩니까?"

"그야 당연히 내가 갖게 되죠."

"바로 그겁니다. 나는 당신이 내게 준 비판과 모욕적인 말을 받아들일 생각이 없습니다. 그러니 그것은 고스란히 당신이 가져야 하죠. 그것은 지금 당신에게 있을 겁니다."

우리도 마찬가지다. 만약 우리가 타인의 비판 혹은 비난을 받아들이지 않으면 그것은 비난을 퍼부은 사람에게 남는다. 나는 이 이야기를 가족 때문에 몹시 고통스러워하는 어느 고객에게 들려주었다. 나중에 다시 찾아온 그는 나에게 자신이 겪은 이야기를 들려주었다. 그가 어머니의 말에 동의하지 않자 어머니는 크게 흥분하면서 "몹쓸 병에 걸려 죽어버려라." 하고 고함을 질렀다고 했다. 그때 그는 차분하게 말했다.

"어머니, 정말 너무 하시네요. 하지만 저는 그 말을 받아들이지 않을 겁니다."

나는 그가 대견했다. 그가 받아들이지 않는 한 어머니의 어떠한 비난도 그에게 영향을 미칠 수 없을 것이다. 당신도 그렇게 하라. 만일 누군가가 당신을 비난하거나 무시하거나 깎아내리면 그것을 당신에게 건네려는 어떤 물건이라고 생각하라. 당신이 그 물건을 '받지 않으면' 그만이다. 그 물건은 그냥 상대방의 손에 남아 있을 것이다. 비난과 모욕을 받아들이지 않는 것은 자존감을 높이기 위해 대단히 중요한 일이다. '나는 그것을 받아들이지 않을 거야'라는 다짐은 자신감을 높이는 데 큰 도움이 된다. 애초에 모욕을 받아들이지 않으면 그것을 되돌려줄 필요도 없다.

내가 상담한 많은 사람이 '남과 다르다'는 생각 때문에 깊이 고민하고 있었다. 남과 다르다는 느낌은 때로 우리 마음을 엄청난 무게로 짓누른다. 그리고 그런 느낌은 반사적인 효과를 낸다. '난 남들과 다른 이상한 존재야'라고 믿으면 그 느낌이 그대로 표출되고 그러면 남들도 당신을 그런 식으로 대하는 것이다. 특히 10대들은 자신이 남과 다르다는 느낌 때문에 괴롭다고 털어놓는 경우가 많다. 자신이 남과 다른 까닭에 누구도 자신을 이해하지 못한다는 얘기다. 그런 말을 들으면 나는 다른 사람들도 남과 다르다고 느끼는지 물어보라고 권한다. 이 권유를 받아들인 10대는 남들도 자신과 똑같은 생각을 하고 있다는 사실을 알고 깜짝 놀란다. 결국 당신이 남과 다르다고 느끼는 것은 곧 당신이 다른 사람들과 똑같다는 증거다.

내가 『셀러브리티 핏 클럽』에 처음 출연했을 때 타블로이드판 신문에 내 기사가 실렸다. 그 기사는 콧수염을 밀라고 내게 면도기를 보내주어야 할 것 같다는 내용을 싣고 있었다. 기분이 좀 상했지만 나에게는 밀어버릴 콧수염 따위는 없었기 때문에 신경 쓰지 않기로 했다. 알고 보니 세트 조명 때문에 윗입술 근처에 그림자가 생기면서 그것이 마치 수염처럼 보였던 모양이다. 나는 그 일을 마음에 담아두지 않았다. 그로부터 1년쯤 지났을 무렵, 똑같은 신문에 나와 내 책에 관한 기사가 실렸는데 그토록 좋은 평가는 난생 처음이었다.

『셀러브리티 핏 클럽』의 미국 버전에 출연했을 때는 몇몇 여성으로부터 고약한 편지를 받기도 했다.

"당신은 다리가 너무 가늘어요. 분명 지방흡입술을 받았을 거예요. 당신 같은 사기꾼은 절대 방송에 나와서는 안 돼요."

나는 편지를 보낸 사람들의 모습과 삶 그리고 상대방이 내 기분을 엉망으로 만들려고 쏟은 온갖 노력을 상상해보았다. 적어도 나는 그런 편견에 파묻혀 살아가는 사람은 아니었다. 상대가 나를 어떤 사람으로 여기든 그들은 나보다 형편없는 사람일 거라는 생각이 들었고 그러자 마음이 한결 편해졌다.

만약 누군가가 내게 "난 당신이 싫고 당신과 친해지고 싶지도 않아요. 당신은 고딕메탈 매니어잖아요. 난 그게 끔찍이 싫어요."라고 말한다면, 나는 상대방이 말도 안 되는 얘기를 한다고 여기고 그냥 무시해버릴 것이다. 마치 "당신이 화성인이라서 나는 당신이 싫다."는 말을 들은 것처럼 말이다.

당신은 그런 이상한 말에 영향을 받아서는 안 된다. 다시 말해 당신은 구두쇠다, 지루하다, 바보다, 못생겼다, 뚱뚱하다, 가망이 없다, 아무짝에도 쓸모없는 사람이다 등의 말을 받아들일 필요가 없다. 명심하라! 우리의 마음은 우리가 믿지 않는 것은 받아들이지 않는다.

자신감을 바꾸려면 생각부터 바꿔라

사람들이 당신을 좋아한다고 믿어라. 그러면 실제로 그렇게 된다. 당신이 무엇을 믿든 우주는 그 믿음이 실현되도록 하기 위해 움직인다. 이것은 마음의 법칙 중 하나다. 만약 당신이 스스로를 부족하고 형편없는 사람이라고 믿는다면 당신은 계속해서 그 믿음을 뒷받침할 증거를 찾게 된다. 모든 사람이 당신에게 친절하고 당신을 좋아하게 될 거라고 믿으면 정말로 그렇게 된다. 단, 진심으로 믿어야 한다. 믿으려고 노력하거나 다른 이들이 믿게 만들려고 애쓰면 아무런 효과가 없다.

우리가 어디에서든 자신의 믿음에 대한 증거를 찾는다는 것은 우주의 법칙이다. 스스로를 행운아라고 믿는 사람은 그렇지 않은 사람보다 더 많은 행운을 경험한다는 사실은 과학적 통계가 증명하고 있다. 또한 자기 자신을 사랑하고 스스로에 대해 만족도가 높은 사람은 길거리에서 낯선 사람으로부터 시간이나 길을 질문받는 빈도가 더 높다. 그런 사람은 어딘지 모르게 친근한 분위기가 풍겨 말을 붙이기가 쉽게 느껴지고 자신감이 엿보여서 왠지 원하는 답을 알려줄 것 같기 때문이다.

그러면 흥미로운 연구 결과를 하나 살펴보자. 실험 참가자 수십 명이 길거리에서 무작위로 낯선 행인에게 길을 물었다. 그들 중 5%는 설명을 들은 후에 고맙다고 하면서 일부러 상대의 어깨나 손을 살짝 만졌다. 나중에 질문을 받은 행인들에게 물어본 결과, 그들은 자신과 접촉이 있던 실험 참가자의 외모를 거의 정확하게 기억해냈고 또한 그들에게 호감을 보였다.

우리는 접촉이 이루어진 사람에 대해 호감을 느낀다. 물론 이것은 불쾌감을 주지 않을 정도의 접촉이어야 한다. 우리는 타인과의 교감을 필요로 하고 상대와의 가벼운 신체 접촉은 교감을 형성하는 효과적인 방법이다. 따뜻한 악수, 등을 토닥이며 축하해주는 것, 진심어린 포옹 등 사람들은 그 방식에 상관없이 누구나 접촉에 반응한다.

또 다른 실험에서는 종업원이 손님의 신체에 접촉하는 것이 팁에 어떤 영향을 주는지 알아보았다. 첫 번째 집단은 주문을 받거나 음식을 가져다줄 때 자연스럽게 손님의 팔을 만졌다. 두 번째 집단은 친절하게 서비스를 했지만 신체 접촉은 하지 않았다. 그 결과는 어땠을까? 첫 번째 집단이 두 번째 집단보다 무려 50%나 많은 팁을 받았다. 손님은 신체를 접촉한 종업원에게 더 호감을 느꼈고 그 종업원이 편안하고 자신감 있는 사람이라는 인상을 받았던 것이다.

인간의 두뇌는 하루 동안 대략 5만 가지의 생각을 한다. 안타깝게도 대부분의 사람이 오늘도 어제와 똑같은 생각을 하고 내일 역시 오늘과 그리 다를 것 없는 생각을 하며 살아간다. 생각을 바꾸면 삶을 바꿀 수 있는데도 생각에 변화를 주지 않는다는 말이다. 심지어 나는 이른바 '잘못된 자신감'에 사로잡힌 사람도 수없이 목격했다. 그들은 '나는 무언가를 해낼 수 없고 그 무엇도 잘하지 못한다'라고 확신했다. 그러한 신념이 확고하면 그것은 현실이 되어버린다. 이것이 바로 잘못된 자신감이다.

실패할 것이라는 확신은 성공할 것이라는 자신감으로 바꿔야 한다. 당신이 믿는 것이 무엇이든 그 믿음은 그대로 실현된다는 사실을 잊지 마라. 만일 어떤 일을 할 수 없다고 믿으면 그대로 된다. 반면, 할 수 있다고 믿으면 결국 이루어질 가능성이 매우 크다. 마음속에 어떤 믿음이 생기면 우리는 그 믿음을 뒷받침할 증거들을 찾게 되고 마침내 찾아낸다.

다음과 같은 간단한 실험을 해보라. 세상사람 모두가 부정직하거나 비열하다고 믿고 어딜 가든 그 믿음을 뒷받침하는 증거를 찾아보라. 그 다음날에는 사람들이 모두 정직하거나 착하다고 믿고 그 증거를 찾아보라. 당신은 두 경우 모두 그 믿음이 옳다는 것을 증명해줄 증거를 찾게 될 것이다. 당신이 믿음을 바꾸면 온 우주가 그 변화된 믿음에 맞는 방향으로 움직인다. 기억하라. 마음속에 믿음을 만드는 것은 당신이지만 그 다음에는 그 믿음이 당신을 만든다. 그러므로 당신의 믿음은 부정적인 방향으로 이끄는 대신 도움이 되는 것, 주저앉고 웅크리게 만드는 것이 아닌 동기를 부여하고 앞으로 나아가게 만드는 것이어야 한다.

때로는 거절이
인생 최고의 선물일 수도 있다

때로는 거절로 인해 인생이 뒤바뀌기도 한다. 인간은 모든 것이 갖춰진 어머니의 자궁에서 아홉 달을 보내기 때문에 세상에 나와서도 자신의 욕구가 모두 충족될 거라는 무의식적인 확신을 갖고 태어난다. 거절이 무엇인지 모르는 채 태어나 자라면서 세상의 쓴맛을 보는 셈이다.

내가 상담한 많은 고객이 어린 시절에 부모나 교사, 친척, 양부모, 나이 많은 형제에게 무시당하거나 비난받았을 때 혹은 가치 없는 존재로 여겨졌을 때 커다란 상처를 받았다. 내 아버지는 온화하고 이해심 많은 교사였지만 모든 교사가 그런 것은 아니다. 교사들 중에는 간혹 가르칠 자격이 없는 사람도 있다.

한번은 뛰어난 체조선수를 상담한 적이 있다. 그 선수의 코치는 그녀가 자신보다 재능이 뛰어난 것을 시기해 그녀를 싫어했다. 또 다른 멋진 여성은 어린 시절에 교장선생님이 전교생 앞에서 그녀에게 창피를 준 것으로 인해 이후로 타인과 제대로 인간관계를 맺어본 적이 없다고 했다. 그녀가 그처럼 엄청난 상처를 받은 이유는 친구와 함께 서로의 성기를 본 일 때문이었다. 교장선생님은 아이들의 성적 호기심이 왕성한 시기에는 흔히 그런 일이 있을 수 있다는 사실을 인정하지 않았고, 두 학생을 불량하다고 혼내며 전교생 앞에서 속옷 바람으로 서 있게 했다.

어느 성공한 CEO는 자신이 늘 부족하고 모자란 사람이라는 강박관념에 시달리면서도 그 이유를 알지 못했다. 알고 보니 그녀의 학창시절 생활기록부에는 '특별한 재능이 없음', '어떤 분야에서도 성공 가능성이 없는 아이' 등의 문구만 쓰여 있었다. 그것이 성인이 된 이후에도 영향을 미쳤던 것이다. 매번 대사를 잊을 뿐 아니라 자기보다 지위가 높은 사람을 불편해하는 배우를 상담하기도 했다. 그는 학창시절에 엉뚱한 오해를 받아 회초리를 맞은 경험이 있었다. 그의 학교에서는 남학생들에게 주머니에 손을 넣지 말라는 규칙을 강요했는데 그는 툭하면 이 사실을 잊었다. 한번은 교장선생님이 그가 자위를 한다고 판단해 불결하고 혐오스러운 짓을 했다며 전교생 앞에서 회초리로 때렸다.

여배우 케이트 베킨세일Kate Beckinsale은 학창시절에 선생님으로부터 연기 재능이 전혀 없다는 말을 듣고 학교 연극반에도 들어갈 수 없었다고 한다. 가수 소피 엘리스 벡스터Sophie Ellis Bextor도 한때 노래에 재능이 없다는 말을 들었다. 하지만 두 여성 모두 다른 사람의 비판에 크게 신경 쓰지 않았다. 여배우 그레타 스카치Greta Scacchi는 학교 선생님과 진로상담 중에 연기자가 되겠다고 했다가 "꿈 깨라."는 핀잔을 들었다. 세계적인 심리치료사이자 베스트셀러 저자인 폴 매케나Paul McKenna도 학창시절에 종종 선생님으로부터 "아무짝에도 쓸모없고 가망도 없는 녀석"이라는 말을 들었다.

나 역시 학창시절에 체육선생님으로부터 운동감각과 재능이 전혀 없다는 평가를 받았다. 선생님은 내가 학교 스포츠 팀에 가입하는 것도 말렸다. 하지만 성인이 된 이후 나는 BBC의 『뉴스나이트』Newsnight에 출연해 에어로빅을 선보였고 런던에서 꽤 유명한 에어로빅 강사가 되었다. 체육선생님이 내가 나오는 방송을 봤을 거라고 생각하니 은근히 통쾌했다. 윌 영Will Young이 『팝 아이돌』(Pop Idol, 영국의 스타 발굴 프로그램—옮긴이)에서 도어스The Doors의 '라이트 마이 파이어'Light My Fire를 불렀을 때, 심사위원 사이먼 코웰은 그에게 "평범하기 그지없다."고 평했다. 윌은 당당하게 말했다.

"사이먼, 저는 제 노래가 결코 평범하다고 생각하지 않습니다."

그렇다고 그가 오만했거나 자신의 재능이 대단하다고 착각한 것은 아니었다. 단지 자신의 생각을 자신 있게 피력했을 뿐이다. 멋지게 노래를 부른 그는 사이먼이 자신을 폄하하는 것을 용인하지 않았던 것이다. 잠시 윌의 노래를 다시 생각해본 사이먼은 그의 말에 동의했다. 사이먼 코웰 같은 독설가도 거절과 비난을 받아들이길 거부하는 사람 앞에서는 의견을 수정할 수 있다.

어린 시절에는 상처를 주는 말에 대응하기가 쉽지 않지만, 어른이 되면 거절과 비난에 어떻게 대응할지 스스로 선택할 수 있다. 과거의 경험이나 상처에 대해서도 말이다. 인간관계에서 크게 상처를 받은 캐서린 제타 존스는 상처를 회복하기 위해 미국으로 건너갔다. 그곳에서 그녀는 마이클 더글러스를 만나 결혼했고 유명한 할리우드 스타가 되었다. 어쩌면 그녀는 과거에 그녀를 거절한 사람에게 감사하고 있을지도 모른다. 그 거절이 없었다면 지금의 명성도 없을 테니까. 피어스 모건Piers Morgan은 불명예스러운 사건으로 인해『데일리 미러』Daily Mirror의 편집장 자리에서 파면당했지만, 그는 지금 그 어느 때보다 큰 성공을 거두며 방송 및 언론계에서 활발히 활동하고 있다. 가수 로비 윌리엄스Robbie Williams는 그룹 테이크 댓Take that에서 제명되었지만 이후 훨씬 더 크게 성공했다. 이들 모두 과거의 실패에 오히려 감사하고 있을지도 모른다.

나는 한때 런던의 일류 댄스교실에서 일했는데 휴가를 맞아 해외에 나가 있는 동안 부득이한 오해가 생기면서 일자리를 잃고 말았다. 열정을 바친 일에서 느닷없이 뒤통수를 맞자 망연자실할 수밖에 없었다. 당시 이름난 강사였던 나는 당연히 채용될 거라 생각하며 다른 유명한 댄스교실을 찾아갔지만 어이없게도 거절을 당했다. 결국 나는 별로 이름이 알려지지 않은 댄스교실에서 일자리를 얻었다. 일을 시작한 지 몇 주 후, 나는 그곳에서 사랑하는 남자를 만났고 6개월 뒤에 그와 함께 시카고로 이사했다. 내가 그 이전에 해고와 거절을 경험하지 않았다면 그를 만나거나 미국으로 건너가는 일은 없었을 것이다. 그러면 내 삶이 이토록 멋지게 변하지도 않았으리라.

10대 시절, 나는 남자친구에게 차였다. 그 일로 오랫동안 힘들었는데 몇 년 후에 그에게서 얼굴이나 한번 보자는 연락이 왔다. 그를 만난 지 몇 시간도 지나지 않아 이런 생각이 들었다.

'신이시여, 감사합니다. 예전에 저 사람이 나를 차버린 게 정말 다행스럽네요. 저 사람이 나를 거절하지 않았다면 지금도 그와 만나고 있을 텐데 그렇지 않아서 정말 다행입니다.'

내가 쓴 두 번째 책이 거절당했을 때 나는 다른 출판사에 제안했고, 그곳에서 첫 번째 출판사보다 몇 배나 더 좋은 조건으로 계약을 했다. 내 생애 처음으로 집을 장만하려고 했을 때, 계약 체결 직전에 집주인이 터무니없이 값을 올리는 바람에 계약이 무산되고 말았다. 그 다음에도 마음에 드는 집을 찾았지만 또다시 계약이 성사되지 않아 나는 큰 실망감에 빠졌다. 그런 다음 다른 집을 찾았는데 이전의 집에 비해 그다지 마음에 들지 않았다. 그러나 살고 있던 집이 계약 기간이 끝난 상황이라 집을 못 구하면 노숙자가 될 처지였기에 하는 수 없이 그 집을 구매했다. 기적은 그 다음에 찾아왔다. 집을 개조해 새롭게 꾸미고 보니 이전에 본 집들보다 훨씬 마음에 드는 것이 아닌가. 나는 이전의 계약들이 성사되지 않은 게 정말 다행이라고 생각했다. 나는 지금 살고 있는 이 집을 정말 좋아한다.

살아오면서 겪은 몇 가지 굵직한 거절과 실패를 돌아보면, 비록 당시에는 속상하고 힘들었지만 삶이라는 커다란 그림 속에서 보면 그 경험들이 오히려 내게 선물이었다는 생각이 든다. 그 거절과 실패가 없었다면 나는 지금 이 자리에 서 있지 못할 것이다. 한번 상상해보라. 만일 당신의 첫 번째 남자친구나 여자친구가 당신을 차지 않아 여전히 당신과 만나고 있다면, 또는 첫 번째 직장에서 해고되지 않아 지금도 그곳에서 일하고 있다면 당신은 지금 어떻게 살아가고 있을까?

루스 배저Ruth Badger는 『어프렌티스』(The Apprentice, 거물 기업인 밑에서 일할 인재를 뽑는 서바이벌 형식의 프로그램―옮긴이)에서 우승하지 못했지만 오히려 그로 인해 나중에 더 좋은 기회를 얻었다. 자신의 TV 프로그램 『배저 혹은 파산』(Badger or Bust, 망해가는 기업을 성공하도록 만들어주는 리얼리티 프로그램―옮긴이)을 진행하게 되었으니 말이다. 이는 프로그램 우승자인 미셸 듀베리Michelle Dewberry가 누리지 못한 기회였다. 또한 나는 2008년에 『어프렌티스』에서 2위를 차지한 클레어 영Claire Young이 우승자보다 훨씬 큰 성공을 거둘 것이라고 믿는다. 그녀는 이미 버밍엄시티 축구팀의 캐런 브래디Karren Brady 밑에서 일하기 시작했다.

혹시 누군가를 거절했던 경험이 있는가? 예컨대 상대방에게 더 이상 만나고 싶지 않다고 혹은 당신과 맞지 않는 것 같다고 말해본 적이 있는가? 그렇게 말하는 순간 당신은 기분이 좋았는가 아니면 괴로웠는가? 상대방을 거부하거나 거절하는 것을 좋아하는 사람은 거의 없다. 나는 누군가를 사귀고 있다가 관계가 삐걱거릴 때 "당신은 나와 맞지 않는 것 같아. 그러니 그만 만나."라고 말해야 하는 상황이 지독하게 싫었다. 그 반대 입장이 된 적도 있다. 나 역시 "우린 맞지 않아. 그만 끝내자."라는 말을 들어보았다. 내게 그런 말을 한 상대방도 그 상황이 결코 즐겁지 않았을 것이다. 이는 해고하는 것이나 해고를 당하는 것도 마찬가지다.

거절은 하는 사람이든 당하는 사람이든 누구에게나 고통을 준다. 그 거절을 개인적인 것으로 받아들이면 훨씬 더 고통스럽다. TV 리얼리티 프로그램에서는 사람들이 거절을 해놓고 상대가 좌절하는 모습을 보며 즐기는 것 같지만 사실 그것을 즐겁게 생각하는 사람은 거의 없다.

누군가에게 전화하기로 해놓고 잊었던 적이 있는가? 그때 당신은 일부러 전화를 안 한 것이 아니라 그저 깜박 잊었을 뿐이다. 그러니 전화하기로 한 누군가가 전화를 하지 않는다면 상대방 역시 깜박 잊었다는 사실을 기억하라. 상대방은 당신을 거절하기 위해 '일부러' 전화하지 않은 게 아니라 그저 잊은 것뿐이다.

벗어나기 그리고 놓아주기

. . .

마음의 평온을 찾고 진심으로 행복해지려면 다음을 실천하라.

★ 과거를 용서하라.

★ 현재를 즐겨라.

★ 미래를 호기심과 기대감으로 그리고 긍정적인 시각으로 바라보라.

과거의 고통스러운 경험에서 반드시 벗어나야 한다. 과거로부터 벗어나려면 과거를 용서해야 하고 현재에 감사해야 하며 미래를 호기심과 기대감으로 바라봐야 한다. 자기 자신을 있는 그대로 받아들이기 위해서는 용서하고 감사해야 한다. 미래는 때 묻지 않은 완벽한 세상이다. 하지만 과거의 고통을 마음속에 그대로 품고 있으면 그것이 미래로 옮겨가 미래마저 더럽히고 만다. 나는 그런 과거의 고통과 기억을 '삶의 멍에'라고 부른다.

많은 사람이 굳이 붙들고 있을 필요가 없는 오래된 분노와 상처를 마음속에 꼭꼭 담아두는 까닭에 불필요하게 미래까지 오염된다. 과거를 놓아주고 용서하라. 특정한 경험을 얼마나 지혜롭고 정직하게 받아들여 대처하는가와 특정한 상실의 경험을 얼마나 잘 슬퍼하는가는 상당히 중요하다. 죽음, 상처, 거절 같은 경험을 마음속에서 잘 해결하지 않고 그 상황과 관련된 감정을 제때에 제대로 표출하지 않으면 그것은 언제까지나 우리 내면에 남아 고통을 준다.

용서하고 놓아주고 벗어나라. 자존감을 높여 행복해져라. 살면서 무엇보다 중요한 것은 '놓아주기'다. 오래된 분노와 상처를 끝까지 붙들고 있으면 절대 앞으로 나아갈 수 없다. 그러니 용서하라. 이는 상대방이 아니라 당신 자신을 위한 일이다. 과거를 놓아야 밝은 미래를 향해 나아갈 수 있다.

누군가로부터 무시당하거나 상처 입은 적이 있는가? 여기에 그것을 극복하는 방법이 있다.

　선생님, 친척, 친구, 비판자 등 당신에게 상처를 준 사람이 지금 당신 앞에 서 있다고 상상하라. 그 사람에게 당신의 감정을 쏟아놓아라. 바보 같은 짓이라는 생각이 들지라도 이 과제를 그냥 넘기지 마라. 이 과정은 대단히 중요하다. 오랫동안 내면에 쌓여 있던 감정을 바깥으로 끄집어내야 상처를 치유하는 일이 가능해진다. 의사들은 내면에 억눌린 슬픔이나 상처, 분노가 얼마나 위험한지 잘 알고 있다. 그래서 유산을 경험한 여성에게 죽은 아기에게 편지를 써보라고 조언하는 것이다. "슬플 때 울지 않으면 대신 다른 장기들이 운다."는 말은 고금의 진리다.

　미국에서는 범죄 피해자나 그 가족이 판사와 가해자에게 '피해자 진술서'를 전달하는 관행이 있는데, 이는 치유 효과가 매우 뛰어난 것으로 밝혀졌다. 피해자에게 가해자를 직접 만나 자기 감정을 표현할 수 있는 기회를 주기도 한다. 슬픔이나 분노, 고통을 표현할 기회를 얻으면 그들은 내면의 감정을 끄집어내고 그 감정으로부터 벗어날 수 있게 된다.

　에릭 로맥스Eric Lomax가 쓴 『철도원』에 보면 한 전쟁포로가 과거에 자신을 고문했던 사람을 만나 그를 용서하는 일화가 나온다. 또한 아일랜드공화국의 무장 테러리스트가 자신이 살해한 남자의 딸을 만나 용서를 구하고 마음속의 고통을 치유한 일도 있다. 사이먼 웨스턴Simon Weston은 포클랜드 전쟁 당시 자신에게 폭격을 가한 아르헨티나의 조종사를 만나 그를 용서하고 친구가 되었다.

　다음의 실험은 정말 효과가 있으므로 절대 그냥 넘겨서는 안 된다. 직접 해보고 그 효과를 경험하라. 내 고객들도 이 방법을 통해 마음속 문제에서 벗어났고 그동안 표현하지 못해 안에서 곪고 있던 상처와 분노, 고통을 극복했다.

　먼저 당신에게 상처를 준 사람의 이름 또는 호칭을 부른 다음 이렇게 말하라.

- ★ 당신의 태도 때문에 그동안 내가 얼마나 괴로웠는지 지금 말해야겠어요.
- ★ 당신은 나에게 그렇게 행동할 권리가 없어요.
- ★ 당신의 그런 행동은 정말로 잘못된 거예요.
- ★ 나는 그런 일을 당할 이유가 없어요.

그밖에 무엇이든 당신이 하고 싶은 말을 덧붙여라. 예컨대,

- ★ 나는 당신보다 훨씬 더 멋지고 **훌륭한** 사람이에요.
- ★ 나는 정말로 멋진 아이였어요.
- ★ 나한테 그토록 비열하게 행동한 걸 보면 당신은 아주 불쌍한 사람이에요. 그런 당신이 딱하네요.

다음으로 당신이 과거에 입에 담지 못했던 말을 해보라. 심한 말이라도 상관없다(예를 들면 "당신은 ××한 바보 얼간이야." 등). 이제 당신에게 힘과 권력이 생긴 듯한, 약자가 아니라 강자가 된 듯한 기분이 들 것이다. 그 상태에서 다음과 같이 말해보라.

- ★ 당신은 지금 어떻게 살고 있나요? 나를 그렇게 무시해놓고 잘살고 있나요? 난 절대로 당신처럼 되고 싶지 않아요. 그러니 이미 내가 당신을 이긴 것이나 다름없어요.
- ★ 나는 절대 그런 식으로 아이들을 대하지 않을 거예요. 그러니 내가 당신보다 더 훌륭한 사람이에요.

마음속의 상대방이 '실제로' 눈앞에 있다고 상상하고 이처럼 해보라. 틀림없이 내면의 분노가 수그러들고 마음이 더 평온해질 것이다.

모든 문제의 공통분모

나는 상담을 통해 많은 사람에게 공통적으로 나타나는 자신감 부족의 원인을 발견했다. 그것은 '나는 사랑받을 자격이 없어. 나는 부족한 사람이야'라는 믿음이었다. 아기는 자신이 사랑스러운 존재이며 자신의 모든 욕구가 충족될 거라는 확신을 갖고 세상에 태어난다. 성장한다고 해서 그 믿음이 어딘가로 사라져버리는 것은 아니다. 다만 새로운 믿음에 짓눌려 저 밑에 가라앉아 있을 뿐이다. '나는 부족한 사람이야. 예쁘지도 않고 똑똑하지도 않아. 성공할 수 없고 부자가 될 수도 없어. 나는 원래 사랑스럽지 않아'라는 새로운 믿음 말이다.

나는 스스로 사랑받을 자격이 없다고 믿는 사람들을 수없이 만나보았다. 그들 중에는 정말로 훌륭한 사람, 재능이 뛰어난 사람, 부유한 사람, 인기 연예인도 많았지만 그들은 자신에 대한 주변 사람들의 평가에 그다지 신경 쓰지 않았다. 그들은 스스로를 믿지 않았고 자기 자신을 가치 없는 존재라고 생각했다. 물론 그들 역시 자신감을 원했으나 그것은 자신과 거리가 먼 것이라고 느꼈고 자신감은 태어날 때부터 자신에게 결핍된 요소라고 여겼다. 사실은 그렇지 않다.

모든 아기는 자신감과 자존감이 매우 높다. 갓 태어난 아기를 침대에 눕힌 뒤 밖에 나와 방문을 닫아 보라. 잠시 후 아기는 누군가가 들어와 자신에게 관심을 보일 때까지 몇 시간이고 울어댄다. 아기에게는 '나는 관심을 받을 만한 가치가 있으니 누군가가 다가와 내게 필요한 걸 챙겨줄 거야'라는 믿음이 있기 때문이다. 아기는 사람들의 관심에 결코 불안해하지 않는다. 오히려 쏟아지는 관심을 완전히 흡수해서 편안한 표정으로 사람들을 쳐다본다. 아기는 절대로 '이 사람이 왜 나를 쳐다보는 거지? 나한테 무슨 문제가 있나? 누가 날 쳐다보는 거 싫어'라는 생각을 하지 않는다.

이따금 딸아이를 유모차에 태우고 밖에 나가면 낯선 사람들이 다가와 딸아이의 뺨이나 발을 간질이며 귀여워해주었다. 그때 딸아이는 고개를 돌려 피하거나 사람들의 관심을 부담스러워하는 기색이 전혀 없었다. 아무리 관심이 집중되어도 부끄러워하거나 당황하지 않고 천사 같은 미소를 짓거나 까르르 웃었다. 딸아이의 행동은 마치 '나는 관심을 받는 게 좋아. 나는 그럴 가치가 있으니까'라고 말하는 듯했다.

작년 휴가 때 가족과 함께 수영장에 갔는데 수영장에 놀러온 많은 꼬마들이 여기저기서 소리를 질러댔다.

"아빠, 내가 물속으로 점프하는 거 잘 보세요."

"엄마, 나 수영하는 것 좀 봐요."

아이들은 모두 '나에게 관심을 가져주세요. 나는 당신의 관심을 받을 가치가 있어요'라는 의미가 담긴 말을 쏟아내고 있었다. 우리에게도 그런 시절이 있었다. 자기 자신과 자신의 능력을 완전히 믿었던 시절 말이다. 하지만 어른이 되면서 그러한 믿음은 깡그리 짓눌러버렸다. 어른들은 대개 자신에게 관심이 집중되는 상황을 불안하게 생각한다. 오랜 시간 주목을 받는 것도 싫어한다. 자신이 원래 관심받는 것을 좋아했다는 사실, 스스로 사랑받고 관심받을 가치가 있다고 믿었다는 사실을 잊고 있는 것이다. 그 믿음을 회복해야 한다. 그래야만 지금껏 쌓아온 모든 부정적 믿음을 쫓아낼 수 있다.

부모는 당신을 세상에 태어나게 한 '통로'이지 당신이란 존재를 만들어낸 '근원'은 아니다. 당신을 만들어낸 것은 우주다. 우주는 당신의 가족이며 당신이 하려는 모든 일을 지원해준다. 무엇보다 당신이 사랑스러운 존재라는 확신을 갖도록 도와준다. 혹시 당신의 부모가 당신을 원치 않는 것처럼 보이는가? 아니면 당신을 무시하고 하찮게 여기는가? 설사 그렇다고 해도 신경 쓰지 마라. 당신의 삶에는 당신을 가치 있게 여기는 사람들이 반드시 있으며 당신은 세상에 어떤 유익한 가치를 제공하기 위해 태어난 존재다.

세상에는 아이를 간절히 원하고 또한 자애로운 부모가 될 자질이 있음에도 불구하고 아이를 낳지 못하는 사람이 있다. 그런가 하면 아이를 낳을 자격이 없는 끔찍한 부모가 아이를 낳기도 한다. 설령 당신의 부모가 후자에 속할지라도 다음의 사실만은 잊지 마라. 당신은 어떤 이유와 목적이 있어서 세상에 태어난 것이며, 부모는 당신을 세상에 태어나게 한 '통로'이지 당신을 만들어낸 '근원'은 아니다. 당신은 우주의 의지에 따라 세상에 태어났고 우주는 당신이 본래의 모습을 찾길 원한다.

서른두 살에 파산하고 일자리조차 구하지 못한 한 남자가 있었다. 그는 어린 딸이 세상을 떠나자 자신도 목숨을 끊기로 결심하고 미시건 호로 갔다. 막 호수로 뛰어들려고 하는데 갑자기 마음속에서 어떤 음성이 들려왔다.

'당신에게는 죽을 권리가 없어요. 당신의 생명은 우주에 속해 있으니까요. 지금 물속에 뛰어들면 당신은 자신이 얼마나 중요한 사람인지 영원히 이해하지 못할 거예요. 하지만 당신의 값진 경험과 지식을 세상 사람들을 위해 쓴다면 당신은 우주가 부여한 역할을 충실히 수행할 수 있을 겁니다.'

내면의 음성에 큰 충격과 감동을 받은 그는 그 말을 기록해 실천하기 시작했다. 결국 그 남자는 직업적, 재정적으로 커다란 성공을 거두었고 개인적으로도 행복해졌다. 그가 바로 지오데식 돔geodesic dome을 발명하고 수많은 사람을 도운 벅민스터 풀러Buckminster Fuller다. 지오데식 돔은 다각형 격자를 이어 만든 것으로 에덴 프로젝트(Eden Project, 세계에서 가장 큰 온실-옮긴이)와 엡코트 센터(Epcot Center, 디즈니 테마파크 중 하나-옮긴이)의 건축물에 사용된 바 있다. 벅민스터 풀러의 일화는 누구나 존재의 목적을 갖고 태어난다는 내 믿음을 다시금 깨닫게 한다.

자연은 결코 같은 것을 다시 만들어내지 않는다. 세상 어디에도 당신과 똑같은 사람은 없다. 과거에도 없었고 지금도 없으며 미래에도 없을 것이다. 결국 당신은 어떤 특정한 목적을 부여받아 세상에 존재하는 셈이다. 그 특정한 목적을 깨닫는 순간 당신의 자존감은 한층 높아질 것이다.

당신은 '특별한' 사람은 아니지만 '세상에서 유일한' 사람, '아무도 대신할 수 없는 독특한' 사람이다. 자신이 특별하다고 생각하는 사람은 주변으로부터 고립되어 외로움을 느끼기 쉽지만, 자신을 '아무도 대신할 수 없는 독특한 존재'로 여기는 사람은 다르다. 자신을 유일한 존재로 여기는 사람은 자신이 타인과 연결되어 있음을 깨닫는 것은 물론 자신이 세상에 태어난 이유가 있다고 생각한다.

어렸을 때는 부모의 사랑이 반드시 필요하다. 사실 당신의 생존은 부모의 사랑에 달려 있다고 해도 과언이 아니다. 부모가 당신을 사랑해야만 당신을 보살피고 필요한 것을 채워줄 테니 말이다. 그 과정에서 아이는 부모를 이상적인 존재로 여기게 되고 때로는 생존을 위해 필요한 수준 이상으로 부모를 이상화하기도 한다. 그러나 부모에 대한 어린 시절의 무조건적인 믿음은 때로 고통과 상처를 유발하는 원인으로 작용하기도 한다.

부모를 무조건적으로 따르면 부모가 항상 옳다고 믿게 된다. 부모가 자신을 사랑하지 않는 것처럼 보일 때조차도 말이다. 부모의 사랑과 관심이 줄어든 것처럼 보이면 우리는 부모가 아니라 '우리 자신'에게 문제가 있다고 생각한다. 그 이유는 우리가 부모에게 의존하고 있기 때문이다. 만일 '우리 부모님은 부모로서의 자격이 없어', '우리 부모님에게 문제가 있어'라고 판단할 경우에는 그 깨달음을 감당하기가 어렵다. 그것은 곧 우리의 안전과 생존이 위태로워 졌음을 의미하는 까닭이다. 그보다는 차라리 우리 자신에게 문제가 있다고 믿는 편이 더 안전하고 쉬운 선택이다. 그 결과 우리는 부모의 사랑을 받기 위해 자기 자신을 바꾸려고 노력하지만, 사실 우리에게 잘못이 있는 게 아니기 때문에 아무리 애써도 상황은 나아지지 않는다.

이러한 상황이 지속되면 문제를 해결하지도, 부모의 사랑을 받지도 못하는 자신의 무능함 때문에 자기 자신을 쓸모없고 무기력한 존재로 느끼기 시작한다. 자신을 둘러싼 상황을 변화시킬 수 없다는 좌절감, 자신은 사랑받을 자격이 없다는 확신은 갈수록 깊어진다. 이러한 느낌은 성인이 될 때까지도 가슴속 어딘가에 계속 남아 우리의 미래를 어둡게 만든다.

이제 그러한 감정을 말끔히 씻어내자. 당신은 사랑받을 자격이 없던 적이 없었고 그것은 지금도 마찬가지다. 그리고 당신의 입장에서 부모님이 만족스럽지 못하고 다소 부족해 보일지라도 그들은 나름대로 최선을 다하는 것인지도 모른다. 세상에 어느 부모가 아침에 일어나면서 '오늘은 내 아이의 인생을 망쳐야지' 하고 생각하겠는가.

어린 시절에는 부모님이나 선생님의 말을 가장 중요하게 받아들이지만, 어른이 되면 그 자리를 '당신이 스스로에게 하는 말'이 차지한다. 당신의 믿음과 견해가 당신에게 가장 큰 영향을 미친다는 말이다. 어른이 되면 부모의 사랑이나 인정은 필요치 않다. 그것을 원할 수는 있지만 그것이 절대적으로 필요한 것은 아니다. 다음에 제시하는 과제를 해보라.

자, 이렇게 상상해보라. 지금 당신은 어린 시절에 살던 집으로 돌아간다. 집으로 이어지는 길목을 따라 대문을 열고 집 안으로 들어선다. 이제 당신의 방으로 간다. 방 안에는 어린 시절의 당신인 꼬마가 서 있다. 그 아이를 데리고 나와 현재 당신이 살고 있는 집으로 간다. 그 집을 구석구석 안내하면서 어렸을 때는 갖지 못했지만 지금은 갖고 있는 물건들을 보여준다. 어른이 되어 당신이 성취한 모든 것을 보여주고 어릴 때와 달리 자유롭게 할 수 있는 것이 많다는 사실을 알려준다. 또한 옷장에 있는 옷도 모두 보여준다. 욕실에서 사용하는 제품, 주방에 있는 음식, CD와 DVD, 책, 잡지 등 어렸을 때는 없던 모든 것을 소개한다.

이제 꼬마에게 반복해서 말해야 할 것이 몇 가지 있다. 약간 유치하게 들릴지도 모르지만 효과가 있으니 그대로 따라하라. 꼬마를 품 안에 안고 있다고 상상하면서 이렇게 말하라.

나는 너에게 다정한 부모가 될 거야.

세상의 어느 누구도 나만큼 그 역할을 잘 해낼 수는 없어.

나는 네 모습 그대로를 사랑해. 앞으로도 늘 그럴 거야.

나는 네가 받아 마땅한 모든 사랑과 칭찬, 인정을 줄 거야.

이제 너는 안전해. 내가 항상 너를 사랑하고 보호할 테니까.

나는 절대 너를 외면하거나 버리지 않을 거야. 너는 나의 일부분이고 나 역시 너의 일부분이니까.

절대 한순간도 너를 떠나지 않을 거야. 너를 항상 소중하게 여기고 사랑할 거야.

이제 당신이 어린 시절에 듣고 싶었던 말, 들었으면 좋았을 말을 종이에 적어보라. 그리고 그 말을 자기 자신에게 해주어라. 몸과 마음에 완전히 스며들 때까지 반복해서 말하라. 어떤 말이 듣고 싶었는지, 어떤 말을 들어야 했는지, 어떤 말을 들었으면 정말 기분이 좋았을지 생각해보라. 너무 어렵게 생각하지 마라. 우리는 대부분 비슷한 말을 듣고 싶어 한다. 예를 들면 이런 말이다.

너는 대단한 아이야. 나는 정말 행복한 엄마야.
너는 무척 사랑스러워.
지금의 모습 그대로 너를 사랑해.
네가 내 아들/딸이라는 게 정말 자랑스럽구나.
너는 정말 예뻐/똑똑해/훌륭해/현명해/사랑스러워/귀여워.
너는 세상에 꼭 필요한 사람이야.

위 과제는 당신이 부모의 사랑이나 인정에 대한 욕구로부터 벗어나도록 돕는다. 또한 의식적, 무의식적으로 떨쳐버리지 못한 부정적 감정에서 벗어나 어린 시절에 놓쳤을지도 모르는 좋은 감정을 내면에 되살리도록 도와준다. 생각보다 많은 사람이 어린 시절에 받은 정서적 상처에 갇혀 있다. 꼬마인 당신을 성인인 현재의 세상으로 데려와 이곳이 훌륭하고 안전하며 더 나은 세상이라는 것을 보여주면 당신은 과거로부터 홀가분하게 빠져나올 수 있다.

다음의 과제는 부모의 사랑은 더 이상 당신이 행복해지기 위한 충분조건이 아니라는 사실을 증명해준다.

눈을 감고 따라하기 

다시 상상 속으로 들어가 보자. 부모님이 어린 시절에 충분히 주지 못한 사랑을 보상하는 차원에서 당신과 함께 지내게 되었다. 부모님은 하루 종일 당신을 얼마나 사랑하고 자랑스러워하는지 말해주고 당신을 칭찬하며 당신을 위해 특별한 것들을 해준다. 또한 당신이 좋아하는 음식을 만들어주고 수시로 따뜻하게 안아준다. 당신이 필요로 할 때 해주지 못한 모든 일을 지금 해주려고 애쓴다.

자, '부모님이 이제 그만 가주셨으면' 하는 생각이 들기까지 얼마나 걸릴까? 기껏해야 하루나 이틀 정도다. 길어야 2주일이다.

상상력을 최대한 발휘해 이 실험을 해보면 당신이 더 이상 부모님의 칭찬이나 인정, 사랑을 필요로 하지 않는다는 사실을 깨닫게 된다. 당신에게 칭찬과 인정, 사랑을 주어야 할 사람은 바로 당신 자신이다. 나는 지난 20년간 수많은 사람과 함께 이 실험을 수천 번도 넘게 했다. 그중 단 한 사람만 부모님이 언제까지나 자신과 함께 살았으면 좋겠다고 말했다. 그녀는 세 살 때 부모와 헤어진 이후로 한 번도 만나지 못한 여성이었다. 충분히 이해할 만했고 이는 예외적인 경우였다.

우리는 대부분 부모와 영원히 함께 살면 행복할 거라고 생각하지 않는다. 대개는 "부모님을 사랑하지만 평생 함께 살고 싶진 않아."라고 말한다.

어린 시절에 부모의 사랑을 충분히 받지 못할 경우 이는 성인이 된 이후의 삶에 영향을 미친다. 그러나 마흔 살이 넘어서도 여전히 부모님과 함께 살고 있다면 이것은 자신만의 독립적인 인생을 일구는 데 실패한 것이나 다름없다. 마흔 살에 부모님과 함께 휴가를 보내거나 부모님과 외식하러 나가는 것을 손꼽아 기다리며 좋아하는 사람은 거의 없다. 물론 종종 부모님과 함께 여행을 가고 또한 외출을 하는 것은 좋은 일이다. 하지만 부모님이 당신의 유일한 친구라면 이는 당신이 진정한 어른으로 성장하거나 다른 이들과의 관계를 성공적으로 구축하는 데 실패했음을 의미한다.

무엇이든 가능하다고 믿어라

미국에서 토크쇼를 진행할 때의 일이다. 방송 도중에 한 여성과 전화통화를 했다. 그녀는 개인적인 문제로 몹시 괴로워했고 나는 그녀를 진정시키기 위해 최면요법을 동원했다.

"자, 지금 아름다운 해변을 걷고 있고 당신의 발가락 사이로 모래가 빠져나간다고 상상해보세요."

그녀는 대뜸 이렇게 말했다.

"저는 한 번도 해변에 가본 적이 없어요. 바다와 멀리 떨어진 내륙지방에 살고 있거든요. 저 같은 사람에게는 불가능한 일이에요. 해변은 너무 멀어서 갈 수 없다고요."

나는 지금도 '저 같은 사람에게는 불가능한 일이에요'라는 말을 잊을 수가 없다. 고객들을 상담하는 과정에서 나는 많은 사람이 그녀처럼 생각한다는 것을 알게 되었다.

그들은 행복해지는 것, 자신을 사랑해주는 사람을 만나는 것, 성공하는 것, 충분한 돈을 버는 것, 심지어 평온해지는 것조차 자신에게는 불가능하다고 믿었다. 하지만 당신이 어렸을 때 불가능한 일이었다고 해서 지금도 불가능한 것은 아니다.

어렸을 때는 당신에게 자가용, 신용카드, 집이 없었고 휴가 계획을 짜는 것은 물론 주말 계획도 마음대로 세울 수 없었다. 그러나 지금은 가능한 것이 꽤 많지 않은가. 만일 지금도 '난 그렇게 할 수 없어'라고 생각한다면 당장 그 믿음을 버려라. 다음과 같이 해보라.

배운 대로 따라하기

나는 고객들에게 어린 시절에는 할 수(혹은 가질 수) 없었지만, 지금은 할 수(혹은 가질 수) 있는 것들을 생각해보라고 한다. 당신도 생각해보라. 어렸을 때는 먹는 것, 입는 것, 귀가시간, 심지어 취침시간도 마음대로 정할 수 없다.

하지만 어른이 되면 그런 것은 물론 훨씬 더 중요한 일도 마음대로 할 수 있다. 그때는 불가능했지만 지금은 가능한 일을 모두 생각해보자. 예를 들면 당신은 이제 해외여행도 할 수 있고 원하는 방식대로 돈을 쓸 수 있으며 운전도 할 수 있고 좋아하는 옷도 입을 수 있다. 또한 휴대전화나 DVD, CD, 잡지, 디지털카메라, 보석도 가질 수 있다. 그뿐 아니라 TV채널, 식사시간, 입을 옷, 기상시간, 취침시간 등을 선택할 수 있다. 어릴 때는 불가능했지만 지금은 가능해진 일을 확인했다면 이제 스스로 불가능하다고 믿는 것을 한번 생각해보라.

어릴 때는 불가능했던 많은 일이 지금은 가능해졌다는 사실을 깨달으면 다음과 같은 믿음을 산산조각 낼 수 있다.

그때는 내 마음대로 할 수 없었어.
(그러니) 지금도 내 마음대로 할 수 없어.
앞으로도 영원히 할 수 없을 거야.

비만을 고민하는 고객은 대부분 어린 시절에 부모님이 초콜릿이나 사탕을 못 먹게 했다고 말한다. 오랜 세월이 흐른 지금도 그들은 여전히 초콜릿이나 사탕은 먹어서는 안 되는 음식이라고 생각한다. 그러한 의식 때문에 초콜릿을 잔뜩 사다가 달콤한 맛을 즐길 여유도 없이 허겁지겁 먹어치운다. 그리고는 이내 심한 죄책감을 느끼며 '먹지 말았어야 했는데, 바보 같아. 저걸 다 먹다니 난 정말 한심해'라고 자책한다. 지금은 자신을 지켜보거나 간섭하는 사람이 없는데도 어린 시절에 그랬던 것처럼 금지된 것이라고 믿는 식품을 허겁지겁 먹으면서 죄책감을 느끼는 것이다. 이는 '내가 먹으면 안 되는 음식'이라는 믿음이 지금까지도 그들을 억누르고 있기 때문이다. 날마다 많은 양의 초콜릿을 먹는 행위보다 '나는 저것을 먹으면 안 돼'라는 믿음이 오히려 더 해롭다.

나는 그들에게 초콜릿을 먹어도 되며 언제든 원하는 만큼 초콜릿을 사먹을 수 있다고 말해주었다. 다른 한편으로 건강을 생각한다면 한꺼번에 많은 양을 먹는 것은 고려해볼 필요가 있음을 깨우쳐주자 그들은 대부분 폭식 습관을 고쳤다.

칭찬을 자주 받아보지 못한 사람은 칭찬에 익숙하지 않다. 그래서 만일 누군가가 "참 예쁘네요."라고 말하면 "말도 안 돼요. 난 얼굴에 주근깨가 많아요."라고 대답한다. 또한 "아주 잘했어요."라는 말을 들으면 "잘하긴요, 누구나 할 수 있는 일인 걸요."라고 말한다. 심지어 어떤 사람은 상대방이 칭찬을 해주면 불안해한다. 혹은 칭찬을 받아들이지 않고 스스로를 폄하해야 마음을 놓는다.

칭찬은 당신에게 주는 선물이나 다름없다. 칭찬을 거절하면 선물을 거절하는 셈이다. 누군가가 당신을 칭찬하면 그 칭찬을 기꺼이 받아들이고 감사하다고 말하라.

특히 칭찬보다 비판을 더 자주 받아본 사람은 다른 사람의 칭찬을 쉽게 받아들이지 못하고 툭하면 스스로를 비판한다. 물론 이런 습관 역시 바꿀 수 있다. 이렇게 결심하라.

'나는 어린 시절에 칭찬을 거의 받지 못하고 자랐지만 그렇다고 지금도 칭찬을 못 받을 이유는 없어.'

사소한 일에서도 늘 스스로를 칭찬하고 타인에게 받은 칭찬을 자꾸 떠올려라. 그런 과정을 통해 당신의 잘못된 믿음을 바꿀 수 있다. 안타깝게도 어린 시절에 사랑을 받지 못해 성인이 된 이후에도 사랑받을 수 없다고 믿는 사람이 많다. 어렸을 때 부모에게 버림받은 마릴린 먼로는 진정한 사랑을 받을 수 없을 거라고 믿었지만 대중은 그녀를 열렬히 사랑했다. 그러나 그녀는 자신이 사랑받을 수 있는 존재라는 사실을 완전히 받아들이지 못했다. 그녀의 말이 그 사실을 잘 보여준다.

"나도 알아요. 내가 대중과 세상의 사랑을 받았다는 사실을. 하지만 그건 내가 재능이 뛰어나거나 예뻐서가 아니라, 내가 그 전까지 단 한 번도 누군가의 사랑을 받아본 적이 없기 때문이에요."

인간은 늘 자신에게 익숙한 것을 찾고 재현하고자 한다. 또한 자신이 이미 알고 있는 것, 익숙한 것에서 편안함과 안정감을 느낀다. 그것이 바람직하지 않거나 적절하지 않더라도 말이다. 다시 말해 우리의 잠재의식은 '바람직한 것'보다 '익숙한 것'을 더 빨리 인식하고 그것을 끌어당기도록 설계되어 있다. 거기에서 벗어나려면 당신은 사고를 변화시켜 익숙한 것을 낯선 것으로 인식하게 만들어야 한다. 당신이 거절과 비판, 가난, 애정결핍 등에 익숙하다고 해서 계속 그런 것에 휩싸인 채 살아갈 이유는 없다.

아기는 씹는 행위가 익숙하지 않다고 해서 언제까지나 유아식을 먹지는 않는다. 시간이 지나면 우리는 어떤 것에도 익숙해질 수 있다. 과거에는 집 안에 화장실이나 난방시설이 없었지만 지금 우리는 그런 편의시설에 완전히 익숙해져 있다. 또한 오늘날 대부분의 10대 청소년은 휴대전화 없이 사는 것을 상상조차 하지 못한다.

과거에는 없었지만 지금은 있는 것을 모두 생각해보라. 그러면 사용법도 익숙지 않고 낯설기만 했던 것에 당신이 얼마나 빠르게 적응했는지 깨닫게 될 것이다. '지금' 1년 내내 더운 기후에서 생활하는 것에 익숙하지 않다고 해서 당신이 그런 더위에 적응할 수 없는 것은 아니다. 인간은 지속적으로 노출되기만 하면 어떤 상황에라도 익숙해질 수 있는 존재다.

마찬가지로 이 책에 나오는 방법들을 활용하면 당신은 자신감을 높이고 자신의 존재가치를 지속적으로 믿는 것에도 얼마든지 익숙해질 수 있다.

Step 3

비판

———

"무언가에 도전해서 실패할 경우 당신은 낙담할지도 모른다.
그러나 시도조차 하지 않는다면 이미 실패한 것이나 다름없다."
– 비벌리 실스(Beverly Sills, 1929~2007, 미국의 오페라 가수, 자선사업가)

ULTIMATE CONFIDENCE

자신감을 높이기 위해 완벽해질 필요는 없다

당신은 완벽하지 않아도 된다. 세상에 완벽한 사람은 없다. 세상에서 가장 불행한 사람은 완벽해지려 애쓰는 사람이다. 완벽을 겨루는 경기에는 끝이 없기 때문이다. 결승점에 가까이 다가갈수록 그 결승점은 점점 더 멀어지고 만다. 완벽해지는 것이나 삶을 완벽하게 만드는 것은 불가능하다. 그것은 단지 환상일 뿐이다. 완벽을 추구하면 정신적 스트레스에 시달리게 되고 결과적으로 삶이 불행해진다.

완벽한 외모, 완벽한 행동, 완벽한 가족, 완벽한 업무수행이 자신감과 행복이 넘치는 삶을 보장할 거라고 생각하는가? 만약 그렇게 생각한다면 당신은 얼마 지나지 않아 크나큰 실망과 불행을 맞이할 것이다. 사람들은 종종 내게 묻는다.

"부족함 없이 모든 걸 가진 유명한 영화배우나 슈퍼모델이 도대체 왜 당신에게 상담을 받는 겁니까?”

미모가 뛰어나고 재능이 있다고 해서 마음의 고통으로부터 자유로운 것은 아니다. 그들은 아름다움을 겨루는 경기에 참가한 상태이며 그 경기는 하루도 빠짐없이 열린다. 최고의 상을 받은 어느 배우는 내년에도 같은 상을 받아야 한다는 압박감에 시달린다고 말했다. ‘베스트드레서’, ‘가장 아름다운 연예인’, ‘연기력이 뛰어난 배우’ 등에 뽑히면 그 위치를 유지해야 한다는 압박을 받게 된다. 패티 보이드Patti Boyd는 『보그』Vogue의 표지에 실린 자신의 모습을 보면 결점만 눈에 띈다고 했다. 어떤 연예인은 외모 경쟁의 스트레스를 견디지 못해 과체중이 되어버리기도 한다. 스트레스와 압박감 때문에 그들의 무의식이 그 경쟁에 참여하지 않기로 한 것이다.

남다른 미모를 타고난 사람도 그 아름다움이 영원히 지속되지 않으리라는 사실을 잘 안다. 하지만 아름다움이 곧 자신의 정체성이자 이유라고 생각하기 때문에 나이가 들면 그들은 점점 은둔생활을 한다. 한때 미의 여신으로 불린 마를렌 디트리히, 에바 가드너, 리타 헤이워드, 그레타 가르보, 브리짓 바르도는 말년에 대중의 관심을 피했다. 엘리자베스 테일러는 “사람들은 내가 얼마나 늙고 뚱뚱해졌는지 보려고 나를 찾아오는데 나는 한 번도 그들의 기대를 저버린 적이 없다.”라고 말했다. 브리짓 바르도 역시 “나는 내 아름다움을 세상 사람들에게 주었지만 그것을 제외한 나머지는 모두 동물들에게 주었다. 동물들은 결코 나를 함부로 판단하지 않았기 때문이다.”라며 대중의 입방아를 부담스러워했다.

방송국의 중역으로 있는 내 친구는 연예인의 이름을 입에 올리는 다섯 단계를 이렇게 설명해주었다.

리타 헤이워드가 누구야? → 빨리 리타 헤이워드를 섭외해. → 젊은 리타 헤이워드를 데려와. → 리타 헤이워드랑 비슷한 스타일을 데려와. → 리타 헤이워드가 대체 누구야?

한 연예인이 유명해지고 사람들의 의식에서 사라지기까지의 속도를 이처럼 매우 짧다.

나는 24년간 심리치료사로 일하면서 어떤 사람이 가장 행복한지 확실하게 깨달았다. 가능한 한 최고가 되려고 노력하는 동시에 자신의 실제 모습과 결점을 인정하는 사람 그리고 주변 사람들 역시 결점이 있음을 인정하고 그들과 관계를 맺는 사람이 삶에 대한 만족도와 행복도가 높았다. 누군가가 당신을 사랑할 때, 있는 그대로의 당신 모습을 사랑해야 한다. 만약 상대방이 당신의 아름다운 모습만 사랑한다면 상대방은 머지않아 당신에게 실망하게 될 것이다. 당신이 아름답고 예뻐서 사랑한다면 그 아름다움이 퇴색한 후에는 어떻게 될까?

햄릿 역으로 뛰어난 연기를 펼쳐 많은 관객을 감동시킨 로렌스 올리비에와 관련된 유명한 일화가 있다. 그는 기록적인 횟수의 기립박수를 받은 배우다. 어느 날 공연을 끝내고 무대에서 내려오자 기자들이 대기실로 몰려들었다. 그는 무표정한 얼굴로 기자들을 바라보며 자신의 연기에 대한 기사를 쓰지 않았으면 좋겠다고 말했다. 기자들이 그 이유를 묻자 그는 간단하게 대답했다.

"오늘의 연기력이 어디서 나온 것인지 나도 모릅니다. 그런데 내 연기에 대해 칭찬을 늘어놓는 기사가 나가면 많은 사람이 보러올 테고 내가 오늘만큼 연기하지 못할 경우 관객들은 실망할 테니까요.”

현대인의 걱정과 스트레스는 대개 자기 자신에 대한 불만족과 지금보다 더 잘 해내야 한다는 압박감 때문에 발생한다. 더 예뻐지고 날씬해져야 한다는 생각, 더 많은 것을 성취해야 한다는 생각, 대단한 존재가 ‘되어야’ 하고 뭔가를 ‘해내야’ 한다는 생각에 끊임없이 시달리는 것이다. 이것을 수행불안증performance anxiety이라고 하는데 이것은 면접이나 시험을 보기 전, 그밖에 무언가를 잘 해내야 하는 상황을 앞두고 불안과 긴장을 느끼는 상태를 말한다. 어떤 사람은 낯선 사람에게 말을 걸거나 무언가 특별한 요청을 해야 할 때 심한 스트레스를 받는다. 청소년이나 젊은이는 학교생활을 하는 도중에 수행불안증을 보이기도 한다.

때로 우리는 자신이 재미있지 않을까 봐, 상대를 즐겁게 해주지 못할까 봐, 똑똑하게 혹은 매력적으로 보이지 않을까 봐 불안해한다. 그럴 필요 없다. 코미디언들을 생각해보라. 그들이 우리에게 웃음을 줄 수 있는 것은 피나는 노력 덕분인데 그들도 종종 무대 뒤에서 엄청난 불안감에 시달린다. 나는 상담을 하면서 적대적이거나 성격이 괴팍한 코미디언을 만나기도 했다. 항상 관객을 웃겨야 하고 멋진 공연을 보여야 한다는 중압감이 그렇게 만든 것이다. 의외로 많은 코미디언이 우울증을 겪는다. 그리고 많은 코미디언의 아내가 남편이 집에서는 조금도 재미가 없을 뿐 아니라 아예 입이 붙어 있는 것처럼 과묵하다고 말한다. 항상 재치 있어야 하고 말을 잘해야 하며 매력적이어야 한다는 의무감에 짓눌리면 진짜 자신의 모습으로 살아갈 수 없다. 또한 있는 그대로의 모습으로 사랑받기 어렵다.

머리가 뛰어나게 좋은 사람은 때로 타인과의 소통에 문제를 겪는다. 실제로 많은 천재가 타인과 커뮤니케이션할 때 장애를 겪으며 다른 사람과 잘 어울리지 못한다. 우리가 어떤 사람을 좋아하게 되는 것은 그 사람의 지능이나 유머감각과는 상관이 없다. 그보다는 마음이 진실하고 따뜻한가, 나와 공통점이 있는가 하는 점이 훨씬 더 중요하다.

"우리는 누구나 자신과 비슷한 사람, 친근함이 느껴지는 사람을 좋아한다."

나는 이 말을 사람들에게 수없이 반복해서 들려준다. 우리의 마음은 반복을 통해 무언가를 흡수하고 배울 수 있기 때문이다. 당신의 친구들을 생각해보라. 당신은 그들을 왜 좋아하는가? 분명 그들과 공통점이 느껴지고 그들과 함께 있으면 편안하기 때문일 것이다. 모든 우정의 바탕에는 '우리는 누구나 나처럼 부족한 사람을 선택한다'는 전제가 깔려 있다. 우리는 자신과 비슷한 사람을 좋아하게 마련이다. 당신의 친구들이 당신을 좋아하는 것도 똑같은 이유에서다. 그러므로 이미 당신을 좋아하는 누군가에게는 좋은 인상을 심어주려 애써 노력할 필요가 없다.

유치원에서 처음으로 친구를 사귈 때 혹은 누군가와 데이트를 할 때를 생각해보라. 우리는 좋아하는 음식이나 색깔 등을 묻는다. 이때 상대방이 나와 같은 것을 좋아한다는 사실을 알게 되면 친밀감이 한층 더해지는 듯하다. 또한 우리는 낯선 사람을 만나면 좋아하는 소설이나 영화, 스포츠 등을 묻는다. 그렇게 공통점을 찾아가면서 차츰 관계를 맺어나갈 수 있기 때문이다.

비판에 대처하는 방법

...

 비판하길 좋아하는 사람은 자기 자신에 대해서는 비판을 유보하지만 타인의 결점을 찾고 비판하는 일에는 조금도 주저하지 않는다. 사실 이들은 자신에 대한 불만족을 '타인 비판하기'라는 행위를 통해 외부로 표출하는 것이다. 예전에 새로운 직장에 들어갔을 때 상사가 내게 말했다.

"남자친구가 정말 멋있던데요. 어떻게 당신 같은 사람이 그렇게 멋있는 남자의 마음을 사로잡은 거죠?"

나는 어이가 없었지만 담담하게 대답했다.

"그가 내 마음을 사로잡은 것과 같은 방법으로요."

몇 년 후에 또 다른 사람이 나에게 말했다.

"당신 남자친구 별로던데, 대체 그런 사람을 왜 만나는 거예요?"

나는 화를 내거나 언짢아하는 대신 조용히 대답했다.

"그는 좋은 점이 정말 많아요. 내겐 누구보다 멋있어 보이죠. 그래서 내가 그를 사랑하는 거예요."

두 사람 모두 자신의 내면이 불안하고 불행한 까닭에 내 기분을 상하게 만들려고 애쓰는 것이다. 하지만 나는 그들의 말이 옳지 않다는 것을 알았기 때문에 그들의 말에 신경 쓰거나 영향을 받지 않았다.

사람들이 누군가를 비판하는 것은 일반적으로 우리에게 '주변 사람과 동등해지고 싶어 하는 욕구'가 있다는 점과 관련이 있다. 이러한 욕구는 소속감을 느끼고 싶은 본능에서 나온다. 다시 한 번 말하지만 우리의 생존과 안정은 소속감과 연결되어 있다. 가령 누군가와 함께 시소 위에 앉아 있다고 상상해보자. 당신이 상대방보다 높이 올라가 있다면 당신보다 낮은 곳에 있는 상대방은 당신과 동등해지길 원한다. 이때 상대방이 균형을 회복하는 가장 쉬운 방법은 자신을 아름답게 미화하거나 당신을 깎아내려 시소의 역학 구조를 변화시키는 것이다. 상대방은 당신이 시소의 낮은 위치로 내려오길 바란다. 그래서 자신이 당신보다 더 낫다는 기분이 들 때까지 당신의 가치를 깎아내리거나 자신을 근사하게 치장하려 든다.

당신을 폄하하고 깎아내리는 사람들에게 대처하는 가장 좋은 방법은 "그건 내 이야기가 아니에요. 당신 이야기겠죠", "그렇게 말하는 걸 보면 당신은 스스로에 대한 불만에 가득 차 있는 게 분명하군요.", "당신이 다른 사람을 계속 비판한다면 '난 내가 만족스럽지 않아'라고 말하는 것이나 마찬가지예요."라고 속으로 생각하거나 말하는 것이다. 이런 말을 직설적으로 하기 힘들 때도 있지만 속으로 생각하는 것은 자유다. 때로는 완곡하게 다툼이 일어나지 않을 만한 방식으로 말하는 것이 현명하다.

자신을 사랑해야 남도 사랑할 수 있는 법이다. 자신을 사랑하지 않는 사람은 타인에게 사랑을 베풀 수 없다. 인간은 본래 자신보다 다른 누군가를 더 좋아하고 사랑할 수 없다. 높은 자존감은 곧 자기 자신을 사랑할 때 생기는 것이다. 자존감과 자기애 중에서 어느 하나가 없으면 다른 하나도 생길 수 없다.

자신이 사랑받을 가치가 있는 존재라고 믿는 것은 오만이 아니다. 그것은 자신을 인정하는 것이며 지속적인 자신감을 회복하기 위해 매우 중요한 일이다. 정말로 오만한 사람은 남들에게 무언가를 납득시키려 애쓰는데 이 과정에서 그들은 자신감 부족을 드러낸다. 사실 오만한 사람이 설득하려 애쓰는 대상은 바로 자기 자신이다. 오만하거나 공격적이고 약자를 괴롭히는 사람의 내면 깊은 곳에는 불안감과 불안정이 가득하다. 그것을 숨기기 위해 타인뿐 아니라 자기 자신을 속이려고 애쓰며 연기를 하는 것이다.

나에게 상담을 받은 고객 중에 학교에서 다른 아이에게 심하게 괴롭힘을 당하는 여학생이 있었다. 나는 그 여학생에게 또다시 괴롭힘을 당하면 차분하게 대응하라고 말해주었다.

"이런 행동을 하는 걸 보니 네가 많이 불행한 모양이구나. 넌 너 자신을 미워하고 있어. 그렇지? 난 네가 정말 가엾고 안됐다는 생각이 들어."

친구가 괴롭힐 때마다 이렇게 말하자 놀랍게도 어느 날 그 친구가 자신이 정말로 불행하다는 사실을 털어놓았다고 한다. 알고 보니 그

친구는 어머니가 암에 걸려 몹시 괴로워했고 가정생활도 엉망이었다. 그 아이는 자신이 괴롭힌 여학생이 자기를 이해해주는 유일한 사람임을 깨달았고 이후 둘은 절친한 친구가 되었다.

나는 종종 괴롭힘을 당하는 아이들을 상담하는데 그때마다 괴롭히는 친구한테 이렇게 말하라고 조언한다.

"오늘은 네 자신이 정말 싫은가보구나. 네 기분이 엉망이라서 이러는 거지?"

평범한 듯한 이 말은 정말로 효과를 발휘한다. 남을 괴롭히는 것은 실제로 자기 자신을 좋아하지 않기 때문에 나타나는 행동이다. 그런 아이들은 남들이 자신의 진짜 모습을 알면 자기를 싫어할 거라고 생각하는 까닭에 자기 모습을 있는 그대로 보여주지 않으려 한다.

만일 당신이 누군가에게 괴롭힘을 당하고 있다면 '나를 좋아해줘' 같은 말을 하거나 그런 메시지를 담은 행동을 해서는 절대 안 된다. 오히려 당신은 '나는 나 자신을 좋아하니까 당신이 나를 좋아할 필요는 없다'는 메시지를 담은 행동을 보여야 한다. 만약 '당신의 사랑이 필요해. 제발 날 좋아해줘. 당신의 사랑을 얻으려면 어떻게 해야 하지?' 하는 식의 행동을 하면 관계의 우위는 상대방이 차지하게 된다.

가령 당신에게 애인이 있다면 당신의 평소 행동을 잘 관찰해보라. 두 사람이 서로를 아끼고 사랑하는 관계이므로 당신이 애인을 위해 애쓰고 베푸는 것은 바람직하다. 하지만 '제발 날 좋아해줘. 당신의 마음에 들려고 열심히 노력하고 있잖아'라는 식의 행동은 피해야 한다. 사람들은 자기 자신을 사랑하는 사람을 좋아한다. 즉, 자기 자신을 사랑해야 타인의 사랑도 받을 수 있다. 만약 당신이 누군가가 당신을 좋아하도록 만들기 위해 특별한 노력을 기울여야 한다면 그것은 곧 당신이 스스로를 충분히 좋아하지 않는다는 의미다.

당신은 행동을 통해 '나는 나를 사랑해'라는 메시지를 전달해야지 '당신이 나를 사랑했으면 좋겠어'라는 메시지를 보내서는 안 된다. 누군가가 당신을 좋아하게 만드는 것과 시간 혹은 노력을 투자하고 서로를 위해 무언가를 해줌으로써 관계나 우정이 오래 지속되는 것은 다른 문제다. 나는 인간관계가 자꾸만 틀어져서 고민하는 사람들과 상담할 때마다 스스로에게 이런 질문을 해보라고 권한다.

"나는 그 사람과 함께 있을 때 나 자신에 대해 어떤 기분이 드는가?"

만일 그 답이 '내 존재가 더 작게 느껴진다', '그/그녀가 나보다 더 괜찮은 사람인 것 같다', '나보다 더 똑똑하고 훨씬 멋있다', '그/그녀는 내게 과분하다', '나는 그에게 부족한 사람인 것 같다'라면 변화가 필요하다. 그런 느낌을 마음에서 씻어내기 위해 노력하거나 그런 느낌이 들지 않는 다른 누군가를 찾아야 한다.

당신을 괴롭히거나 부당하게 비판하는 사람이 직장 상사일지라도 얼마든지 현명한 전략을 세울 수 있다. 직장에서는 타인에게 사랑받는 것보다 존중받는 것이 훨씬 더 중요하다는 점을 기억하라. 그리고 어떤 관계에서든 존중받는 것은 사랑받는 것만큼이나 중요하다. 이 점을 이해하면 문제를 해결하는 데 도움이 된다. 예전에 한 직장동료가 나에게 굉장히 무례한 말을 내뱉고는 "나는 당신이 싫습니다."라며 자신의 언행을 정당화하려고 했다. 나는 야무지게 응대했다.

"당신이 나를 싫어해도 상관없어요. 나한테는 괜찮은 친구들이 많거든요. 다만 당신이 나를 존중해주길 바랄 뿐이에요."

그는 또다시 자기합리화를 시도했다.

"난 원래 이런 사람입니다."

나는 좀 더 단호할 필요가 있다고 생각했다.

"다른 사람은 어떨지 몰라도 나는 누군가가 내게 그런 식으로 말하는 것을 용납하지 않아요."

그가 내 가치를 손상시키려 했을 때, 내 감정을 상하게 만들려고 했을 때 나는 그것을 용납하지 않았고 결국 그는 더 이상 무례한 언행을 보이지 않았다. 사실 우리는 행동과 태도를 통해 사람들에게 자신을 어떻게 대해야 하는지 가르쳐준다. 만약 상대방에게 침착하고 단호한 행동을 보이면 타인으로부터 존중을 받기가 훨씬 쉬워진다.

한번은 어떤 사람이 나에게 말하기 불편한 어떤 비밀스러운 이야기를 해달라고 졸랐다. 내가 그 이야기를 해줄 수 없다고 말하자 그는 "나는 당신에게 불편한 이야기도 해줄 수 있는데요."라고 대꾸했다. 나는 단호하게 대처해 효과를 보았다.

"미안하지만 내 이야기를 듣고 싶어 하는 당신의 욕구보다 그것을 말하고 싶지 않은 내 욕구가 더 중요해요."

당신의 본래 모습을 좋아한 사람들 중에서 일부는 이 책을 읽고 변화한 당신의 모습에 불편해할 수도 있다. 특히 자신감이 부족한 사람이 자신감을 되찾은 당신의 모습을 시기할 가능성이 있다. 사람은 누구나 자신과 비슷한 사람을 좋아한다. 같은 맥락에서 자신감이 부족한 사람은 자신감이 부족한 사람과 있을 때 편안함을 느낀다. 같은 감정을 공유할 때 안도감이 느껴지기 때문이다.

그래서 어쩌면 당신의 친구나 배우자가 당신의 변화에 다소 저항감을 보일지도 모른다. 어떤 위협감을 느끼거나 변화된 당신이 자신감이 부족한 그들의 모습을 더 부각시킨다고 생각할 수도 있다. 하지만 당신이 성취해낸 것을 목격하면 그리고 얼마나 쉽게 해냈는지 알게 되면 그들은 당신의 변화에 긍정적인 자극을 받을 것이다.

내면에서 들려오는 비판을 잠재우는 방법

현재 당신의 삶에 가장 파괴적인 영향을 미칠 수 있는 비판자는 바로 당신 자신이다. 우리는 직장상사나 전 배우자, 애인 혹은 오래된 적수보다 훨씬 더 혹독하게 자기 자신을 비판한다. 스스로에게 말하는 방식, 자신에게 말을 걸 때 사용하는 어휘와 말투는 우리의 감정 상태에 커다란 영향을 미친다. 그것은 우리를 단단하게 만들 수도 있고 무너트릴 수도 있다. 당신 스스로 자신을 주저앉히면 안 된다. 세상에는 이미 남을 비판하고 깎아내리는 사람이 충분히 많다. 당신까지 거기에 가세할 필요는 없지 않은가.

훌륭한 사람은 타인을 칭찬하지만 못난 사람은 타인을 욕하고 비판한다. 비판은 사람을 움츠러들게 만들고 칭찬은 사람을 일으켜 세운다. 만일 당신이 깜박해서 열쇠를 집에 놓고 나오거나 지도도 없이 낯선 곳에 갔다면 '이런 멍청한 짓을 하다니, 난 정말 바보 같아'라고 생각하겠는가, 아니면 '이런, 실수를 했군. 다시는 그러지 말아야지. 지도가 없어도 길을 찾을 수 있을 거야'라고 생각하겠는가. 당신은 어느 쪽인가?

큰 실수를 저질러 호된 경험을 하고 나면 그 실수를 반복하지 않을 가능성이 크다. 그 경험으로부터 무언가를 배우기 때문이다. 나는 차 안에 열쇠를 꽂은 채로 문을 닫아버리는 실수를 딱 한 번 저질렀는데, 서비스 직원을 부르는 비용이 만만치 않았다. 이후 두 번 다시 같은 실수를 하지 않겠다는 생각으로 차에서 내리기 전에 늘 열쇠를 점검하는 습관을 들였다. 한번은 어느 추운 날 밤에 달랑 티셔츠 하나만 입고 쓰레기를 버리려고 집 앞에 나갔는데 등 뒤로 문이 꽝 닫히는 소리가 들렸다. 안타깝게도 자동으로 잠기는 문이었다. 열쇠를 갖고 나가지 않았던 나는 크게 당황했고 한참 동안 집 밖에서 오들오들 떨어야 했다. 물론 이후로는 그런 실수를 하지 않았다.

내면의 목소리는 '다음부터는 그것을 잊지 마', '다시는 그곳에 가지 마', '두 번 다시 그런 실수를 하지 마', '~를 꼭 기억해'라는 말로 당신을 돕기 위해 존재하는 것이지, '이 바보, 돌대가리, 멍청한 패배자'라고 말하기 위해 존재하는 것이 아니다.

당신이 듣는 말 중에서 가장 중요한 것은 당신 자신에게 하는 말, 즉 당신이 스스로에게 속삭이는 믿음이다. 당신은 인간이고 인간은 누구나 실수할 수 있다. 그러므로 스스로를 깎아내리지 마라. 발전하고 나아지는 유일한 방법은 실수를 통해 무언가를 배우는 것임을 깨달아라. 사람은 그런 과정을 통해 진짜 배움을 얻을 수 있다. 실수를 해보지 않으면 배우지도 못한다. 그러니 실수를 하더라도 언짢은 기분에 파묻히거나 너무 자책하지 마라. 다른 사람들과 마찬가지로 당신 역시 실수를 통해 중요한 걸 배우는 중이라고 마음을 다독여라. 나폴레옹은 "실수를 해보지 않은 사람은 아무것도 이루지 못한다."고 말했다.

로스앤젤레스에 사는 동안 나는 스페인어를 배운 적이 있다. 당시 나는 '데려가다'take에 해당하는 스페인어가 상황에 따라 성적인 의미로도 쓰인다는 사실을 몰랐다. 그래서 스페인 출신 남자친구의 어머니에게 스페인어로 엉뚱하게 말하는 실수를 저질렀다.

"제 차로 쇼핑하는 곳까지 데려다take 드릴게요."

알고 보니 내가 여러 사람이 듣는 자리에서 어머니에게 '제 차에서 당신과 섹스를 할 거예요'라고 말한 셈이었다. 그 분이 매우 난감한 표정으로 쳐다보시기에 나는 내 스페인어를 알아듣지 못한 줄 알고 여러 차례 반복해서 말하기까지 했다. 누군가가 내 실수를 지적해준 다음에야 나는 사람들이 왜 황당한 표정을 지었는지 이해할 수 있었다. 이후에는 절대 같은 실수를 저지르지 않았다!

자신을 사랑하는 것은 자신을 존중하는 것과 같다. 이를 위한 방법 중 하나는 내면의 비난을 잠재우는 것, 자기 행동을 자책하는 대신 스스로를 격려하는 것이다. 다음의 예를 살펴보라.

★ 전화하는 것을 잊다니 정말 중요한 전화였는데. 난 정말 구제불능이야. 뭐 하나 제대로 하는 게 없어.

→ 이제라도 기억해내서 다행이야. 아직 늦지 않았어. 지금 전화를 걸

어도 충분히 이해해줄 거야.

★ 공과금을 냈어야 하는데. 난 건망증이 너무 심해. 형편없는 기억력 탓에 연체료까지 지불하게 됐잖아. 난 정말 바보 같아.

→ 은행에 직접 가는 건 별로 좋은 방법이 아니군. 다시는 이런 일이 일어나지 않도록 자동이체를 신청해야겠어.

★ 휴대전화 충전하는 걸 또 잊었어. 어휴, 이 바보 천치. 난 정말 구제불능이야.

→ 자동차용 충전기를 사거나 여분의 배터리를 회사에 놓고 다녀야겠어. 가방에 넣어두는 것도 괜찮고.

똑같은 상황이지만 화살표가 있는 쪽의 말은 스스로를 격려한다. 비판과 비난에서는 의기소침 외에 아무것도 건질 게 없다. 아기들이 타고난 자존감과 자신감을 유지하는 중요한 이유는 내면에 비판의 목소리가 없기 때문이다. 비판의 목소리가 있다면 아기들은 이렇게 생각할 것이다.

★ 음식을 엎질렀네. 이런 바보 같으니라고.

★ 팬티에 오줌을 쌌잖아. 난 정말 골칫거리야.

★ 나는 안 돼. 걸을 줄도 모르는 패배자야.

★ 나는 저걸 잘할 수 없어. 무능력하고 쓸모도 없어.

아기들은 실수를 저지를 때조차 자신에 대한 애정을 잃지 않는다. 당신도 그렇게 하라. 내면에 비판의 목소리가 아예 없다고 상상하고 자기비판을 중단하라. 비판의 목소리를 *끄기* 위해 당신이 해야 할 육체적 행동은 하나도 없다. 다만 자존감과 자신감을 해치는 생각을 마음속에서 싹둑 잘라내기만 하면 된다. 지금부터 비판적인 목소리의 볼륨을 '0'으로 맞춰라.

같은 집에 사는 배우자나 친구가 매일 당신의 잘못 혹은 단점을 지적한다고 상상해보라. 당신이 요리하는 동안 그들이 당신을 지켜보면서 "그렇게 하면 안 되지. 지금 요리를 다 망치고 있잖아."라고 하거나, 당신의 옷차림을 보고 "패션 감각이 전혀 없네. 무슨 생각으로 그렇게 입은 거야."라고 하면 당신의 기분이 어떨까? 당신이 일하는 모습을 보고 "엉망이군. 뭐 하나 제대로 하는 게 없어."라고 말하면 당신의 심정이 어떨까?

운전을 하는데 조수석에 앉은 사람이 '길을 잘못 들어섰어. 이 길로 들어서지 말았어야 했는데. 약속시간에 늦게 생겼네', '앞차를 추월해야 돼. 속도가 너무 느리잖아', '이래가지고는 주차장에 제대로 차도 못 대겠군' 하고 떠들 때 운전자가 느끼는 기분이 어떤지 웬만한 사람은 다 안다. 대개는 그런 사람을 차창 밖으로 내던지고 싶은 심정이 된다.

그런데 곰곰 생각해 보라. 혹시 당신 자신이 매일 자신을 향해 그 조수석에 앉아 있는 사람처럼 굴고 있지 않은가. 이제 그만 멈춰라. 만일 당신의 친구가 그런 역할을 해왔다면 앞으로 더 좋은 친구를 사귀면 된다. 지금부터 스스로에게 부정적인 말을 내뱉을 때마다 즉시 멈추고 긍정적인 목소리로 바꿔라. 자신에게 긍정적인 말을 하면 당신의 자신감이 안팎으로 자라난다.

딸아이가 중학생이 되었을 때, 아이는 등교하기 위해 집을 나섰다가 툭하면 5분도 안 되어 되돌아왔다. 그럴 때마다 나는 "뭘 잊었니?"라고 묻지 않고 "갑자기 뭔가가 생각났어?"라고 물었다. 사실 나는 아이가 5분 안에 뭔가를 기억해내고 집으로 돌아온 것이 다행이라고 생각했다. 아이가 스스로를 기억력이 나쁜 아이라고 생각하지 않기만 바랄 뿐이었다. "갑자기 뭔가가 생각났어?"라고 말함으로써 나는 아이에게 기억력이 나쁜 것이 아니라 기억력이 좋다는 인식을 심어준 셈이었다.

'내 기억력은 형편없어. 꼭 필요한 순간에 먹통이 되어 버려. 나는 정말 바보야.'

이렇게 생각할 때마다 당신은 일종의 선언을 하는 셈이다. 우리의 내면에 있는 가장 강력한 힘은 우리가 스스로 기대하는 대로(좋은 기대든 나쁜 기대든) 바뀌도록 만든다. 따라서 '나는 기억력이 나빠'라고 자책하면 그것은 당신의 기억력이 더 나빠지는 데 기여한다. 반면 '몇 초 안에 생각날 거야. 난 기억력이 아주 좋으니까' 하고 생각하면 정말로 그렇게 될 것이다.

우리는 종종 속으로 이런 질문을 던진다. 지난번에 갔던 그 근사한 식당의 이름이 뭐였더라? 예전에 본 그 영화 제목이 뭐였지? 그 즉시 당신의 머리는 일을 시작하고 답을 찾아내 제시한다. 두뇌는 당신이 던지는 모든 질문에 대답을 찾도록 되어 있다. 작년 여름에 읽은 그 책 제목이 뭐였지? 그러면 우리의 두뇌는 답을 찾아낸다.

두뇌는 또 다른 질문에도 답을 찾아내려 애쓴다. 난 왜 이렇게 못났지? 나는 왜 실패자이지? 나는 왜 잘하는 게 하나도 없지? 왜 항상 일이 잘못되는 거지? 이것은 당신 자신에게 그 질문이 진실인 이유를 입증하라고 말하는 셈이다.

당신의 잠재의식은 그런 질문에 대답하도록 설계되어 있다. '내가 손대는 일은 왜 항상 엉망이 되지?' 하고 물으면 마음은 그 이유에 대한 답을 찾는다. '나는 왜 패배자일까?'라고 물으면 당신의 마음은 부정적인 내용을 담은 대답을 찾아낸다.

자신감과 자존감을 높이려면 마음에 구체적이고 긍정적인 질문을 던져야 한다. 그러면 구체적이고 긍정적인 답을 찾게 된다. 그 방법은 아주 간단하다. 단지 위 문장을 살짝 바꾸기만 하면 된다. 가령 '나는 왜 패배자일까?'를 '어떻게 하면 패배자에서 벗어날 방법을 찾을 수 있을까?'로 대체하는 것이다. 그러면 당신의 뛰어난 두뇌는 그 답을 찾기 시작한다.

예를 들어 '왜 나는 늘 혼자일까?'라고 질문하면 당신의 마음은 '아무도 나를 좋아하지 않으니까'라고 대답할 것이다. 하지만 '어떻게 하면 진정한 친구를 찾을 수 있을까?'라고 물으면 '마음이 맞는 사람을 만날 수 있도록 내가 관심이 있는 분야에서 봉사활동을 해보자' 같은 대답을 해준다. 또한 '나는 왜 뚱뚱할까?'라고 물으면 당신의 마음은 '너무 많이 먹으니까'라고 대답할 것이다. 이제 질문을 '날씬해지려면 어떻게 해야 하지?'로 바꿔라. 그러면 '밀가루 음식을 먹지 마' 같은 대답이 돌아온다. 당신이 밀가루 음식을 지나치게 좋아한다는 것을 마음이 알고 있기 때문이다.

당신의 마음은 컴퓨터와 같다. 당신이 올바른 질문을 던지면 올바른 대답을 제시한다. 또한 구체적인 질문을 할수록 더욱 유익한 대답이 돌아온다. 다음에 제시하는 예처럼 부정적인 진술을 긍정적이고 구체적인 진술로 바꿔라.

★ 나는 왜 항상 돈이 부족할까?

→ 월급이 더 많은 일자리를 찾으려면 어떻게 해야 할까?

→ 돈을 더 벌려면 어떻게 해야 할까?

★ 나는 왜 이렇게 못났을까?

→ 어떻게 하면 자신감과 자존감을 높일 수 있을까?

→ 내가 타고난 재능과 능력은 무엇일까?

→ 내가 정말로 잘하는 것은 무엇일까?

자신감을 얻고 싶다면 자신감 있는 질문을 하라. 지금보다 더 나은 삶을 살고 싶다면 더 나은 질문을 하라. '왜'를 '어떻게 하면'으로 바꿔서 질문하면 삶이 180도 달라진다. 작고 간단한 변화지만 당신의 삶에 미치는 영향은 엄청나게 크다.

또 다른 방법으로 당신 자신이나 타인으로부터 비판의 목소리가 들려올 때, '그 근거가 뭐지?' 혹은 '당신이 의견을 제시해준 것은 고맙지만 나는 그렇게 생각하지 않아'라는 말로 응수하는 것이 있다. 비판과 싸울 필요 없이 그냥 그 비판을 받아들이지 않으면 된다. 비판하는 사람이 당신 자신이라면 스스로에게 물어보라. 이런 의견이 나온 근거가 뭐지? 누가 내게 그렇다고 말해주었지? 내게 그렇게 말한 사람이 있다면 그는 과연 나에 대해 제대로 아는 걸까? 내가 그걸 믿을 필요가 있을까? 물론 답은 '없다'이다.

당신은 두뇌가 훌륭하고 선택권도 갖고 있다. 당신은 스스로 형편없다고 생각하는 이유를 찾아내기 위해 혹은 그런 생각에서 벗어나기 위해 두뇌를 사용할 수 있다. 항상 후자를 선택하라. 그러면 십중팔구 자신감이 자라나기 시작할 것이다.

이런 방법도 생각해보자. 내면에서 나오는 비판의 목소리를 미키마우스, 월레스와 그로밋 같은 캐릭터들의 목소리로 바꾸고 마음껏 비웃어라. 내면의 목소리를 우스꽝스러운 것으로 바꾸면 그 영향력도 줄어든다. 또는 비판의 목소리를 마음속의 라디오라 생각하고 그 볼륨을 줄여 조용하게 만들 수도 있다. 더 간단한 방법도 있다. 내면에서 들려오는 비판의 목소리에 대고 '당장 닥쳐!'라고 말하라. 가끔은 이 방법이 가장 효과적이다.

언젠가 수영장에서 휴가를 보내고 있을 때였다. 한 어린 소년이 수영장 물 밖으로 나오자마자 지켜보고 있던 할머니가 말했다.

"몸을 제대로 닦지 않았구나, 감기에 걸리겠다. 점심 먹고 바로 물에 들어간 건 잘못이야. 다리에 쥐가 날 수도 있어. 그리고 모르는 사람과 말을 하면 안 돼……."

아이는 평소 그런 말을 귀에 못이 박히도록 들었던 모양인지, 할머니를 쳐다보면서 이렇게 말했다.

"할머니, 그만하세요."

소년은 겨우 여섯 살쯤밖에 안 돼 보였지만, 자신을 향한 불필요한 꾸짖음과 비판을 막는 법을 이미 터득하고 있었다. 그 상황을 보고 있던 나와 친구는 웃음을 터트렸지만, 나는 소년이 아주 멋진 말을 했다고 생각했다.

당신도 내면의 목소리에 그렇게 말하라.

"그만해, 닥쳐, 긍정적인 말만 해."

자존감을 키우기 위해서는 당신이 무엇을 하느냐뿐 아니라 무엇을 하지 않느냐 혹은 무엇을 그만두느냐도 중요하다. 자기비판의 목소리를 막으면 자신감과 자존감이 자라는 데 큰 도움이 된다. 스스로에 대해 만족하지 못하는 이유는 당신의 행동 자체가 아니라 당신이 늘 스스로에게 던지는 비판과 자책 때문이다.

당신은 생각을 통제할 수 있어야 하며 또한 그것을 긍정적인 것으로 만들어야 한다. 면접장에 들어갈 때, 일자리를 구하러 갈 때 혹은 데이트를 신청할 때 머릿속에 최후의 심판을 고하는 불길한 음악이 들린다면 그것을 영화 『록키』Rocky에 나오는 강한 주제곡으로 바꿔라. 진취적이고 용기를 북돋울 수 있는 음악이라면 어떤 것이라도 좋다. 우리의 마음을 자극하고 정신 상태를 고무하는 것은 음악의 중요한 역할 가운데 하나다.

몇 년 전, 내 치료용 비디오 판매와 관련 기사 게재에 관심이 있는 어느 메이저급 잡지사 관계자를 만나게 되었다. 나는 약속 장소로 가는 내내 『신데렐라』에서 생쥐가 부르던 노래를 흥얼거렸다.

"넌 할 수 있어, 할 수 있어. 정말, 정말로 할 수 있다고!"

이것은 내가 원하는 것에 마음을 집중하고 원치 않는 상황은 마음에서 지우는 데 효과적인 방법이었다.

당신의 마음은 서로 어긋나는 생각을 동시에 할 수 없다. 당신이 '할 수 있는 것'에 집중하면 '할 수 없는 것'에는 집중하지 못한다. 마찬가지로 마음속에 성공을 그리는 동안에는 실패를 상상하지 못한다. 그렇기 때문에 많은 사람이 조금 불안하거나 초조할 때 휘파람을 부는 것이다. 이는 의도적으로 뇌에 다른 신호를 보내는 한 방법이다. 군인들은 고된 훈련을 할 때 일부러 힘차게 노래를 부른다. 나는 주사를 맞을 때마다 머릿속으로 즐거운 노래를 흥얼거린다. 그러면 신경이 다른 데로 분산되어 주사를 맞고 있다는 것조차 느끼지 못할 때가 많다.

강하고 긍정적인 메시지를 담고 있는 노래를 찾아라. 부정적인 생각이 들거나 자기비판적인 목소리가 내면에서 들릴 때마다 그 노래를 흥얼거려라. 그것은 마음 상태를 바꾸는 데 큰 도움이 된다. 그럴 때 활용할 수 있는 좋은 노래 몇 가지를 소개한다.

The Time of My Life — 빌 메들리Bill Medley와 제니퍼 원스 Jennifer Warnes

Make It Happen — 머라이어 캐리Mariah Carey

Simply the Best — 티나 터너Tina Turner

We Are the Champions — 퀸Queen

Don't Stop Me Now — 퀸Queen

I believe I Can Fly — 알 켈리R. Kelly

It's a Beautiful Day — 유투U2

Perfect Day — 루 리드Lou Reed

Living on a Prayer — 본 조비Bon Jovi

Feeling Good – 니나 시몬Nina Simone

Things Can Only Get Better – 드림D:Ream

버락 오바마는 대통령 당선 직후 샘 쿡Sam Cooke의 '어 체인지 이즈 고너 컴'A Change is Gonna Come이란 노래를 효과적으로 활용했다. 긍정적인 메시지를 전하는 곡은 수없이 많다. 마음에 드는 노래를 골라 당신의 상황에 맞게 가사를 변화시켜 내면의 부정적인 목소리를 침묵시키는 데 활용해보라. 그러면 자신감이 더욱 커지고 진취적인 태도를 갖는 데 도움이 된다. 당신이 좋아하는 곡을 MP3에 담아 놓고 힘들거나 불안한 상황과 마주할 때마다 그 노래를 들어라.

당신을 대신할 수 있는 존재는 없다

다른 누군가에게 밀려났을 때, 또는 다른 사람이 나를 대신할 때 우리의 자신감은 급격히 약화된다. 직장이나 인간관계에서 그런 일을 겪을 때는 더욱더 그렇다. 헤어진 애인이 다른 누군가와 행복하게 지내는 모습을 볼 때, 당신의 자리라고 생각했던 곳에 다른 사람이 앉아 있는 것을 볼 때, 당신의 기분은 말할 수 없이 씁쓸해진다.

몇 년 전, 레이첼이라는 사랑스러운 10대 소녀가 나를 찾아왔다. 그녀는 심각한 섭식장애를 겪고 있었고 나는 그런 나쁜 식습관을 갖게 된 원인을 찾아내려 애썼다. 대화를 통해 나는 그녀가 스스로를 하찮게 여기고 있음을 알게 되었다. 아버지가 재혼하면서 여동생 루시가 태어났고 레이첼은 그 아이가 자기 자리를 빼앗았다고 생각했다. 특히 여동생은 누구나 귀여워할 만한 어린애였던 까닭에 레이첼은 상대적인 박탈감에 빠져 자신을 더욱더 하찮은 존재로 여겼다. 그녀는 자신이 동생에게 밀려났으며 쓸모없는 존재가 되었다고 믿었다. 문제의 원인을 찾은 나는 그녀가 누구도 대신할 수 없을 만큼 중요한 존재라는 것을 인식시켜야 했다.

"레이첼, 지금 네가 죽었다고 상상해봐. 장례식장에서 네가 누운 관 옆에 많은 사람이 서 있어. 엄마와 아빠 그리고 새엄마와 새 동생, 친구들이 네 죽음 앞에서 어떤 마음으로 서 있을까? 그들이 너를 잃고 어떤 감정을 느낄지, 너를 얼마나 그리워할지 한번 생각해보겠니?"

다소 극단적인 치료법이긴 했지만 레이첼의 경우에는 확실히 효과가 있었다. 레이첼은 자신의 부재가 가족과 친구들에게 심한 감정적 고통을 일으킬 거라는 사실을 알았고, 자신은 누구도 대신할 수 없는 존재임을 깨닫게 되었다. 다른 한편으로 나는 레이첼의 아빠에게 말했다.

"지금 살고 있는 집에 레이첼의 사진을 걸어놓으세요. 그리고 레이첼이 루시만큼이나 예쁘고 소중하다는 사실을 늘 일깨워주세요."

레이첼의 아빠는 내 조언을 받아들였고 가령 "루시가 발레 하는 모습이 정말 귀엽구나."라고 말하는 대신 "루시가 발레 하는 모습이 저 나이 때의 레이첼만큼이나 귀엽구나."라고 말했다. 이후 레이첼의 섭식장애는 빠른 속도로 사라졌다. 레이첼의 문제는 식습관 자체에 있는 것이 아니라 자신이 하찮은 존재라는 생각에 있었기 때문이다.

언젠가 딸아이가 루비라는 햄스터를 키웠는데 그 녀석은 2년 만에 죽고 말았다. 딸아이는 다른 녀석을 데려다 키웠지만 딸이 끔찍이 사랑했던 루비와 성격이나 행동이 전혀 달랐다. 이후로 만난 세 번째, 네 번째 햄스터도 루비와 똑같은 것은 없었다. 우리 집에서는 고양이 두 마리와 햄스터 한 마리, 토끼 두 마리, 거북이 한 마리를 동시에 키운 적도 있는데 그들 모두 성격이 달랐다. 비슷한 녀석은 하나도 없었다.

나는 애완동물의 죽음으로 힘들어하는 고객을 많이 만났다. 그들은 죽은 강아지를 사무치게 그리워하면서 그 어떤 강아지도 죽은 녀석을 대신할 수 없기 때문에 다른 강아지를 키울 수 없다고 말했다. 하지만 생각해보라. 하물며 햄스터나 강아지, 고양이도 다른 것으로 대신할 수 없는데 왜 당신을 다른 누군가가 쉽게 대신할 수 있을 거라고 생각하는가. 이 세상에 당신을 대신할 수 있는 존재는 어디에도 없다.

장례식 장면을 상상하는 것은 레이첼뿐 아니라 비슷한 문제를 겪는 다른 고객에게도 효과가 있었다. 그래서 당신에게도 그 방법을 소개하고자 한다.

당신의 삶이 끝났다고 상상해보라. 가족과 친구들이 당신의 무덤 옆에 서 있다. 죽은 당신에 대해 어떤 말을 하는지, 당신을 잃은 슬픔을 어떻게 견뎌내는지, 당신을 그리워하는 마음을 어떻게 표현하는지, 한 사람 한 사람 상상해보라. 조금 바보 같은 상상이라는 생각이 들지라도 무조건 해보라.

분명 당신은 누구도 대신할 수 없는 소중한 존재라는 것을 깨닫게 될 것이다. 그리고 그 깨달음은 바보 같은 상상이라는 잠깐의 기분을 감수할 만한 가치가 있다.

이제 무덤 속에 잠시 머물러라. 살아 있는 동안 미처 하지 못한 일, 후회되는 것, 시도하지 않았거나 실현하지 못해서 아쉬운 것을 하나하나 떠올려라.

흥미롭게도 이 실험을 하는 동안 사람들은 대부분 삶이 끝나는 것에 대해 두려움을 느끼지 않았다. 다만 목적의식 없이 살아가는 것, 의미 있는 목표를 성취하지 못하고 죽는 것을 두려워했다. 이 실험을 해보면 목표나 원하는 바를 이루기 위해 필요한 일을 실천에 옮기겠다는 결심을 굳히는 데 도움이 된다.

상상한 내용을 그냥 머릿속에 놔두지 말고 종이 위에 글로 적어보라. 과학적 연구 결과에 따르면 무언가를 머릿속으로 생각만 하는 것보다 글로 적을 때 훨씬 더 효과적인 결과를 얻게 된다고 한다. 그러니 반드시 글로 적어라. 그냥 생각만 하거나 읽을 때보다 더욱 확실한 성과를 얻을 수 있다.

Step 4

언어

"실패는 좀 더 현명하게 다시 시작할 수 있는 기회다."
– 헨리 포드(Henry Ford, 1863~1947, 포드자동차 창립자)

ULTIMATE CONFIDENCE

말을 바꾸면 인생이 바뀐다

· · ·

수많은 연구를 통해 자신감 있는 사람이 쓰는 언어는 자신감이 부족한 사람이 쓰는 언어와 다르다는 사실이 밝혀졌다. 자신감 있는 사람들은 '나는 못해, 너무 어려워', '해보긴 하겠지만', '~라면 좋을 텐데', '그건 꿈일 뿐이야', '언젠가는' 같은 말을 절대 하지 않는다. 또한 '나는 실패자야, 쓸모없어', '난 희망이 없어, 무능해', '난 쓰레기야' 같은 말은 생각조차 하지 않는다.

자신감을 키우고 싶다면 자신감 있는 사람의 습관이나 행동을 본보기로 삼을 필요가 있다. 무엇보다 쉽고 빠른 방법은 그들의 언어 습관을 따라하는 것이다.

평소에 쓰는 말을 바꾸는 것은 비교적 쉽고 간단하지만 그 결과는 엄청나다. 우리의 생활과 현실은 언어로 구성되어 있으므로 언어를 바꾸면 현실도 바꿀 수 있다. 일상생활에서 늘 사용하는 언어를 바꾸는 것은 우리의 감정과 기분을 바꾸는 가장 빠른 방법이다.

마음은 우리가 하는 말을 그대로 흡수한다. 당신이 '나는 할 수 없어'라고 말하든 '나는 할 수 있어'라고 말하든 마음은 그 말을 곧이곧대로 인식한다. 말은 몸과 마음에 대단히 강력한 영향을 미친다. 그리고 우리가 사용하는 말과 함께 연상되는 생각은 우리의 감정을 결정짓는다. 우리가 누군가의 감정과 연결된 말을 받아들이면 그 사람의 감정 상태도 함께 받아들이게 된다는 실험 결과도 많이 나와 있다. 이는 곧 자신감 있는 사람의 언어를 따라할 경우 당신의 자신감도 높일 수 있음을 의미한다. 두렵다, 슬프다, 쓸모없는 사람이 된 기분이다, 불안하다, 우울하다 등의 단어를 사용하면 실제로 그런 감정을 느끼게 된다. 마음은 서술적인 표현을 좋아하고 또한 거기에 쉽게 반응한다. 그러므로 긍정적인 내용의 서술어만 사용하도록 하라.

많은 사람이 "믿는 대로 된다."는 말은 알고 있지만 "말하는 대로 된다."는 사실은 잘 모른다. 우리가 하는 말은 현실이 되고 두뇌는 우리가 사용하는 말을 근거로 삼아 우리의 감정을 인식한다. 두뇌는 당신이 하는 말을 그대로 받아들이고 믿는 것이다. '난 무서워/두려워', '절망적이야', '난 쓸모없는 존재야'라고 말하면 두뇌는 실제로 당신이 공포나 절망감을 경험한다고 믿는다. 이로 인해 당신이 느끼는 공포나 두려움은 더욱 강해진다. 가령 '나는 면접 보는 일이 두려워' 또는 '상사가 나를 어떻게 평가할지 두려워'라고 말하면 당신은 그 일에 대해 부정적인 감정을 스스로 강화시키는 셈이다. 면접을 보거나 평가를 받는 일이 조금 불안할 수도 있다. 하지만 스스로 '무섭고 두려운 일'이라고 표현하지 않으면 그것은 무서워할 만한 상황으로 여겨지지 않는다.

'무서워', '두려워 죽겠어'라는 표현을 사용하면 두뇌는 신체에 당신이 극심한 공포를 느끼고 있다는 신호를 보낸다. 그러면 당신의 몸은 '투쟁' 혹은 '도주 반응'을 위한 준비태세를 갖추고 당신이 공포의 대상에서 도망가도록 자극하기 위해 더 많은 아드레날린을 분비한다. 하지만 당신은 상사나 면접관으로부터 도망가길 원하는 것이 아니기 때문에 증가된 아드레날린을 사용할 일이 없으며 결과적으로 극심한 불안감을 느끼게 된다.

그 반대로 해보라. 표현이 훨씬 약하고 부정적 이미지를 연상시키지 않는 단어를 사용하면 불안감을 한층 약화시키거나 없앨 수 있다. 예컨대 '평가 결과가 좀 걱정이 되긴 해' 또는 '면접이 조금 신경 쓰여' 등의 표현을 사용하라. 그러면 '두려워 죽겠어'라고 할 때만큼 두뇌에 강한 신호를 보내지 않게 된다. 물론 '면접을 앞두니 마음이 설레고 기대돼', '사장님의 평가시간이 기다려져. 자신 있는 내 모습과 능력을 보여줄 기회잖아'라고 말하는 편이 훨씬 좋다. 당신은 자신이 사용하는 말을 선택할 수 있다. 그리고 그로 인한 감정은 당신이 선택한 결과다.

두뇌는 당신이 주는 말이나 그림을 그대로 받아들인다. 부드럽고 긍정적인 말과 그림을 두뇌에 주입하면 당신은 힘들 것이라고 생각했던 상황에 놓였을 때보다 부드럽고 긍정적인 태도로 임하게 된다. 반대로 강하고 부정적인 말을 주입하면 해당 상황은 당신에게 그만큼 힘들게 다가온다. 만일 마감일을 앞두고 '끔찍해', '마감날짜를 맞출 수 있을지 모르겠어', '마감 스트레스 때문에 골치가 아파' 등의 말을 하면 당신은 해보기도 전에 미리 강력한 부정적 감정을 주입하는 셈이다. 차라리 '쉽진 않겠지만 해낼 수 있을 거야', '이 정도면 해볼 만해'라고 말하는 편이 훨씬 바람직하다. 이는 자기 자신에게 앞에 놓인 과제를 충분히 감당할 수 있다고 말하는 것이기 때문이다.

강하고 부정적인 감정이 담긴 말, 마음속에 부정적 이미지가 떠오르게 하는 말은 절대 입에 담지 마라. 부정적인 말을 쓸수록 특정 상황에 대한 감정 역시 부정적으로 변해간다는 사실을 잊지 마라.

마음은 우리가 스스로에게 하는 말을 그대로 받아들인다. 우리의 정신은 외부에서 들어오는 정보는 여과하고 분류할 줄 알지만, 우리가 스스로에게 던지는 말이나 메시지는 선별해서 처리하지 못한다. 즉, 마음은 우리가 스스로에게 말한 것을 그대로 믿는다. 그렇기 때문에 자기 자신에게 항상 긍정적인 말만 하는 습관이 중요한 것이다. 또한 우리의 마음은 무언가를 연상시키는 단어와 이미지에 쉽게 반응한다. 따라서 어떤 상황이나 대상을 표현할 때(특히 자기 자신을 표현할 때) 사용하는 단어에 늘 주의해야 한다. 우리의 잠재의식은 즉각적인 이미지를 생성시키는 말과 표현을 좋아한다.

신체적 반응의 측면에서 볼 때 신나는 기분과 불안함(또는 초조함)은 대단히 유사한 감정이다. 겁을 먹거나 초조해지면 신체는 신경과민 상태가 되어 심장박동수가 증가하고 땀이 난다. 신이 나서 흥분하는 경우에도 심장박동수와 아드레날린이 증가한다. 다만 두 경우에 대해 우리가 사용하는 언어가 다를 뿐이다. 놀이공원을 떠올려보라. 우리는 '공포 체험', '죽음의 방', '지옥 열차' 같은 무시무시한 이름의 놀이기구 속으로 들어가면서 그것이 신나고 흥미진진할 거라고 기대한다. 사실 놀이기구를 타고 비명을 지르는 사람들을 보면 무서워서 그런 것인지 아니면 흥분되고 신이 나서 그런 것인지 구분하기가 힘들다.

데이트를 할 때, 동경하던 대상을 만날 때, 프레젠테이션을 할 때 그리고 꿈에 그리던 직장으로 면접을 보러 갈 때 의식적으로 신난다, 기대된다, 설렌다 같은 긍정적인 단어를 사용하라. 그러면 그에 따라 당신의 감정도 달라진다.

'두려워', '무서워 죽겠어' 같은 표현을 사용하면 마음은 당신이 그 일을 원치 않는다고 믿는다. 이 경우 마음은 당신이 그 일을 못하게 만들려고 온갖 노력을 다하기 시작한다(당신이 그 일을 원할 경우에도 말이다). '두려워', '무서워'라고 말하지 말고 '흥미진진해', '가슴이 설레', '느낌이 아주 좋아', '정말 좋은 일이야'라고 말하라. 긍정적 언어를 사용하면 누구도, 심지어 당신의 신체조차 당신이 두려워했다는 사실을 알지 못한다.

가수 브루스 스프링스틴Bruce Springsteen은 "무대 위에서 공연할 때 심장박동수가 증가하고 아드레날린이 내 몸 구석구석까지 흘러넘치는 것을 느낀다. 온몸이 땀에 젖지만 나는 더없이 기쁘고 행복하다. 이 세상에 공연할 때의 기분과 비교할 수 있는 건 없다."라고 말했다. 칼리 사이먼Carly Simon 역시 라이브로 공연할 때 아드레날린 분비가 급격히 증가하고 가슴이 마구 뛰면서 땀이 흐른다고 했다. 동시에 그녀는 무대에 서는 것이 불안하고 두렵다고 말하기도 했다. 나중에 그녀는 공황발작을 앓았고 결국 라이브 공연을 그만둬야 했다.

최근에 나는 생방송 뉴스에 초대 손님으로 출연했다. 스튜디오에 도착해 카메라에 불이 켜지기를 기다리는 동안 나도 모르게 이런 생각이 들었다.

'아, 그냥 돌아가고 싶다. 내가 왜 여기에 와 있는 거지? 왜 이 일을 하겠다고 했을까?'

그 순간 그런 생각을 빨리 긍정적인 것으로 바꿔야 한다는 판단을 내렸다. 나는 속으로 말했다.

'이 일이 마음에 들어. 정말 재미있는 일이야. 기대가 되는군. 분명 잘 해낼 수 있을 거야.'

사실은 별로 즐겁지 않았지만 그렇게 되뇌고 나서 방송을 시작하자 훨씬 수월하게 끝낼 수 있었다. 마음과 그런 식으로 대화하면 실제로 당신의 자신감이 되살아난다.

말은 우리가 느끼는 감정을 마음에 알려주는 역할을 한다. 즉, 말은 우리의 상태를 스스로에게 설명하는 유일한 수단이다. 의식적으로 말을 조정하는 것은 생체자기제어(biofeedback, 뇌파나 혈압 등의 생체 상태를 전자장치로 측정하고 그 결과를 환자에게 알려주어 신체적, 정신적 상태를 의식적으로 제어하도록 훈련하는 것-옮긴이)와 유사하다. 부정적인 단어를 사용하면 부정적인 기분을, 긍정적인 단어를 사용하면 긍정적인 기분을 느끼게 된다. 따라서 불안과 두려움을 극복하려면 부정적 강도가 약하고 부정적 이미지를 상기시키지 않는 표현을 사용해야 한다. 예를 들면 다음과 같다.

- ★ '너무 무서워' 보다 '조금 불안해' 라는 표현을 택하라.
- ★ '참을 수가 없어', '도저히 견딜 수가 없어' 보다 '감당할 수 있어', '해 낼 수 있어' 라는 표현을 택하라.

'무서워 죽겠어'라는 표현은 뇌에 강한 영향을 미치지만 그보다 강도가 약한 표현은 그만큼 적게 영향을 미친다. '너무 끔찍해', '미 칠 것 같아', '도저히 견딜 수가 없어' 같은 말은 당신의 상황을 더욱 악화시킨다. 반면 '좀 귀찮긴 해', '좀 걱정이 돼'처럼 보다 강도가 약한 말에는 당신의 심신도 그만큼 약하게 반응한다. 긍정적인 감정 을 느끼고 싶은 경우에는 얼마든지 과장된 단어와 표현을 사용해도 좋다. '기분이 끝내줘', '짜릿해', '환상적이야', '최고야' 등 아무리 과대포장을 해도 상관없다.

또한 우리의 잠재의식은 즉각 이미지를 떠오르게 만드는 말에도 큰 영향을 받는다. 나를 찾아온 어느 고객은 사람들 앞에서 이야기하 는 것이나 직장에서의 프레젠테이션을 몹시 두려워했다. 사람들 앞 에 섰을 때 어떤 기분인지 말해달라고 하자 그녀는 힘없이 말했다.

"나한테는 직장생활이 맞지 않나 봐요. 직장이 지옥 같아요. 뭘 어떻게 해야 할지 모르겠어요. 프레젠테이션은 늘 엉망이고 고객들 을 만나면 입이 얼어버려요."

그녀의 마음은 이 중에서 어떤 것을 사실이라고 믿고 그에 따라 행동하게 될까? 마음은 그녀가 말한 것을 모두 사실로 받아들일 뿐 아니라 그 내용을 토대로 그려진 그림을 실현시키고자 노력하기 시작한다. 더구나 그 그림이 매우 구체적이기 때문에 현실화하기가 더 쉽다.

'두려워', '정말 끔찍해', '지옥 같아'라고 말하면 마음은 그것에 상응하는 그림을 그린다. 그리고 그 그림과 합치하는 방식으로 당신이 느끼거나 행동하도록 만들기 위해 노력한다. 그림이 구체적이고 생생할수록 당신의 몸과 마음이 그것과 합치하는 방식으로 움직일 가능성은 더욱 커진다. '두려워', '끔찍해', '희망이 없어'라는 말을 사용하는 동안에는 평온함, 자신감, 침착함을 느낄 수 없다. "몸은 반드시 생각에 맞춰 반응하고 움직인다."는 것이 마음의 법칙이기 때문이다.

우리는 언제나 생각을 먼저 하고 그것은 신체와 행동에 영향을 준다. 여기서 중요한 역할을 하는 것이 바로 언어다. 사람들은 기분이 좋지 않을 때 습관적으로 '우울해', '심난해', '아무 의욕이 없어' 등의 말을 하지만 그런 말을 하면 신체의 생리작용도 둔해지고 에너지가 떨어진다. 반면 '기분 최고야', '날아갈 것 같아', '최고가 된 기분이야', '난 정말 멋있어' 등의 말은 신체에 기운을 불어넣고 에너지를 상승시킨다.

기억하라. 당신의 감정은 당신이 무엇에 집중하느냐에 달려 있다. 그리고 당신이 집중해야 할 것은 다음의 두 가지다.

★ 마음속에 그리는 그림

★ 말할 때 사용하는 단어

부정적인 단어나 그림은 절대 사용하지 마라. 면접이나 중요한 마감일을 앞두고 있을 때 미리 무언가가 잘못되기라도 한 것처럼 불안해할 필요는 없다. 만일 '실패할 거야', '잘못될지도 몰라' 같은 말을 반복하면 당신은 정말로 그런 것처럼 느끼게 된다.

걱정하지 마라. 당신에게 심장발작이 일어나는 일도, 마감일이 당신을 파멸시키는 일도 일어나지 않을 것이다. 그러니 더 이상 부정적인 생각과 말은 하지 마라. 도로가 꽉 막힌다고 해서, 마트 계산대의 긴 줄에 서 있다고 해서 '끔찍해'라고 내뱉지 마라. 아이들이 말을 듣지 않는다고 해서 '미치겠군!' 하며 머리를 쥐어뜯지 마라.

자신감과 자기 확신을 높이려면 말하는 습관을 고쳐야 한다. 당신에게 세상에서 가장 가혹한 말을 던지는 사람은 아마 당신 자신일 것이다. 얼마나 심한가 하면 자신에게 하는 것과 똑같이 남에게 한다면 당신 곁에 남아 있을 사람은 거의 없다. 이제 자신에게 부정적이고 혹독하게 말하는 것을 중지하라. 비판은 사람을 움츠러들게 하지만 칭찬은 사람을 일으켜 세운다. 그리고 칭찬을 많이 할수록 자기 변화는 더욱 쉬워진다.

배운 대로 따라하기

당신 자신을 표현하는 데 사용하는 모든 단어와 표현을 생각해보자. 그것을 종이에 적은 다음 하나하나 검토해 긍정적이지 않은 표현은 삭제하라. 부정적인 단어를 새로운 단어 혹은 적절한 표현으로 바꾸거나 아니면 지워버려라. 예컨대 비참한, 멍청한, 두려워하는, 절망적인, 쓸모없는 등의 단어가 여기에 해당한다. 자기 자신과의 대화에서 이런 단어를 절대 사용하지 않도록 깨끗하게 지워라.

농담으로라도 '나는 실패했어'라는 말은 절대 하지 마라. 우리의 잠재의식은 유머를 모른다. 잠재의식은 모든 말을 액면 그대로 받아들인다는 것을 꼭 기억하라. 다음과 같은 방식으로 목록을 만들고 부정적인 표현은 긍정적인 표현으로 바꿔라.

부정적인 말	긍정적인 말
너무 두려워.	나는 침착하게 상황을 통제할 수 있어.
겁이 나서 어쩔 줄 모르겠어.	나는 훌륭하게 대처할 수 있어.
심장마비에 걸릴 것 같아.	조금 불안할 뿐이야.
긴장돼서 오줌이라도 지릴 것 같아.	약간 걱정되지만 괜찮을 거야.
난 해내지 못할 거야.	나는 무엇을 어떻게 해야 하는지 알고 있어.
사람들이 나를 좋아하지 않을 거야.	난 내가 좋아. 사람들도 나를 좋아할 거야.
난 못해.	할 수 있어. 할 거야. 그것도 아주 훌륭하게.
두려워서 얼어버릴 지경이야.	아주 흥미진진하군. 난 잘 해낼 거야.
나는 무너지고 있어.	나는 정말 잘하고 있어.
참을 수 없어, 견딜 수 없어.	나는 뭐든 잘할 수 있어.
이런 걸 내가 어떻게 해.	해볼 만한 일이야.
아이들 때문에 미치겠어.	아이들 문제를 현명하게 해결할 수 있어.

애인 때문에 돌아버리겠어.

우리의 차이점을 잘 극복할 수 있을 거야.

새로운 말을 적었으면 그 말을 사용하는 당신의 모습을 상상해보라. 만일 두렵고 긴장되는 상황에 놓인다면 '새로운 기회야. 정말 기대되는군' 이라고 생각하라.

기억하라. 이번 과제의 핵심은 당신이 원하는 대로 신체가 반응하게 만드는 데 있다. 청중 앞에서 말하는 것이나 새로운 사람을 만나는 것이 두려운가? 아이들 선생님과의 면담을 앞두고 마음이 불안한가? 그렇다면 이렇게 말하라.

"나는 누구와도 자신 있게 대화할 수 있어!"

내면의 잘못된 믿음이 당신에게 영향을 미치지 못하도록 만들어라. 당신이 지금까지 내면을 향해 어떤 부정적인 말을 해왔든 상관없다. 그 말을 반대로, 즉 긍정적인 것으로 바꾸고 앞으로는 그 말을 사용하라.

나를 찾아오는 고객들은 대개 부정적인 말을 사용한다. '마트에 사람이 너무 많아서 빠져나오기가 힘들었어요. 난리도 아니었다니까요. 어찌나 짜증이 나는지 미치는 줄 알았어요', '오는 길이 꽉꽉 막혀서 끔찍했어요', '허리가 아파 죽겠어요', '일주일 내내 굶다시피 했는데도 여전히 내 몸은 집채만 해요' 등의 말을 쏟아놓는다. 그 생생하고 구체적인 표현이 지닌 힘을 모르는 채 습관적으로 그렇게 말하는 것이다. 사실은 그리 중요하지 않은 상황을 마음속에 끔찍하고 짜증나고 죽을 것만 같은 장면으로 기억해서는 안 된다.

내가 임신부 고객에게 최면요법을 사용할 때 쓰는 CD에는 진통이나 산고라는 단어가 들어 있지 않다. 대신 분만, 출산 신호, 감격적 순간, 행복, 희열 등의 단어를 사용한다. 임신 말기나 분만 중에 이 CD를 들은 많은 고객이 그 내용에 부정적인 표현이 하나도 없어서 출산을 긍정적이고 행복한 경험으로 인식할 수 있었던 것 같다며 매우 고마워했다. 만일 당신이 그동안 부정적 느낌을 주는 표현을 자주 사용해왔다면 의식적으로 언어를 바꾸려는 노력을 기울여야 한다. 우리의 정신은 반복을 통해 무언가를 흡수하고 배운다. 따라서 긍정적인 언어를 반복적으로 사용하면 분명 변화를 경험하게 될 것이다.

몇 년 전 나는 하와이에서 열린 자기수련 과정에 참여했다. 그 과정에는 뜨거운 돌멩이 위 걷기, 15미터 높이의 전봇대 오르기 등의 고된 훈련이 포함되어 있었다. 나는 영국을 출발하기 전부터 전봇대 오르기는 하지 않겠다고 결심했었다. 언젠가 15미터쯤 되는 건물의 지붕 위에 올라간 적이 있는데 그 느낌이 너무 싫었기 때문이다. 나는 나도 모르게 속으로 중얼거렸다.

'나는 절대로 전봇대에 오르지 않을 거야. 분명 끔찍한 기분일 거야.'

하와이의 마우이 섬에 도착한 나는 다른 사람들이 전봇대에 오르는 모습을 지켜보며 "하고 싶은 마음이 전혀 없다."고 말했다. 그런데 마지막 날, 다섯 살쯤 되는 소녀가 전봇대에 오르는 것을 보자 마음이 바뀌었다. '저런 꼬마가 할 수 있다면 나도 할 수 있겠다'는 생각이 들었던 것이다. 일단 생각이 바뀌자 모든 것이 바뀌었다. 문득 전봇대에 오르고 싶은 마음이 일었고 재미있어 보이기까지 했다. 어느새 내 마음은 '하고 싶지 않아' 대신 '해봐야지. 정말 해보고 싶어'라고 말하고 있었다.

몇 시간 뒤, 나는 전봇대 꼭대기에서 멋지게 포즈를 취했고 친구에게 부탁해 그 모습을 사진에 담았다. 그것은 온몸에 전율이 일어날 만큼 흥미진진한 체험이었다. 동시에 내 생각과 언어를 바꾸는 것이 나를 변화시킬 수 있음을 깨닫는 계기가 되었다.

패배가 아닌 성공의 언어로 말하라

생각과 말에서 부정적 표현을 피하는 것뿐 아니라 자신이 사용하는 모든 언어에 주의를 기울이는 것도 매우 중요하다. 언뜻 중립적인 것처럼 보이는 단어도 잘못 사용하면 부정적 영향을 끼칠 수 있기 때문이다. 예를 들어 '나의', '내'라는 단어는 일반적으로 소유를 나타내지만 경우에 따라 감정적 측면이 담긴 단어가 될 수 있다. 두뇌의 강력한 법칙 중 하나는 두뇌가 '나의' 혹은 '내'가 붙은 말을 좀처럼 포기하려 하지 않는다는 것이다. 실제로 심한 불안감과 정신적 고통에 시달리면서도 치료 속도가 늦었던 고객은 대개 '내' 두통, '내' 문제, '내' 우울증, '내' 병, '내' 어리석음이라고 말하는 습관이 있었다. 또한 자신감 부족 문제로 상담하러 온 고객은 대부분 '내' 두려움, '내' 불안함, '내' 문제점, '내' 소심함, '나의' 형편없는 기억력이라고 말했다.

그런 어법은 버려야 한다. 당신이 벗어나길 바라는 상태나 대상에 ‘나의’나 ‘내’라는 말을 붙이면 절대 안 된다. 그 말을 붙이면 마음은 당신이 그것을 소유한 것으로 받아들이기 때문이다. 계속 ‘나의 ~’, ‘내 ~’라고 말하면 마음은 그것을 떼어놓거나 변화시키기가 더욱 힘들어진다. 좋아하는 것, 자랑스러운 것, 지키고 싶은 것에 대해서만 ‘나의’나 ‘내’라는 말을 사용하라. 가령 ‘내 자신감’, ‘나의 높아진 자존감’, ‘이 프로그램에 대한 내 신뢰’, ‘내 결심’, ‘내 열정’, ‘나의 훌륭한 반전’이라고 말하라. ‘내 아이들’, ‘내 일’, ‘내 자동차’라고 말할 때처럼 자연스럽게 말이다.

우리는 자기 소유라고 여기는 것은 꼭 지키려고 애쓴다. 두뇌도 이와 유사하다. ‘내 것’이라고 이름붙이면 두뇌는 그것을 지키려는 경향을 보인다. 당연한 얘기지만 당신이 수줍음이나 부족한 목적의식을 소유할 필요는 없다. 그것이 당신의 것인가? 그것을 영원히 소유하고 싶은가? ‘내 수줍음’, ‘내 어리석음’이라는 말이 머릿속에 떠오르는 순간, 다른 누군가가 그것을 달라고 요구하는 상상을 하라. 그리고 그것을 줘버려라. ‘빨리 가져가세요. 내겐 그런 것이 필요 없어요’라고 말하라. 이제 그것들은 더 이상 당신의 것이 아니다.

어떤 습관에서 벗어나길 간절히 바라면서도 그것에 대해 계속 ‘내 ~’라고 표현하는 것처럼 무의미하고 바보 같은 일이 어디 있겠는가. 원치 않는 대상에 대해 지속적으로 ‘내 ~’라고 표현하면 두뇌에 혼란스러운 메시지를 전달하게 된다. 당신이 벗어나고 싶거나 유지하고 싶지 않은 무언가를 말할 때는 ‘내’가 아니라 ‘그’라는 지시어를 붙여라. '그'는 중립적인 단어로 여기에는 자랑스러움이나 친밀함 같은 감정이 내포되어 있지 않다. '그 수줍음', '그 두려움', '그 미루는 버릇'이라고 표현하면 당신은 그것과 관련된 감정을 느끼지 않게 되고 거기서 벗어나기도 한결 쉬워진다. 뭔가 실수를 했다면 '내 실수'라고 하지 말고 '그 실수'라고 하면 된다.

이처럼 지시어도 감정에 영향을 미칠 수 있다. 단어 앞에 놓는 부사나 형용사는 더욱더 그렇다. 부사나 형용사는 감정을 강화시킨다. '형편없어'보다 '완전히 형편없어', '끔찍하게 형편없어'라고 말하면 우리의 몸과 마음은 해당 상황이 형편없다는 것을 훨씬 더 강하게 느끼기 시작한다. 마찬가지로 '멋있어'라고 말하는 대신 '정말 멋있어', '끝내주게 멋있어', '미치도록 멋있어'라고 말하면 마음은 훨씬 더 강하게 반응한다.

자신을 '바보'로 지칭하면서 그 앞에 수식어를 붙여 '끔찍한 바보', '도저히 구제할 수 없는 바보'라고 표현하면, 우리 마음에 훨씬 더 생생하고 선명한 그림이 그려질 뿐 아니라 더욱 강렬한 감정이 일어난다.

'자신 있어' 대신 '정말로 자신 있어', '엄청나게 자신 있어', '난 항상 자신 있어'라고 말하라. '나는 행동하는 걸 좋아해' 대신 '나는 언제나 행동하는 걸 좋아해'라고 말하라. '자신감을 높이는 것은 쉬운 일이야'보다 '자신감을 높이는 것은 정말로 쉬운 일이야'라고 말해야 실제로 더욱 쉬워진다. 부사나 형용사는 본래 표현의 강도를 높이기 위해 사용하는 말이므로 이 점을 십분 활용하라.

'노력하고 있어', '희망/소망한다', '~가 꿈이야' 같은 말은 가급적 사용하지 마라. 성공하는 사람들은 절대로 그런 말을 하지 않는다. 그들은 '더 좋은 직장을 구하기 위해 노력하고 있어', '승진하고 싶어', '좋은 인간관계를 쌓는 게 꿈이야', '이번에 성공하면 얼마나 좋을까'라는 식으로 말하지 않는다. 이는 자신의 마음을 향해 다음과 같이 말하는 것이나 마찬가지다.

"나에게는 성공할 능력도 가능성도 별로 없어. 성공은 내가 아니라 외부의 어떤 힘과 조건에 달려 있어."

무언가를 소망하고 희망하고 꿈꾸기만 하는 것은 그것의 성취가 자신의 능력 밖에 있음을 인정하는 것과 다름없다. 무언가 원하는 대상 혹은 목표가 있다면 그것을 '소망하거나 꿈꾸지' 마라. 어떤 것을 소망한다고 말하면 '난 이걸 원하지만 가질 수 없을지도 몰라'라는 메시지를 두뇌에 보내는 셈이다. 무언가를 위해 노력할 거라고 말하면 당신의 두뇌는 성과를 얻느냐 못 얻느냐는 별로 중요하게 여기지 않는다. 그런 말들 대신 '나는 ~할 것이다', '나는 ~가 될 것이다'라고 단정적으로 말하라. 그러면 몸과 마음에 긍정적인 반응이 일어나기 시작한다.

'잘 돼야 할 텐데'라고 말하면 마음은 당신이 그 일의 성공에 회의를 품고 있다고 믿는다. '성공하고 싶다'고 말하면 마음은 당신이 어떤 일을 이뤄내지 못할 거라고 생각해서 그저 소망하기만 하는 것이라고 인식한다. 대신 '나는 잘 알아', '나는 할 수 있어', '나는 ~할 거야', '나는 (이미) ~야/~해'라는 표현을 써라. 그러면 당신은 즉시 발전과 성공을 향한 마인드로 돌입하게 된다. 예를 들어 다음과 같이 말해야 한다.

★ 나는 승진할 거야.

★ 내 연봉은 분명 인상될 거야.

★ 나는 ○○에게 데이트를 신청할 수 있어.

★ 난 내가 성공할 거라고 믿어.

★ 나는 내가 원하는 방향으로 상황을 만들고 있어.

★ 나는 타인과의 의사소통에 뛰어나.

★ 나는 훌륭한 부모야. 난 그 사실을 잘 알고 있어.

★ 나는 타고난 자신감과 자존감을 되찾아가고 있어.

이런 식으로 자기 자신과 대화해야 자신감을 얻을 수 있다. 자신감이 높아지면 이전에 망설였던 일을 적극 추진할 수 있다. 처음에는 당신의 변화가 아주 미세하게 느껴질지도 모른다. 하지만 지속적으로 긍정적인 언어로 대화하다 보면 당신의 자신감은 놀랄 만큼 향상된다.

당신이 충분한 사람임을 깨달아라

■ ■ ■

'나는 ~이 충분한 사람이다'라는 말은 대단히 강력한 힘이 있다. 자신이 충분한 사람임을 깨닫는 것은 이 프로그램의 목표이기도 하다. 이 깨달음은 모든 자신감의 핵심이며 진정한 내면의 자신감과 영속적인 자존감을 위해서는 반드시 당신이 '충분한 사람'임을 믿어야 한다. 이러한 깨달음은 과도한 물질적 욕구에서 해방되는 것보다 훨씬 더 중요하다.

자신이 여러 면에서 충분한 사람이라는 것을 믿으면 자신감을 손상시키는 불필요한 불안감으로부터 자유로워질 수 있다. 자신이 부족하다는 생각, 가치 없는 사람이라는 생각, 호감이 가지 않는 사람이라는 생각은 수많은 현대인이 겪는 불안감과 우울증의 원인이다. 사람들은 대개 자신이 재미도, 매력도 없고 똑똑하지도 않으며 늘 부족하고 모자란다고 여긴다.

　나는 자신감에 문제가 있는 사람을 많이 만났는데 그들은 늘 자신이 부족한 사람이라고 생각했다. 그들은 흔히 과소비, 과음, 과식을 했고 일중독에 빠져 있었으며 쇼핑으로 스트레스를 풀기도 했다. 그들의 행동과 내면의 믿음 사이에서 연관성을 찾는 일은 어렵지 않았다. 특히 자신감 부족으로 상담하러 찾아오는 고객들을 만날수록 그 연관성은 더욱 분명해졌다.

　물건을 지나치게 많이 소유하려 하거나 과도한 행동을 하는 것은 일반적으로 내면의 결핍 때문에 나타나는 현상이다. 내면에 무언가가 결핍되고 텅 빈 것 같은 느낌이나 공허감 때문에 자꾸만 음식과 술을 몸속에 쏟아 넣고 더 많은 물건을 사들이며 일중독에 빠지는 것이다. 그걸로 결핍된 느낌을 보상받고 공허감을 채우기 위해서다.

　그러한 공허감은 정신적인 문제에서 기인하며 당신에게는 그것을 극복해낼 힘이 있다. 미국에 사는 줄리아라는 고객은 자신에게 심각한 병이 있다고 말했다. 처음에는 그녀의 말이 무슨 의미인지 잘 이해하지 못했지만 알고 보니 그녀는 자신을 쓸모없는 존재로 여겼고 그 공허감에 물질적 소유에 과도하게 집착하는 경향이 있었다. 계속해서 물건을 사들이는 것이 공허감을 채우는 방편이었던 것이다. 또 다른 고객인 엠마는 과거에 직장에 다닐 때처럼 자신이 중요하고 가치 있는 존재라는 기분을 느끼기 위해 쉴 새 없이 쇼핑을 했다. 직장에 다니던 시절 그녀는 완벽해지고자 하는 욕구 때문에 일중독자가 되었고 결국 과도한 업무로 몸이 망가져 일을 그만둬야 했다. 이후 그녀는 일 대신 쇼핑에 몰두했는데 어느 순간부터는 끔찍한 우울증까지 겪었다.

엠마는 장기간의 상담치료를 통해 자신이 결코 부족한 존재가 아니라는 사실을 깨달았고 스스로 그 사실을 늘 상기함으로써 마음의 건강을 되찾았다. 그녀는 『오늘 아침』This Morning이라는 프로그램에 출연해 우울하고 절망적인 쇼핑중독자에서 벗어나 균형 잡힌 삶을 살아가는 여성으로 변화한 경험담을 들려주었고, 자신의 경험을 토대로 책을 집필하기도 했다. 『오늘 아침』의 방송인 이몬 홈스Eamonn Holmes가 그녀를 어떻게 도왔는지 물었을 때, 나는 자신이 부족한 사람이라는 믿음을 떨쳐낸 과정에 대해 설명해주었다. 그는 시청자 열 명 중 일곱 명은 비슷한 문제를 겪는 것 같다며 내 이야기에 공감을 표했다.

엠마는 매일 '나는 충분히 괜찮은 사람이야. 나는 부족한 사람이 아니야'라고 스스로에게 말했고 이를 통해 내면의 평화와 행복을 찾기 시작했다. 나는 물건을 구입하지 않아도 만족을 느낄 수 있다고 설명했다. 마침내 그녀는 쇼핑중독과 항우울증 치료제 복용을 끊었고 새로운 사업을 시작했으며 진정한 행복을 찾게 되었다.

'나는 ~이 충분한 사람이야'라고 스스로에게 말하는 것은 대단히 중요하다. 아주 간단하지만 이 말은 당신의 삶을 바꿔놓을 수 있다. 이 말을 끊임없이 되뇌어라. 그것이 진실이라는 확신을 담아 큰 소리로 말하고 몇 번이라도 반복하라. 몇 주, 아니 몇 달간 계속 그렇게 말하라. 그 말이 마음속에 깊이 새겨져 '나는 부족한 사람이야'라는 믿음을 대체할 때까지 말이다.

당신이 충분한 사람이라는 것을 깨닫고 나면 자신감 있는 태도로 타인과 마주할 수 있다. 남들이 자신보다 낫고 훌륭하다는 생각에 불필요한 열등감을 느낄 필요가 없기 때문이다.

늘 이렇게 생각하라. 나는 내 몸가짐을 훌륭하게 유지하고 있으며 자신 있게 행동한다. 내 걸음걸이에는 평온함이 넘치고 적당한 말투로 이야기한다. 사람들은 내 이야기를 잘 들어주며 나 역시 다른 사람의 말을 귀담아 듣는다. 나는 무조건 남의 말에 동의하지 않고 언제나 거리낌 없이 내 의견을 표현한다. 나는 늘 좋은 에너지를 발산한다. 나는 나를 좋아하고 사람들도 그것을 감지해 나를 더 많이 좋아한다.

우리는 누구나 정직한 사람에게 끌리는 경향이 있다. 당신은 당신이 아닌 다른 누군가인 것처럼 행동하거나 거짓된 삶을 살 필요가 없다. 그저 당신의 모습에 충실해 진실하게 살면 된다. 다음을 명심하라.

★ 당신의 과거는 당신이 아니다.

★ 당신의 은행잔고는 당신이 아니다.

★ 당신의 외모나 몸무게는 당신이 아니다.

★ 당신의 나이는 당신이 아니다.

★ 당신의 직업은 당신이 아니다.

그런 것은 단지 겉모습일 뿐이다. 내면에 있는 당신이 훨씬 더 중요하다. 그렇다고 자신을 건강하고 아름답게 가꾸거나 만족스런 외모를 지키는 일이 아예 중요하지 않다는 의미는 아니다. 다만 겉모습이 멋지다고 해서 행복해지거나 진정한 자신감을 얻게 되는 것은 아니라는 말이다. 세인들에게 아름답고 매력적이라고 칭송받는 사람도 때론 자신이 몹시 불행하다고 생각해 자살 충동까지 느끼지 않던가.

당신 주변의 몇몇 사람은 당신의 변화를 달가워하지 않을 수도 있다. 그들에게 자신감이 결핍되어 있다면 더욱 그럴 것이다. 사람들은 자기와 비슷한 사람을 좋아하는 경향이 있기 때문에 스스로가 부족하다고 느끼는 사람은 그런 사람과 함께 있을 때 편안해한다. 따라서 자신이 충분한 사람이라는 믿음으로 자신감 있게 변화하는 당신의 모습에 친구나 가족이 반감을 보일 수도 있다. 그렇다고 그들을 기쁘게 해주기 위해 당신이 과거의 모습에 머물 필요는 없다. 그들의 마음에 들고자 당신 자신을 불행하게 만들면 결국 그들을 행복하게 해줄 수 없다. 당신은 부족한 게 아니라 충분한 사람이다. 그러니 언제나 하루의 시작과 끝을 다음의 말과 함께하라.

★ 나는 나다.

★ 나는 늘 충분한 사람이다.

★ 나는 앞으로도 언제나 그럴 것이다.

★ 나는 충분함을 넘어선 사람이다.

이 말을 되뇌는 것을 생활 속의 습관으로 만들어라. 컴퓨터의 스크린 세이버에 입력하고 종이에 적어 거울이나 냉장고에 붙여라. 지갑에 넣고 다녀라. 원한다면 손등에 적어놓고 수시로 반복해서 되뇌어라. 이것은 '진실'이기 때문이다!

사랑에 빠지면 피부질환이나 편두통 같은 병이 사라지기도 한다. 사랑이라는 불꽃이 타오르는 동안 애인으로부터 '당신을 사랑해. 당신은 매력이 철철 넘쳐'라는 말을 들으면 스스로를 충분한 사람이라고 느끼기 때문이다. 또한 상대방이 자신을 높이 평가해주는 덕분에 자신감이 상승해 자기 불만족이 사라지거나 가벼운 질병이 일시적으로 완화되기도 한다.

당신 스스로도 얼마든지 자존감을 높일 수 있다. 반드시 다른 누군가가 필요한 것은 아니다. 타인에게 칭찬받기를 바라는 것은 우리가 자신감이 부족하고 의존적인 까닭이다. 스스로를 칭찬하면 독립적이고 자기 확신이 강한 사람이 될 수 있다. 물론 남에게 칭찬받는 것은 바람직하고 기분 좋은 일이지만, 진정한 자신감을 위해서는 주기적으로 스스로를 칭찬해야 한다.

그럼에도 많은 이들이 스스로를 칭찬하지 못한다. 자기 자신에 대해 긍정적으로 말하면 온갖 방해물과 회의감이 나타나기 때문이다. 예를 들면 이런 식이다. 당신이 '나는 ~이 충분한 사람이야'라고 스스로에게 말하면, 마음속에서 이의를 제기하는 목소리가 고개를 쳐든다.

★ 그렇지 않아. 직업도 변변치 않고 돈도 많이 못 벌잖아.
★ 그렇지 않아. 나는 얼굴도 그저 그렇고 자가용도 없는 걸.

이런 목소리가 들려오면 많은 사람이 자기 칭찬을 포기해버린다. 그런 이의를 제기하는 존재가 '자기 자신'이라는 것 그리고 그것을 막을 수 있는 존재도 '자기 자신'이라는 것을 깨닫지 못하기 때문이다. 마음속에서 그런 목소리가 들려오면 곧바로 다음과 같이 고쳐말하라.

★ 돈은 많지 않지만 그래도 나는 충분한 사람이야.

★ 이쁘든 안 이쁘든, 자가용이 있든 없든 나는 충분한 사람이야.

그리고 다음의 화살표처럼 고쳐서 말하라.

★ 나는 왜 승진하지 못할까?

→ 내가 능력이 충분한 사람이라는 믿음만 있으면 승진하게 될 거야. 내가 스스로를 가치 있는 존재로 여기면 상사와 동료들도 나를 그렇게 바라볼 거야.

★ 나는 부족한 사람이야. 그렇지 않다면 이렇게 외로울 리가 없어.

→ 나는 충분한 사람이야. 그러니까 나는 외로움을 느낄 필요가 없어.

★ 내가 충분히 괜찮은 사람이라면 왜 좋은 인간관계를 맺지 못하겠어?

→ 마음속 두려움 때문에 사람들을 멀리했지만 내가 나를 충분히 괜찮은 사람이라고 믿기 시작하면 주변 사람들도 나를 그렇게 여길 거야. 내가 나를 더 많이 좋아할수록 그들도 나를 더 좋아할 거야.

자기 칭찬을 계속 하다 보면 어느새 회의감이 사라지고 마음은 결국 이렇게 믿게 된다.

'이처럼 강한 확신으로 반복하는 걸 보면 그 말은 틀림없는 진실

이야.'

　이제 당신의 발전에 한층 가속도가 붙는다. 그리고 '나는 부족한 사람이야'라는 믿음은 힘을 잃기 시작하고 '나는 충분한 사람이야'라는 믿음이 자연스럽게 겉으로 드러난다.

Step 5

목표

———

"자신감이 없으면 삶이라는 경기에서 두 번 패배한 셈이다.
자신감이 있으면 경기를 시작하기도 전에 이미 승리한 것과 같다."
– 마커스 가비(Marcus Garvey, 자메이카 출신의 흑인 지도자)

ULTIMATE CONFIDENCE

자신감을 '선택'하라

자기 자신에 대해 전과 다른 믿음을 보이고 다르게 생각하는 동시에 다르게 행동하면 당신은 자신감 있는 삶을 선택할 수 있다. 지극히 간단해 보이지만 이것은 진실이다. 전과 다른 믿음과 행동을 선택하라. 이것은 곧 다른 목표를 설정하는 것이나 마찬가지다. 목표를 세우는 것은 대단히 중요한 일이다. 인간은 본래 무언가 목표를 추구하도록 창조된 존재이기 때문이다.

목표는 우리에게 목적의식과 집중력, 방향을 제공해준다. 목표가 없으면 우리는 방향을 잃고 표류하며 허우적거리게 된다. 그러나 목표가 있으면 인간은 그것을 향해 움직이기 시작한다. 당신의 잠재의식은 목표를 추구하게 마련이며 당신이 무언가에 집중할 경우 그것이 무엇이든 당신은 그것을 향해 움직이게 된다. 다시 말해 당신의 성공을 좌우하는 것은 바로 '목표'다.

목표를 세우고 그것을 향해 한 걸음씩 나아가 성취해내면 우리는 스스로에 대해 만족하게 된다. 행복도가 높고 성공을 거둔 사람들은 대개 목표지향적이라는 특성이 있다. 그들은 언제나 구체적인 목표를 세우고 움직인다. 목표를 설정하는 것이 대단히 강력한 힘을 발휘한다는 사실을 알기 때문이다.

성공하려면 목표를 설정해야 한다. 중요한 것은 목표를 '갖는 것' 자체가 아니라 목표를 '어떻게 세우고 설계할 것인가' 하는 점이다. 특정 방식만 익히면 목표를 세우는 일은 그리 어렵지 않다. 그리고 목표를 설정하는 방법을 제대로 알고 실천할 경우 당신의 인생 전체가 바뀔 수도 있다. Step5에서는 바로 그 방법을 알려준다.

마크 매코맥Mark McCormack은 자신의 저서 『하버드 MBA에서도 가르쳐주지 않는 것들』What They Don't Teach You At Harvard Business School에서 1979~1989년에 실시된 한 연구조사 결과를 소개하고 있다. 1979년 하버드에서는 MBA 졸업생 전체를 대상으로 질문을 했다.

"당신은 미래 목표를 정확히 글로 적어두었습니까? 그리고 그것을 이루기 위한 계획을 세웠습니까?"

졸업생 중 3%만 '그렇다'고 대답했고 13%는 목표는 있지만 글로 적어두지 않았다고 했으며, 84%는 목표가 없다고 대답했다. 중요한 것은 그 다음이다. 그로부터 10년 후인 1989년에 하버드는 조사 참여자를 대상으로 새로운 연구에 들어갔다. 그 결과는 어떻게 나왔을까? 목표를 글로 적어두었다고 대답한 3%의 수입이 나머지 97%의 수입을 모두 합친 것보다 열 배나 많았다. 또한 목표는 있지만 글로 적어두지 않은 13%는 목표가 없던 84%보다 두 배 정도 수입이 많았다.

이들보다 훨씬 이전에 시행된 예일 대학의 연구에서도 유사한 결과가 나왔다. 1953년, 예일 대학에서는 졸업생들을 대상으로 글로 적은 분명한 목표가 있는지 그리고 목표 성취를 위한 계획을 세웠는지 조사했다. 당시에도 3%만 글로 적은 분명한 목표가 있다고 대답했다. 그로부터 20년 후인 1973년에 조사 참여자를 연구한 결과 목표를 글로 적어놓은 3%가 나머지 97%의 재산을 합친 것보다 많은 재산을 갖고 있었다. 그들은 재정적으로 훨씬 안정되어 있었을 뿐 아니라 삶의 여러 측면에서도 더 큰 성공을 거둬 행복하게 살고 있었다.

이것이 바로 목표의 놀라운 힘이다. 습관적, 체계적으로 목표를 세우는 것은 실제로 성과를 향상시킨다. 당신은 반드시 목표를 글로 적어두고 늘 그 목표에 대해 생각하며 그것을 이루기 위한 계획을 세워야 한다. 그래야만 잠재의식이 그 목표가 실현되도록 움직이고 노력하게 된다.

최근의 다른 연구 결과에서도 목표가 확실한 사람이 3%도 안 되고 목표를 글로 적어둔 사람은 채 1%도 안 되는 것으로 나타났다. 성공하는 소수에 속하고 싶다면 당신도 그들처럼 행동해야 한다. 당신도 목표를 글로 적어라. 그리고 내가 앞으로 소개하는 방식에 따라 목표를 정하라.

구체적인 목표를 머릿속에 각인시켜 놓으면 그것을 성취할 확률은 더욱 높아진다. 단순히 글로 써놓는 데 그쳐서는 안 된다. 목표를 성취할 때까지 지속적으로 열중하는 의지와 집중력, 자기 확신이 동반되어야 한다. 예상하거나 기대하는 성과가 금방 나타나지 않는다고 해서 도중에 포기하지 마라. 계속 밀고 나가겠다는 의지와 끈기를 발휘해야 하며 성과가 늦게 나타나는 것일 뿐 실패한 것은 아니라고 믿어야 한다. 일이 뜻대로 풀리지 않는다고 금방 포기하면 멋진 성과를 놓치고 만다. 루이 파스퇴르의 말을 기억하라.

"나는 오로지 끈기 하나로 지금의 성공을 이룬 것이다. 이것이 내가 목표를 이룰 수 있었던 비밀이다."

나는 학교에서 왜 목표 설정의 중요성과 그 방법을 가르치지 않는지 도무지 이해할 수가 없다. 목표 설정이 아이들에게 대단히 유익하다는 사실을 누구보다 학교에서 잘 알고 있을 텐데 말이다. 자수성가형 백만장자 브라이언 트레이시Brian Tracy는 목표 설정에 관해 뛰어난 조언을 제공하는 사람 중 하나다. 나는 목표와 관련해 그에게서 많은 것을 배웠다. 브라이언 트레이시는 사람들이 목표를 세우지 않는 이유에 대해 이렇게 말했다.

★ 목표의 중요성을 잘 모른다.

★ 목표를 어떻게 세워야 할지 모른다. 학교에서 배우지 않았기 때문이다.

★ 남들에게 조소나 비난을 받을까 봐 두려워서 목표 세우는 것을 망설인다.

★ 실패 없이는 성공도 없다는 사실을 깨닫지 못한 채, 그저 실패를 두려워한다. 실패하는 확실한 길은 시도조차 하지 않는 것이다.

사람들은 상황이 더 나빠질지도 모른다는 두려움 때문에 변화에 저항한다. 하지만 목표 설정은 변화의 방향을 조절할 수 있게 해주고 발전적인 방향으로 변화하고 있다는 확신을 심어준다. 목표 없이 삶의 방향을 성공적으로 조정하기는 어렵다. 그리고 삶의 방향을 스스로 통제하지 못하면 자신에 대해 만족감을 느끼기 어렵다.

나를 찾아온 어떤 고객은 변화를 몹시 두려워했다. 나는 그녀에게 변해야 한다고 강조하는 대신 변화나 모험이 전혀 없는 삶을 상상해보도록 했다. 먼저 재택근무 타이피스트라는 안정적인 직업에 종사한다고 상상해보라고 했다. 원룸 아파트에 살면서 낯선 사람과 사귀거나 어울리지 않아 사람들에게 거절당할 일이 전혀 없는 삶 말이다. 그녀의 상상 속에서 모험과 새로운 경험이 없는 인생은 '사는 것 같지 않은' 인생이었다.

그 다음에는 예멘에서 그녀의 할머니나 증조할머니와 똑같은 삶을 산다고 상상해보라고 했다. 그곳에서는 매일 같은 음식을 먹고 같은 풍경을 보면서 같은 옷차림으로 살아간다. 그녀는 딸의 미래를 일부러 상상해볼 필요조차 없었다. 그곳에서라면 딸도 그녀와 똑같은 삶을 살게 될 테니 말이다. 마지막으로 갑작스런 사고로 여생을 누워서 보내야 한다고 상상하도록 했다. 그야말로 아무것도 변하는 게 없으니 그녀는 변화를 두려워할 필요가 없었다.

이러한 상상을 하면서 그녀는 변화가 없는 것을 커다란 괴로움과, 변화하는 것을 즐거움과 연결 지어 생각하기 시작했다. 결과적으로 그녀는 전에 두려워하던 것(변화)을 원하게 되었고 전에 원하던 것(변화 없는 삶)을 두려워하게 되었다. 나중에 그녀를 다시 만나게 되었을 때 그녀는 밝은 표정으로 말했다.

"변화가 걱정될 때마다 '예멘'이라는 단어를 떠올려요. 그러면 내게 변화는 좋고 필요한 것이라는 사실을 깨닫게 돼요."

우리는 반드시 변화를 기쁘게 맞이해야 한다. 물론 그것은 더 나은 삶을 만들어주는 변화여야 한다. 변화가 항상 쉬운 것은 아니지만 행운은 용기 있는 자의 편이라는 사실을 잊어선 안 된다. 바닷가재는 점점 자라 자신의 껍질에 비해 몸집이 너무 커지면 어려운 선택을 해야 한다. 껍질에 계속 머물면 숨이 막혀 죽을 것이고 껍질을 벗고 나오면 얇은 피부막만 남은 상태라 포식자의 공격에 고스란히 노출되고 만다. 이때 가재는 껍질을 벗어버리고 모래 속으로 들어가 껍질이 단단해질 때까지 기다린다(외피가 연한 가재는 모래 밑에 숨기 때문에 더 비싼 것이다). 즉, 가재는 그냥 껍질 안에 머물다 질식사할 것인가, 아니면 잠시 위험을 감수하고 더 멋진 가재로 탈바꿈할 것인가의 딜레마를 경험한다. 물론 가재는 용감하게 후자를 선택한다.

당신도 그렇게 해야 한다. 변화 앞에서 주춤거리며 망설이게 될 때마다 바닷가재 이야기를 떠올려라. 바닷가에 머물며 육지를 떠나지 못하는 자는 결코 새로운 세계를 발견할 수 없는 법이다. 즐거운 마음으로 변화를 맞이하라. 변화가 두렵다면 눈을 감고 당신의 삶이 앞으로 절대 변하지 않는다고 상상해보라. 다음과 같이 말이다.

오늘부터 당신의 삶이 절대 변하지 않는다고 상상해보자.

아무것도 변하지 않는다.

내일 날씨는 오늘 날씨와 똑같을 것이고 앞으로도 죽 변함이 없다.

당신은 오늘 먹은 음식을 평생 먹어야 한다.

옷차림도 오늘과 내일 그리고 그 다음날이 똑같을 것이다.

당신은 늙지도 않고 머리 모양도 언제까지나 그대로이다.

매일 하는 일도 똑같고 텔레비전 방송도 똑같다.

직장이나 집을 옮기지도 않는다.

해외에도 나가지 않는다.

휴가도 없고 주말도 없고 매일 똑같은 평일이다.

가능한 한 극단적으로 상상을 해보라. 그러면 변화가 아니라 '변화하지 않는 것'이 끔찍하게 느껴질 것이다. 우리가 휴가와 주말을 기다리는 이유는 그것이 매일 비슷한 삶에 '다른' 리듬을 만들어주기 때문이다. 즉, 변화와 다양성은 인간에게 꼭 필요한 요소이자 욕구다. 나는 LA에 살 때 비오는 날이 얼마나 좋았는지 모른다. LA에서는 더운 날이 너무 많았기 때문이다.

자신감을 얻으려면 잘하는 일을 하라

·····

당신이 이 세상에 존재하는 이유와 목적은 무엇인가? 당신이 세상에 태어난 이유는 당신만의 재능을 발견하고 그것을 훌륭하게 발휘하기 위해서다. 그리고 진정으로 하고 싶은 일을 해야만 당신의 능력을 발휘할 수 있다. 진정한 자신감과 행복을 얻는 열쇠는 진심으로 원하는 일을 찾고 원하는 방식으로 그 일을 훌륭하게 해내는 데 있다. 하기 싫은 일을 하면서 성공하기는 매우 힘들다.

당신의 재능은 마음이 원하는 일과 연결되어 있다. 우리는 누구나 어떤 목적을 갖고 태어났으므로 마음이 시키는 일이 무엇인지 깨닫고 그 열정을 찾아내 활용해야 한다. 다른 사람들의 마음에 들기 위해 그들이 하는 말에 휘둘리지 말고 내면의 직감과 마음이 시키는 일을 하라. 사람은 누구나 한 가지 혹은 그 이상의 분야에서 뛰어난 것을 이뤄낼 수 있는 잠재력이 있다. 우리는 모두 세상에 기여할 수 있는 가치와 존재 목적을 갖고 태어났다.

토머스 제퍼슨은 "인간에게 행복을 주는 것은 부나 명성이 아니라 평온한 마음과 직업이다."라고 말했다. 우리는 타고난 재능을 발견하고 그 재능을 뛰어나게 발휘하기 위해 존재하는 것이다. 직업적 만족도와 안정성을 얻으며 뛰어난 성과를 거두려면 당신의 재능을 시장성이 있는 방식으로 발휘할 수 있어야 한다. 어느 분야에서든 상위 20%에 속하는 사람은 반드시 채용된다는 통계 결과가 나와 있다. '시장성이 있다'는 것은 당신의 재능 및 능력을 활용해 장사를 하거나 그것을 누군가에게 팔아 수입을 올릴 수 있다는 것을 의미한다.

컴퓨터 잡지, 애완동물 보험, 명품 가방 대여업체 등을 만든 사람은 모두 열정을 발휘하던 분야에서 시장성이 있는 방식으로 자신의 재능을 발휘한 것이다. 아니타 로딕Anita Roddick은 윤리적인 상품을 만들고자 하는 열정을 바탕으로 글로벌 기업인 더 바디 숍The Body Shop을 창업했다. 린 프랭크스Lynne Franks는 세계적인 PR회사를 세웠고 나중에는 SEED를 설립해 세계적으로 많은 여성들의 비즈니스를 도왔으며 여러 권의 책도 저술했다. 조카스타 이네스Jocasta Innes는 페인트 스티플링paint stippling과 수성페인트, 레그 롤링(rag rolling, 천을 둘둘 말아 굴리면서 물감이나 페인트를 찍는 기법-옮긴이), 스텐실 등에 대한 열정으로 디자인 회사를 설립했다. 또한 그녀는 수많은 체인점을 열었고 페인트 사용법과 디자인, 실내장식에 관한 책을 60권 넘게 출판했다.

우리가 자신을 얼마나 사랑하는가는 삶의 질을 결정한다. 자신에 대한 애정에 따라 우리의 에너지와 창의성, 스트레스에 대한 반응도 달라진다. 그런데 자기 능력을 탁월하게 발휘할 수 있는 분야가 무엇인지 알지 못하면 진정으로 자신을 사랑하기가 힘들다. 자신을 진정으로 사랑하지 않으면 자신의 진정한 모습을 발견할 수도 없다.

이 책에서 자기 자신을 사랑하기 위한 단계를 이해하고 실천하라고 강조하는 이유도 그 때문이다. 좋아하는 일을 해야만 탁월하게 해낼 수 있다. 좋아하는 일을 찾아내 그 일에 당신의 역량을 최대한 쏟아 부어라. 보수를 받지 않고도 당신이 기꺼이 하고 싶은 일은 무엇인가? 당신은 7~14세에 어떤 사람이 되겠다는 꿈을 꾸었는가? 이 질문에 대한 대답은 당신이 능력을 최대한 발휘할 수 있는 분야일 가능성이 크다.

당신이 원하는 목표를 이루기 위해서는 어느 정도 새로운 기술을 익혀야 할지도 모른다. 이를 위해 자신감도 필요할 것이다. 당신은 얼마만큼의 자신감을 원하는가? 자신감을 얻기 위해 어떤 방법을 택할 것인가? 자신감이 높은 사람은 자신이 원하는 바를 반드시 이룰 수 있다는 확신이 있다. 그들은 목표를 이룰 때까지 필요한 것은 무엇이든 감수하면서 끈기를 발휘한다. 내가 좋아하는 인용구 중에 이런 말이 있다.

"성공으로 향하는 승강기는 고장 날 수 있지만 계단은 절대 고장 나지 않는다."

얼마나 멋진 말인가. 성공하는 사람은 실패나 좌절을 겪더라도 거기에서 교훈을 얻고 다른 방식을 시도해 결국 목표를 이뤄낸다. 그들은 결코 포기나 망설임을 염두에 두지 않는다. 망설이고 포기하면 잠시 마음이 편할 수도 있지만 그것은 진정한 행복이 아니다. 잠재력을 최대로 발휘하지 않는 한 우리는 행복을 얻을 수 없다. 자신의 잠재력을 깨닫지 못하는 사람은 진정으로 행복해질 수도 없고 삶에 만족할 수도 없다.

우리가 두려워해야 할 것은 죽음이 아니라 아무런 의미나 목적 없이 사는 것이다. 우리는 '목적'을 갖고 살아야 한다. 그렇지 않으면 하루하루가 똑같은 날의 반복일 뿐이다. 오늘이 어제와 똑같고 내일이 오늘과 똑같다면, 삶에 무슨 즐거움과 의미가 있겠는가. 매일 다르게 살기 위해서는 당신의 내면이 달라져야 한다. 내가 만난 불행한 사람들 중에는 엄청난 갑부도 많았다. 특히 백만장자 상속인은 삶에 대한 목적도 의욕도 없는 경우가 흔했다. 세계 일주를 하며 매일 다른 경치를 구경할지라도 삶에 대한 목적과 의욕이 없으면 자기 자신이나 삶에 대해 결코 만족을 느끼지 못한다.

목표를 설정하고 그것을 이루는 방법

■ ■ ■

먼저 한 가지 목표를 이룬 다음 다른 목표를 정하라. '체중 2킬로그램 빼기' 같은 목표도 괜찮다. 목표는 크고 분명하고 생생하게 그려야 한다. 이런 경우를 생각해보자. 만일 당신이 돈을 더 많이 버는 것을 목표로 정했는데 어느 날 가게 점원의 실수로 1,000원이 아닌 5,000원을 거슬러 받았다고 치자. 당신에겐 예상보다 많은 돈이 생겼고 돈을 더 많이 버는 목표를 이룬 셈이라고 할 수도 있다. 하지만 그것은 요행일 뿐 목표 설정과는 차원이 다르다. 만약 당신이 사람들의 주목을 받고 눈에 띄는 존재가 되는 것을 목표로 정했다고 해보자. 그렇다고 어느 날 갑자기 신경 경련이 일어나 사람들의 주목을 받는 것은 당신이 원하는 목표가 아닐 것이다.

마음은 당신이 말하는 모든 것을 명령으로 받아들인다. 따라서 목표를 분명하게 설정하고 마음이 절대로 다른 것과 헷갈리는 일이 없도록 해야 한다. 가령 미용실에 가서 별다른 요구를 하지 않으면 원하는 헤어스타일이 나올까? 그렇지 않다. 집을 인테리어 디자이너나 청소부에게 맡겨두면 자신들은 그들이 원하는 대로 가구를 옮겨놓을 것이다. 즉, 당신 마음에 들지 않는 결과가 나올 가능성이 매우 크다.

이제 당신의 마음을 개인비서나 스타일리스트라 생각하고 당신이 원하는 바를 정확하게 알려주어라. 그래야 원하는 것을 이룰 가능성이 커진다.

목표 달성을 위한 원칙

- ★ 반드시 의미 있는 목표를 세워라.
- ★ 목표를 이뤄야 하는 이유를 분명히 인식하라.
- ★ 엄격하고 진실한 마음으로 목표를 추구하고 온전히 집중하라.
- ★ 원래 계획한 것보다 더 많은 노력을 기울여야 할지라도 기꺼이 그렇게 하라.
- ★ 목표를 향해 나아가는 당신을 그 무엇도 막을 수 없다고 믿어라.
- ★ 하나의 목표를 달성하면 다음 목표를 향해 나아가도록 더 큰 추진력을 얻게 된다고 확신하라.
- ★ 거절이나 실패를 두려워하지 마라(Step2 참조).
- ★ 자신을 진심으로 사랑하라. 자신을 있는 그대로 받아들여라.
- ★ 당신은 사랑받을 가치가 충분하다고 믿어라. 이를 위해 이 책에 실린 과

제를 충분히 활용하라.

★ 당신은 원하는 것을 얻을 충분한 자격이 있다고 믿어라.

★ 예전과 다른 방식으로 생각하고 말하고 행동하겠다고 결심하라.

★ 당신 자신과 당신의 능력을 믿어라.

★ 용기를 발휘해 위험을 감수하라. 모험을 하지 않는 것이야말로 가장 큰 도박이다.

★ 효과적이고 상세한 계획을 세워라.

★ 계획을 분명하게 글로 적어라.

늘 하던 대로 행동하면 예전과 똑같은 결과를 얻을 수밖에 없다. 달라지고 싶다면 다르게 행동해야 한다. 본래의 사고방식과 행동을 유지하는 한 당신은 원하는 모습으로 변화할 수 없다. 새롭고 구체적인 기술을 배워야 한다. 그러한 기술은 대부분 이 책에 담겨 있다. 지금까지의 과제를 모두 실천했다면 이제 당신은 목표를 세울 준비를 갖춘 것이며 당신이 바라는 자신감 있는 사람으로 변화할 준비가 된 셈이다.

목표 달성을 위한 단계

1. 강렬하게 원하라

절실하고 강하게 원하면 마음은 당신을 목표로 이끌고 간다. 당신은 원하는 것을 얻을 가치가 있는 사람이라는 것 그리고 목표를 분명히 이룰 수 있다는 것을 믿어라. 신념과 확신을 확고히 하라. 테니스 챔피언 존 매켄로John McEnroe에게는 승리를 향한 불타는 욕망이 있었다. 그는 그것을 '승리의 열망'이라고 불렀다. 기업인 존 하비 존스John Harvey-Jones는 대기업 간부가 되는 사람과 중간관리자에 머무는 사람의 차이는 '간부가 되겠다는 강한 열망'이 있느냐 없느냐에 있다고 말했다.

2. 목표를 이룰 것이라고 믿어라

'해볼 만하다'는 도전의식을 불러일으키는 목표를 세워야 한다. 또한 잠재의식이 목표를 향해 움직일 수 있도록 목표에 대해 선명하고 멋진 비전이 있어야 한다. 목표를 정하면 자기 제한적 믿음에서 벗어날 수 있다.

버진 그룹의 회장인 리처드 브랜슨Richard Branson에게는 항공사에 대한 기발하고 혁신적인 아이디어가 있었고 결국 버진 애틀랜틱Virgin Atlantic이라는 환상적인 항공사를 세웠다. 월트 디즈니에게는 디즈니랜드라는 뛰어난 비전이 있었다. 심지어 그는 비전을 현실화하기까지 다섯 번이나 파산을 겪었지만 결코 포기하지 않았다. 그는 젊은 시절에 '창의적인 아이디어가 부족하다'는 이유로 신문사에서 해고당한 적도 있다. 사이먼 우드로프Simon Woodroffe는 남다른 비전과 아이디어로 요!스시YO! Sushi를 창업했고, 백만장자 호텔업자인 솔 커즈너Sol Kerzner는 사업에서 성공하려면 되도록 크고 높은 비전이 있어야 한다고 말했다. 성공하는 사람은 반드시 명확하고 거대한 비전을 가슴에 품고 있다.

3. 선명하게 그리고 보아라

보여도 믿지 않는 경우가 있지만 믿으면 눈에 보이게 마련이다. 될 수 있으면 뚜렷한 이미지를 만들어라. 마치 이미 이루어진 것처럼, 이미 존재하고 있는 것처럼 마음속에 그림을 그려라. 이것은 대단히 중요한 단계다. 당신의 목표 성취는 얼마만큼 선명하게 그리느냐에 달려 있다. 반드시 상세하고 분명한 그림을 그려라. 마음속에 그리는 것이 잘 되지 않으면 사진이나 포스터, 스토리보드를 활용하는 것도 좋다.

많은 기업이 워크숍 기간에 직원들에게 스토리보드 활용법을 가르친다. 목표와 비전을 마음속에 그리도록 돕기 위해서다. 스토리보드란 목표나 꿈과 관련된 사진 및 그림을 붙이기도 하고 동기부여와 영감을 불러일으키는 좋은 말을 적기도 하는 커다란 판을 말한다. 나는 베스트셀러를 쓰고 싶었을 때 이 방법을 활용했다. 마크 빅터 한센Mark Victor Hansen은 『영혼을 위한 닭고기 수프』Chicken Soup for the Soul가 베스트셀러가 되었으면 좋겠다는 간절한 마음으로 『뉴욕타임스』의 베스트셀러 목록을 잘라내 1위에 있던 책 제목을 지우고 그 자리에 『영혼을 위한 닭고기 수프』를 써넣은 다음, 그것을 화장실 거울에 붙여놓고 날마다 쳐다보았다. 목표를 마음속에 선명하게 그리기 위해서다.

마음속에 강하고 선명하게 그릴수록 그것이 가능해지리라는 믿음도 커진다. 실제로 성공한 많은 사람이 늘 목표와 꿈을 마음속에 그린다. 마음속 이미지가 정확하고 상세하고 강렬할수록 그것을 이루는 속도도 빨라진다. 크고 선명한 그림을 그리고 그것을 되도록 오래 유지하라. 강렬하게 원하는 마음으로 그림을 상상하면 효과가 더욱 커진다. 생생하게 자주 상상할수록 당신의 마음도 더 빨리 반응한다. 성공하는 모습을 상상하면 그것을 향한 의욕도 높아지고 잠재의식에 그 그림을 현실로 만들라는 신호를 보내게 된다. 다음 단계에서는 마음속에 그림을 그리는 방법을 보다 상세히 알려줄 것이다.

마음속 그림 그리기에도 연습이 필요하다. 우리의 마음은 보이는 것을 믿기 때문에 마음속 그림 그리기는 당신에게 매우 강력한 영향을 미친다. 마음속 그림은 행동을 취하도록 몸과 마음에 자극을 주는 것이다. 따라서 당신은 확신을 갖고 마음에 그리는 이미지를 성취해낼 수 있다. 우리는 생각과 마음속 그림을 자신의 의지대로 바꿀 수 있으며 그것을 보다 나은 것, 더 긍정적인 것으로 바꾸면 나중에 얻는 성과도 달라진다. 사고방식과 집중하는 대상, 사용하는 언어를 바꿀 경우 결과적으로 당신의 삶을 바꿀 수 있다.

숀 코네리는 언제나 자신이 최고의 배우가 되는 모습을 상상했다. 우피 골드버그 역시 남들이 절대 성공할 수 없을 거라고 야유를 보낼 때조차 최고의 배우가 된 자신의 모습을 마음속에 그렸다. 오스카상을 받았을 때 그녀는 트로피를 높이 들고 청중을 향해 말했다.

"무슨 일이 있어도 당신의 목표를 절대 포기하지 마세요."

4. 글로 적어라

목표와 계획은 반드시 글로 적어야 한다. 글로 적지 않으면 그것은 막연한 소망이나 꿈에 불과하다. 성공하는 사람들은 종이 위에서 생각한다. 글로 적으면 현실로 이룰 수 있다. 가급적 자세한 계획을 기록하라. 글로 기록하면 무의식 속에 계획을 각인시키게 된다. 의욕을 고취시키고 당신에게 에너지를 주는 목표를 글로 써서 매일 쳐다보라. 천재 테니스 자매인 비너스 윌리엄스와 세레나 윌리엄스는 항상 이 방법을 사용했다고 한다.

목표를 성취하면 어떤 일이 일어날지, 당신의 삶이 어떻게 달라질지 적어보라. 그 목록이 길수록 목표를 이룰 것이라는 확신도 강해진다. 목표를 이뤄야 하는 이유가 많을수록 이룰 것이라는 믿음과 이뤄야 한다는 열망도 강해진다. 그만큼 강한 동기도 느끼게 된다. 왜 그 목표를 이루고 싶은지 잘 생각해보고 분명하게 적어라. 넬슨 만델라는 거대한 변화를 이뤄내기 위해 남아프리카공화국의 대통령이 되겠다고 마음먹었다. 그에게는 원대한 목표와 이유가 있었고 결국 목표를 이뤄냈다. 버락 오바마는 열정과 헌신, 믿음이 있으면 어떤 일도 가능하다는 것을 우리에게 보여주었다.

5. 미루지 마라

JFD는 '제길, 일단 해봐'Just F***ing Do It의 약자다. 나는 이 말이 정말 마음에 든다. 미루지 마라. 2%의 사람만 지금 행동하고 나머지 98%는 미룬다고 한다. 파레토 법칙Pareto principle을 살펴보면 미루지 않아야 할 이유가 보다 분명해진다.

★ 우리의 활동 가운데 20%가 우리가 얻는 성과의 80%를 가져온다.

★ 직업적 만족감의 80%는 우리가 하는 일의 20%에서 나온다.

★ 우리가 하는 일의 20% 안에 전체 가치의 80%가 들어 있다.

★ 당신을 막는 걸림돌의 80%가 내면적인 것이고 20%만이 외부적인 것
  이다.

　당신을 망설이게 만드는 요인은 대부분 내면에 존재한다. 지금 행동하라. 전화를 걸고 도움을 요청하라. 자신을 믿어라. 내면의 걸림돌을 치워버려라.

　성공한 사람들도 사실은 당신과 많이 다르지 않다. 당신도 얼마든지 그들처럼 될 수 있다. 성공하는 사람과 실패하는 사람의 차이는 이것뿐이다. 성공하는 사람은 목표를 성취하기 위해 필요한 일은 무엇이든 기꺼이 하지만, 실패하는 사람은 하기 싫거나 원치 않는 일은 하지 않고 꿈까지 포기해버린다. 집에 난방도 못할 만큼 궁핍했던 조앤 롤링은 유모차에 아기를 태우고 시끄러운 카페에 가서 『해리 포터』 시리즈를 썼다. 영화 『행복을 찾아서』The Pursuit of Happyness의 실제 모델인 크리스 가드너Chris Gardner는 파산으로 집을 잃은 데다 어린 아들까지 돌봐야 하는 처지에서 주식중개인에 도전했다. 내가 상담한 어떤 고객은 체육관 등록비가 없어서 에스컬레이터를 운동기구 삼아 오르내리기를 반복하며 훈련했다. 또한 『브리튼스 갓 탤런트』(Britain' s Got Talent, 영국의 스타 발굴 프로그램-옮긴이)에서 3위를 차지한 한 댄스그룹은 전신거울이 있는 연습실을 구할 돈이 없어 지붕이 있는 버스정류장에서 비가 오나 눈이 오나 춤 연습을 했다.

6. 모임에 참여하라

목표가 유사한 사람들이 참여하는 모임에 나가라. 예컨대 한 달에 한 번씩 모임을 열고 다음 모임 때까지 어떤 것을 반드시 실천하거나 이루겠다고 약속한다. 연구 결과, 모임에 참석하면서 주어진 과제를 열심히 실천하는지 서로 확인하면 그것을 실행할 확률이 40%에서 무려 95%로 높아지는 것으로 나타났다.

나도 그런 모임에 참여했다. 나는 회원들 앞에서 개인 세미나를 열겠다고 약속했고 그 약속을 지켰다. 덕분에 그 세미나를 계기로 출판계약을 맺을 수 있었다. 회원들은 서로서로 무언가를 해낼 수 있도록 도왔고 그들은 내게 큰 도움이 되었다. 그 모임이 없었다면 나는 꾸물거리면서 일을 뒤로 미루고 실천하지 않았을 것이다. 일단 사람들 앞에서 내 계획을 말하고 나자 그들을 실망시키거나 내 체면을 구기고 싶지 않아 자연스럽게 실천하게 되었다.

7. 목표를 위해 매일 힘써라

성공의 열쇠는 장기적으로 목표에 집중하는 데 있다. 확인할 수 있는 마감일을 스스로 정해놓고 목표를 향해 나아가는 과정을 꾸준히 관리하라. 중요한 목표를 달성하는 지점에 점점 가까워지고 있음을 느껴야 승리자의 기분을 만끽할 수 있다. 목표 실현 못지않게 목표로 향하는 과정도 당신에게 행복감을 준다. 이런 까닭에 크리스천과 닉 캔디Christian and Nick Candy 형제, 앨런 슈가Alan Sugar, 빌 게이츠 같은 많은 성공한 기업가가 끊임없이 새로운 목표를 세우는 것이다.

8. 내면의 걸림돌을 단호하게 걷어내라

당신의 목표 성취를 방해하는 마음속 걸림돌을 말끔히 걷어내라. 마음속 걸림돌과 의심, 두려움을 종이 위에 적어놓고 ×로 지워버리면 그 영향력은 줄어든다. 과거에 하지 않아서 후회되는 것을 생각해보라. 무엇이 당신을 가로막았는가? 거절당하는 것이 두려워서 누군가에게 말을 걸지 못했는가? 불합격할까 염려되어 원하는 일자리에 지원조차 해보지 않았는가? 너무 나이가 많아서, 해낼 수 없을 것 같아서 혹은 시간이 없다는 이유로 망설였는가?

거절에 대한 두려움은 내면에서 나오는 것이며 이 프로그램을 제대로 실천하면 그 두려움은 얼마든지 없앨 수 있다. 하지 않아서 후회되는 것을 떠올려보고 당신을 가로막은 걸림돌이 무엇인지 깨닫고 나면 이제는 정말로 원하는 목표를 향해 나아갈 수 있을 것이다.

케이트 모스Kate Moss는 슈퍼모델이 되기에는 키가 작은 편이었고, 60대인 로렌 허튼Lauren Hutton은 젊은 여성이 주요 고객인 패션 브랜드 망고Mango의 모델치고는 나이가 많았다. 하지만 그것은 그들의 성공에 방해가 되지 않았다. 록밴드 데프 레퍼드Def Leppard의 드러머인 릭 앨런Rick Allen은 자동차 사고로 한쪽 팔을 잃었지만 나머지 한쪽 팔과 두 다리로 연주할 수 있는 특수 드럼 세트를 제작해 계속 연주했다.

당신이 원하는 꿈과 목표를 이루기에는 너무 나이가 많다고 생각하는가? 그렇다면 프랭크 매코트Frank McCourt를 떠올려라. 그는 30년간의 교직생활에서 은퇴한 후 60대 중반에 세계적인 베스트셀러 『안젤라의 재』Angela's Ashes를 썼다. 예순일곱 살에는 그 책으로 퓰리

처상도 수상했다. 메리 웨슬리Mary Wesley는 일흔 살이 넘어서 첫 소설을 출간했고 『캐모마일 밭』The Camomile Lawn을 비롯한 여러 권의 베스트셀러를 70대에 발표했다. 그녀는 남편과 사별하고 오랫동안 가난한 생활을 하다가 일흔 살이 되어서야 성공을 거두었다. TV시트콤 『프레이저』Frasier에서 프레이저의 아버지 역을 맡은 존 마호니John Mahoney는 의학전문 잡지 편집자로서의 삶에 권태를 느끼고 우울함에 빠져 있다가 마흔 살 가까운 나이에 연기를 시작했다.

9. 새로운 것을 배우고 끊임없이 성장하라

목표를 이루기 위해 필요한 것을 배우고 익혀라. 당신이 배우거나 알아야 할 것의 목록을 작성해보라. 전문가에게 지혜를 얻고 성공에 필요한 방법을 배워라. 중요한 목표는 언제나 새로운 배움을 필요로 한다. 미국의 소설가이자 의학자인 올리버 웬들 홈스Oliver Wendell Holmes는 "새로운 경험을 통해 확장된 사고는 결코 예전의 크기로 돌아가지 않는다."고 말했다. 일단 새로운 것을 배우면 당신의 능력은 절대 원래 상태로 돌아가지 않는다.

오프라 윈프리는 TV 뉴스 앵커로 출발해 자신의 토크쇼 진행자가 되었고, 방송 및 영화 제작사를 직접 차렸으며 잡지도 발행하기에 이르렀다. 또한 상원에 법안을 통과시킬 수 있는 영향력까지 갖췄고 오늘날 미국에서 가장 영향력 있는 여성이 되었다. 그녀는 초라하고 궁핍한 성장 배경을 극복하고 새로운 것을 배우며 스스로를 단련한 덕분에 지금의 자리에 오르게 된 것이다.

10. 베풀어라

타인에게 베푼 것은 어떤 형태로든 고스란히 당신에게 되돌아온다. 더 많이 베풀어라. 성공하는 사람들은 늘 베푼다. 자신의 본분을 넘어서서 '더 하는' 일들이 인생의 성공을 결정짓는다. 나는 예전에 막스 앤 스펜서Marks & Spencer와 함께 일한 적이 있는데, 그들이 항상 직원들에게 많이 베푸는 것을 보고 크게 감동을 받았다. 근무시간 이후에 회사에 찾아가면 청소하는 직원들을 위해 늘 케이크와 샌드위치가 담긴 쟁반이 놓여 있었다. 회사는 언제나 직원들의 편의를 위해 노력했고 직원들은 그만큼 높은 업무 만족도를 보이며 성실하게 일했다.

11. 끈기를 발휘하라

인내, 끈기, 지구력, 결단은 반드시 필요하다. 끈기 있게 노력하지 않으면 중요한 목표를 결코 성취할 수 없다. 절대 멈추지도 포기하지도 마라. 끈기는 자기 자신에 대한 믿음, 자신의 재능과 능력에 대한 믿음을 나타내는 척도다. 매일 당당하게 행동하라. 목표에 집중하고 과정을 즐겨라. 최고의 운동선수는 남들이 보지 않는 곳에서도 끊임없이 연습한다. 어떤 사람이 농구 황제 마이클 조던에게 "당신은 운이 좋은 사람"이라고 말하자 조던이 말했다.

"더 많이 연습할수록 더 많은 행운을 얻게 되는 겁니다."

마이클 조던은 고등학교 농구팀에서 탈락했지만 계속해서 끈질기게 노력했고 결과적으로 세계 최고의 농구선수가 되었다. 사이클 선수 랜스 암스트롱Lance Armstrong은 암에 걸렸지만 초인적인 의지로 병을 극복하고 투르 드 프랑스 사이클 대회에서 우승했다. 육상선수 폴라 래드클리프Paula Radcliffe는 자신은 천성적으로 집중력과 끈기, 의지가 강한 사람이라고 말한다. 그녀는 '너는 할 수 없을 거야'라는 말을 들으면 오히려 그 일을 해내기 위해 온힘을 쏟는다고 했다.

어떤 것을 놓치거나 잠시 실패했다고 해서 당신 '스스로' 그것을 포기해버리면 그 실패는 영원한 것이 된다. 어린이용 여행가방 '트렁키'를 만든 롭 로Rob Law도 그 아이디어가 쓸모없다는 얘기를 들었다. 트렁키는 현재 런던의 존 루이스 백화점에도 공급되고 있다. 테이블이 흔들리지 않도록 해주는 받침대 '스테이블테이블'을 만든 앤드루 고든Andrew Gordon은 "맥주잔 받침이 있는데 그런 게 무슨 소용이 있어요?"라는 말을 들었다. 맥주병이나 캔을 안전하게 쌓을 수 있게 해주는 플라스틱 조각, '라카스타카'를 발명한 스테프 매튜Stef Matheou는 일상생활에 활용하기 힘든 아이디어라는 말을 들었다. 하지만 이들은 모두 지금까지 50만 파운드 가까운 돈을 벌어들였다. 레이첼 로Rachel Lowe도 『드래곤스 덴』에서 보드게임 '데스티네이션'의 아이디어에 대해 혹평을 들었지만 현재 주요 완구점에서 최고의 인기상품이다. 거절을 당했다고 해서 성공이 불가능한 것은 아니다. 단지 성공에 이르는 시간이 조금 미뤄진 것뿐이다.

12. 그밖에도 성공하는 사람에게는 다음과 같은 특징이 있다

★ 목표를 이루기 위해 필요한 일을 매일 실천하며 한 걸음씩 나아간다.

★ 그렇게 나아가는 과정을 즐긴다.

★ 만족을 잠시 미룬다.

★ 하기 싫은 일을 먼저 처리한다.

몇몇 연구 결과 성공하는 사람은 하기 싫은 일, 즉 어려운 전화를 걸거나 누군가를 해고하는 일, 운동하러 가는 일 등을 미루지 않고 즉시 해치우는 것으로 나타났다. 반면 실패하는 사람은 어렵거나 하기 싫은 일을 하루 종일 미루고 그것 때문에 내내 스트레스를 받는다.

성공하는 사람의 사고방식과 언어 습관, 믿음, 몸가짐, 태도를 모방해보라. 그들의 자신감 있는 몸가짐을 배워라. 그들은 당당한 태도로 걷고 열린 자세로 다른 사람과 쉽게 어울린다. 몸가짐이 당당하면 주변 사람들이 당신을 보다 긍정적으로 바라볼 뿐 아니라 가치 있는 사람으로 여기게 된다.

누군가와 대화할 때는 언제나 당신 신체의 앞면이 상대방을 향하게 하라. 상대에게서 몸을 돌리는 것은 대화를 그만하고 싶다는 신호다. 만일 상대에게 강한 관심이 있음을 표현하고 싶다면 상대가 말할 때 그를 향해 몸을 약간 기울여라. 상대방이 몸이나 시선을 다른 쪽으로 돌릴 경우 당신에게 흥미를 잃고 있음을 의미한다. 이때는 절대로 대화를 독점해서는 안 된다. 상대의 관심을 다시 얻으려면 대화를 멈추고 다른 장소로 이동하거나 대화 주제를 바꿔라.

성공한 사람들은 '나는 할 수 없어'가 아니라 '나는 ~할 거야', '나는 ~하지 않을 거야'라고 말하는 습관이 있다. 그렇게 말함으로써 선택권이 자신에게 있고 또한 자신이 올바른 선택을 하고 있음을 마음에 각인시킨다. 무언가를 할 수 있을지 없을지 고민하는 대신 그것을 '하기로' 선택하면 부정적 마인드에서 벗어나는 것은 물론 실제로 그 일을 해내기도 쉬워진다.

과거의 잘못된 사고방식과 습관을 인식하고 그것을 깨트리기로 선택하는 순간 당신은 강력한 변화의 출발점에 서게 된다. 몇 년 전 미국에서 열린 자기계발 프로그램에 참여했을 때의 일이다. 프로그램 과정에 내가 정말로 싫어하는 스카이다이빙이 포함되어 있었다. 내가 스카이다이빙을 하지 않겠다고 하자 모두들 나를 부추기며 "당신은 할 수 있어요. 한번 해봐요."라고 말했다. 나는 좀 난처했지만(내가 '화가 났다'거나 '짜증스러웠다', '극도로 불안해졌다'고 표현하지 않은 점에 주목하라. 나는 그저 '좀 난처했을' 뿐이다) 침착하게 내 생각을 말했다.

"내가 할 수 있다는 건 나도 알아요. 난 그저 '하지 않기로 선택' 한 것뿐이에요. 혹시 누가 나에게 백만 달러를 준다거나 포르쉐를 한 대 사준다면 생각해볼지도 모르죠. 나는 단지 스카이다이빙을 하고 싶지 않을 뿐이에요. 할 마음이 없는 거라고요. 이건 할 수 없는 것과는 다른 의미예요."

무언가를 하거나 하지 않겠다는 선택을 할 때 당신은 선택의 주체가 된다. 성공을 원한다면 성공한 사람을 닮아라. 그리고 '나는 ~할 거야', '나는 ~하지 않을 거야'라고 말하라. 가급적 '반드시 ~를 해야 해', '~를 해야만 해', '선택의 여지가 없어'라는 말은 쓰지 말고 '나는 ~하고 싶어', '나는 ~할 거야', '~하기로 선택했어'라고 말하는 습관을 들여라. 이것은 아주 간단한 변화지만 큰 차이를 가져온다.

운동을 하거나 일찍 일어나고 싶다면 혹은 서류작업을 마무리하고자 한다면 먼저 그렇게 하겠다고 '선택'을 해야 한다. 그런 다음 그 일에 대해 좋은 느낌을 갖겠다고 마음먹어야 한다. '나는 이걸 하는 게 좋아', '나는 이 일을 하고 싶어'라고 말함으로써 뇌에 좋은 느낌을 전달하라. '하기 싫어', '이 일은 나를 힘들게 해', '지겨워'라고 말하면 스스로 실패를 준비하는 것과 같다. 그렇게 말하는 순간 두뇌는 그 일을 피할 방법을 찾기 때문이다. 반면 '나는 이걸 할 거야. 나는 잘 해내기로 선택했어. 이걸 즐길 수도 있을 거야'라고 말하면 마음속 저항감과 의심이 사라지기 시작한다.

일거리를 집으로 갖고 오면서 마음속으로 짜증을 내고, 일찍 출근하면서 잠을 더 자고 싶다는 생각을 하며, 공부를 하면서 지루해 죽겠다고 생각하면 잘못된 행동 방식에서 절대로 헤어나올 수 없다. 그 대신 집에서 자유롭게 일할 수 있어서 좋다고, 일찍 일어나면 건강에 좋다고, 새로운 것을 배울 수 있어서 공부가 즐겁다고 스스로에게 말하라.

오랫동안 세금 내는 것을 회피해온 한 고객이 있었다. 그는 지독한 만성 두통을 앓았는데 알고 보니 그것은 세금 회피 행각이 발각돼 모든 것을 잃게 될까 봐 두려워하는 마음 때문에 생긴 것이었다. 결국 그는 회계사에게 연락해 자신의 상황을 솔직하게 밝혔다. 다행히 큰 분쟁이나 곤란한 시빗거리에 휘말리는 일 없이 상황이 해결되었고 그의 마음은 한결 가뿐해졌다. 그는 소득신고를 하고 나니 기분이 날아갈 것 같다고 말했다. 그리고 지금까지 얼마나 불안한 마음으로 살았는지를 떠올리며 매년 세금을 납부할 때마다 '기분 좋게 낼' 생각이라고 했다.

아침에 일찍 일어나는 것이 싫다면 어렸을 때의 소풍날 아침 기분을 떠올려보라. 한시라도 빨리 일어나고 싶었던 그 마음을 말이다. 아침에 일찍 일어나는 것은 당신이 어떻게 마음을 먹느냐에 따라 달라진다. 그것을 기분 좋은 일로 만들어라.

첫 번째 책을 집필할 당시 나는 주말에도 작업을 해야 한다는 생각에 마음이 무거웠다. 친구들이 놀러오라고 초대하면 나는 "안 돼. 글을 써야 해."라고 대답했다. 집필 작업은 외롭고 고된 일로 다가왔고 나는 글 쓰는 일이 결코 즐겁지 않았다. 마음으로는 '글을 써야 하는데, 꼭 써야만 하는데'라고 되뇌면서도 글 쓰는 행동은 계속 미뤄졌다. 그때 나는 '글이 쓰고 싶어. 글을 쓸 거야. 글 쓰는 일은 정말 즐거워'라고 말해야 한다는 것을 모르고 있었다.

좀 더 시간이 흐른 뒤 '이번 주말에 글을 쓰고 싶어'라고 자꾸 말하기 시작하자 전과 달리 동기가 부여되는 느낌이 들었다. 실제로 나는 글을 쓰기 시작했다. 어느 화창한 주말에는 창가의 책상 앞에 앉아 글을 쓰면서 '여기서 이렇게 글을 쓰는 나는 세상 누구보다 행복해'라고 생각하기도 했다.

나는 시험을 앞둔 학생들에게 최면요법을 실행할 때 항상 이렇게 말한다.

"당신은 공부를 하겠다는 선택을 했고 이번 달에 배운 내용을 복습하고 싶어 하며 사실 그 과정을 즐기고 있어요. 공부는 당신의 기분을 좋게 만들어줘요……."

그 학생들은 친구를 데려오기도 했는데 소개를 받아 온 학생은 자기 친구가 어떻게 변했는지 들려주었다.

"당신의 최면요법 덕분에 제 친구가 열심히 공부하기 시작했어요. 정말 놀라워요. 예전 모습은 온데간데없고 공부를 재미있어 한다니까요. 저도 그렇게 되도록 도와주시겠어요?"

목표를 향해 나아가는 과정을 끔찍하게 싫은 것으로 여기면 성공에 이르는 길은 요원해진다. 가령 당신이 마라톤에 참가했다고 상상해보자. 달리기를 하면서 마음속으로 '정말 하기 싫어. 빨리 집에 가고 싶어'라고 말하면 십중팔구 완주에 실패한다. '할 수 있어, 해낼 거야, 난 지금 잘하고 있어'라고 말해야만 성공할 수 있다. 그 말이 당신을 계속 뛰도록 만들어주기 때문이다.

사관생도들은 훈련을 받을 때 한탄하거나 투덜거리지 않는다. 그들은 경쾌한 노래를 부르면서 훈련을 완수할 수 있도록 서로를 격려한다. 고된 훈련을 하는 동안 노래를 부르거나 농담을 하면서 '나는 이 일을 선택했어. 이곳에 있는 것이 즐거워'라는 강하고 분명한 신호를 뇌에 전달하는 것이다. 사람들이 힘든 일을 할 때 노래를 흥얼거리는 것도 같은 이유에서다.

종종 간단한 변화만으로도 커다란 결과를 얻어낼 수 있다. '이렇게 할 거야'라고 선택하는 순간 당신은 선택권이 당신에게 있다는 것을 마음에 한 번 더 상기시키게 된다. 당신은 감정에 통제당하는 것이 아니라 스스로 감정을 통제하겠다는 선택을 할 수 있다. 자기 자신과 대화하는 법, 자신의 생각을 통제하는 법, 올바른 것을 말하고 생각하는 법을 익히면 당신은 자신감 있는 삶을 선택하게 된다.

어떤 대상이나 상황에 대해 느끼는 감정과 기분은 스스로 선택할 수 있다. '나는 할 수 없어', '너무 두려워', '가망이 없어', '부끄러워', '불안해'라고 말할 때마다 당신은 그런 상태를 벗어나지 못하는 쪽을, 다시 말해 타고난 잠재력을 발휘하지 않고 그냥 묻어버리는 쪽을 선택하는 셈이다. 지금 당신에게 자신감이 부족하다고 해서 자신감 있는 사람이 되는 데 실패한 것은 아니다. 단지 뇌와 마음을 올바르게 사용하는 방법을 배우지 못했을 뿐이다. 잘못된 선택을 하고 잘못된 언어를 사용하며 '어쩔 수 없다'는 잘못된 믿음에 빠져 있는 것이다. 더 이상 그런 믿음에 빠지지 않겠다고 선택하면 된다. 누구나 방법만 배우면 자신감 있는 사람, 성공하는 사람, 자존감 높은 사람이 될 수 있다. 그 방법과 과정을 가르쳐 당신의 내면을 재구성하는 것이 이 책의 목적이다.

"당신의 생각을 주의 깊게 살펴보라. 그것은 당신의 말이 된다.
말을 신중하게 사용하라. 그것은 당신의 행동이 된다.
행동을 늘 되돌아보라. 그것은 당신의 습관이 된다.
습관에 늘 신경 써라. 그것은 당신의 가치관이 된다.
가치관을 살펴보라. 그것은 당신의 운명이 된다."

— 마하트마 간디

"운명은 기회의 문제가 아니다. 그것은 선택의 문제다. 운명은 기다려서 얻는 것이 아니라 적극적으로 만들어가야 하는 것이다."

— 윌리엄 제닝스 브라이언트 William Jennings Bryant

Step 6

상상

―――

"당신의 능력을 이용할 수 있는 사람은 오직 당신뿐이다."
– 지그 지글러(Zig Ziglar)

ULTIMATE CONFIDENCE

자신감 있는 모습을 마음속에 그려라

자신감 있는 사람이 되기 위해서는 자신 있게 행동하는 모습을 상상해야 한다. 오랫동안 자신감 부족을 고민해온 사람에게는 그것이 쉽지 않을 수도 있다. 하지만 연습을 하면 얼마든지 가능하다. 매일 하루에 5분만 시간을 내서 자신감 있는 자신의 모습을 상상해보라. 이 단순한 방법은 분명 효과를 발휘한다.

미국과 유럽의 여러 과학자가 상상이 자존감을 높이는 데 크게 기여한다는 사실을 밝혀낸 바 있다. 자신감 있는 모습을 상상하면 뇌에 에너지와 의욕에 긍정적 영향을 미치는 메시지를 전달하게 된다. 이는 생각과 감정에 긍정적인 영향을 미치고 마음의 근육을 강화하는 결과를 가져온다.

자신감 넘치는 모습을 상상하거나 내면에 긍정적인 그림을 그리면 뇌의 특정 뉴런(신경세포)들이 활성화되고, 이것이 내인성 아편류 물질 등을 분비하는 덕분에 기분이 좋아진다. 반면 부정적인 생각은 그 반대의 효과를 낳는다. 부정적인 생각을 하면 여기에 관여하는 특정 뉴런들이 스트레스 호르몬인 코르티솔 같은 부정적 호르몬을 분비한다. 코르티솔이 과다 분비되면 불안과 우울 상태가 이어질 수 있다.

우리가 상상하는 내용이나 행동 방식이 바뀌면 두뇌의 신경회로도 바뀐다. 하버드 대학의 연구 결과에 따르면 특정 행동을 하는 모습을 상상할 때의 뇌 내 활성화 지점이 실제로 그 행동을 할 때의 뇌 내 활성화 지점과 같은 것으로 나타났다. 다시 말해 '거울 뉴런'(다른 사람의 몸짓을 보거나 말을 듣는 것만으로도 자신이 직접 행동하거나 겪는 것과 같은 느낌을 받게 하는 신경세포 – 옮긴이)이라 불리는 두뇌세포는 우리가 특정 행동을 생각하는 것만으로도 활성화된다. 이는 곧 두뇌가 실제 상황과 상상을 구별하지 못하는 때가 많다는 것을 의미한다.

습관은 후천적으로 습득해 반복한 생각이나 행동일 뿐이다. 우리는 내성적이고 소극적인 성격 혹은 자신이 가치 없는 존재라는 생각을 품고 태어나지 않았다. 그런 것은 모두 후천적으로 얻게 된 나쁜 믿음이다. 어떤 행동을 반복하면 뇌 안에 그와 관련된 신경회로가 만들어지며, 해당 행동을 반복할 때마다 그 회로는 더욱 조밀하고 단단해진다. 컴퓨터, 자동차, 새 휴대전화, 그밖에 여러 가지 기계를 사용하려면 처음에는 여러 번 반복해서 배워야 한다. 그러나 일단 익히고 나면 나중에는 작동법을 굳이 배우지 않아도 능숙하게 다룰 수 있다.

부정적인 습관을 버리는 순간 그 습관과 관련된 두뇌 내 회로는 점점 가늘어지고 약해져 나중에는 불필요한 것이 된다. 두뇌가 '재프로그래밍'되는 셈이다. 우리는 성공할 수 있는 능력이 충분히 내장된 프로그램을 갖고 태어났으며, 이 책의 목표는 그 프로그램을 되살리는 데 있다.

긍정적인 상상을 반복하라. 두뇌에 습관과 관련된 새로운 신경회로가 만들어지는 데는 21일(3주일) 정도가 걸린다. 어떤 습관을 21일간 반복하면 두뇌 안에 새로운 신경회로가 생성된다. 반대로 그 신경회로가 약해지는 데도 21일이 걸린다. 연구 결과에 따르면 새로운 행동 방식이나 사고를 반복하면 두뇌에 실제로 물리적 변화가 일어난다고 한다. 뇌 연구자들은 두뇌가 오래된 믿음을 버리고 새로운 믿음을 받아들이는 데 최소 10일에서 최대 21일이 걸린다는 사실을 밝혀냈다. 21일 동안 확신을 담아 새로운 언어와 사고를 반복하면 당신의 내면에 긍정적인 변화가 일어나기 시작할 것이다. 처음에는 그것을 의식적으로 반복해야 하지만 시간이 지나면 점점 당신의 심신에 스며들어 자연스럽게 실천하게 된다.

상상하는 것이 자연스럽게 몸에 배도록 하려면 새로운 긍정적 자아상에 자주 집중해야 한다. 또한 많은 노력을 기울이지 않아도 자동적으로 그 이미지가 떠오를 때까지 계속 상상을 반복해야 한다. 반복이 핵심이다. 마음속 그림을 생생하게 그릴수록 몸과 마음도 거기에 더 빨리 반응한다. 자동차 운전이나 기계 작동법을 처음 배울 때처럼 당신이 해야 할 행동을 머릿속으로 그려보라. 변화한 당신의 모습이나 원하는 목표를 최대한 생생하고 구체적으로 그려라. 상상은 다음과 같이 하라.

- ★ 생동감 넘치는 강력한 그림을 그려라. 생생한 이미지가 주어질 때 뇌는 가장 큰 힘을 발휘한다.
- ★ 상상의 강도를 높이고 되도록 오래 상상하라.
- ★ 마음속 그림을 최대한 오래 유지하라.
- ★ 보다 크고 선명하게 그려라.
- ★ 긍정적이고 좋은 느낌을 주는 단어를 사용하라.
- ★ '목표를 이룰 거야' 라고 말하면서 강하게 원하는 마음을 그 그림과 결합시켜라.

잠재의식은 당신이 마음속에 그린 그림을 맹목적으로 받아들인다는 사실을 명심하라. 상상은 당신에게 커다란 영향을 미치며 마음과 몸을 움직이는 자극제 역할을 한다. 기억하라. 당신이 무엇을 상상하든 자신 있게 상상한다면 그것을 이루어낼 수 있다. 운동선수도 목표를 상상하면 그것을 이뤄낼 수 있는 수준으로 근육이 움직이도록 만들 수 있다.

최대한 구체적이고 명료하게 원하는 바를 상상하라. 더 많이 상상할수록 그것이 실현될 가능성도 커진다. 성공하는 사람들은 대부분 마음속으로 늘 원하는 모습을 상상한다. 훌륭한 배우는 천성적으로 상상력이 풍부하다. 그들은 정신병자나 영웅이 된 자신의 모습을 상상하고 그것을 바탕으로 훌륭한 연기를 보여준다. 당신도 그렇게 하

라. 성공한 모습, 자신감 넘치는 모습을 상상하라. 그래야 그렇게 될 수 있다.

우리는 얼마든지 생각과 마음속 그림을 바꿀 수 있다. 그리고 그 것을 바꾸면 삶의 모든 것을 바꿀 수 있다. 머릿속으로 집중해서 생 각하는 내용, 마음속 그림, 평소에 사용하는 언어를 변화시켜라. 그 러면 당신의 자신감과 자존감, 인생도 변화한다.

상상하는 방법

'나는 할 수 없다'고 생각할 경우, 당신은 이미 할 수 없는 모습을 상상하고 있는 셈이다. '나는 여러 사람이나 좋아하는 사람 앞에서 제대로 말하지 못해', '면접에 자신이 없어'라고 말할 때마다 당신 은 그 상황을 마음속에 그리게 된다. 그리고 그 그림은 힘을 발휘하 기 시작한다. 마음은 당신이 말하는 것이 좋은 내용이든 나쁜 내용 이든 그대로 믿는다. 그러므로 긍정적인 내용만 상상해야 한다. 긍 정적으로 말하고 상상하기 시작하면 두려움을 떨쳐버릴 수 있다.

때로 나는 상상력이 없다거나 머릿속으로 뭔가를 그릴 줄 모른다 고 말하는 고객을 만나기도 한다. 그럴 경우 나는 약간 놀리는 투로 말한다.

"잘됐네요. 그렇다면 당신은 근심 걱정이라곤 없을 테니까요."

그러면 그들은 대개 발끈한다.

"말도 안 돼요. 아이들, 직장, 건강 등 얼마나 걱정거리가 많은데 요."

"상상할 줄 모른다면서 어떻게 걱정을 한다는 거죠? 걱정은 결국 일이 잘못되는 상황에 대해 상상하는 거잖아요."

우리는 누구나 상상할 수 있고 머릿속으로 그릴 수도 있다. 어떤 사람은 자신에게 그런 능력이 없다고 믿지만 그것은 착각이다. 머릿속으로 그리는 능력 덕분에 매번 지도도 없이 집을 잘 찾아가는 것이고, 슈퍼마켓에서 깊이 생각하지 않고도 늘 다니던 코너로 자연스럽게 발길이 향하는 것이다. 새 휴대전화나 세탁기도 자꾸 쓰다 보면 사용법이 저절로 머릿속에 그려져서 설명서를 보지 않고도 능숙하게 다룰 수 있다. 만약 내가 당신의 자동차 구조, 좌석 시트의 색깔, 계기반의 형태와 기어의 위치, 방향 지시기 등을 설명해보라고 하면 당신은 설명하기에 앞서 마음속에 그 형태를 그림으로 그릴 것이다. 마음속으로 상상하는 것은 누구나 할 수 있는 일이다.

사람들은 마음에 들지 않는 제품을 환불받는 상황, 음식점에서 자신이 원하는 방식으로 조리된 음식을 주문하는 모습을 상상한다. 이처럼 우리는 늘 일상생활에서 여러 가지 상황을 마음속에 그린다. 하지만 그보다 더 큰 상상은 하지 않는다. 마음속 그림의 엄청난 효과를 생각한다면 우리는 마트의 파격세일 따위보다 더 크고 중요한 것을 상상해야 한다. 일회성으로 끝나는 상상은 하지 마라. 그보다는 원하는 모습, 자신감 있는 모습을 '항상' 상상하라. 틀림없이 성공할 것이고 지금도 성공하고 있다는 믿음과 흔들림 없는 확신을 가져라.

다음의 과제는 상상이 신체에 미치는 효과를 보여준다.

 똑바로 서서 한쪽 팔을 앞으로 뻗어 어깨 높이까지 올리고, 손등이 팔과 수평이 된 상태에서 손가락은 정면을 향하게 하라. 그렇게 뻗은 상태로 팔을 돌려 등 뒤쪽으로 가능한 멀리 가도록 해보라. 오른팔은 오른쪽 뒤로, 왼팔은 왼쪽 뒤로 움직이면 된다. 최대로 멀리 가도록 만들었다면 고개를 돌려 팔이 어디까지 갔는지 확인한 다음 팔을 다시 제자리에 놓는다.

 잠시 눈을 감고 팔이 더 멀리까지, 전보다 25%는 더 멀리 간 모습을 상상하라. 마음속에서 팔이 더 많이 돌아간 모습을 실제 장면처럼 보아야 한다. 그런 다음 자기 자신에게 팔이 25%는 더 멀리 갈 것이라고 말하라. 그렇게 서너 번쯤 반복해서 말하라. 이제 눈을 뜨고 다시 팔을 돌려보자. 팔이 얼마나 더 멀리 움직였는지 확인하라. 아마 첫 번째보다 팔이 더 멀리 가 있을 것이다.

 이 실험은 믿음이 신체에 미치는 힘을 보여준다. 팔이 더 멀리 가는 장면을 상상 속에서 보고 믿을 경우 실제로 그렇게 된다. 이 실험을 몇 차례 더 반복하면 마음속 믿음이 신체에 얼마나 쉽게 영향을 미치는지 깨닫게 될 것이다.

 운동선수는 수년간 이런 기술을 사용한다. 그들은 자신이 더 무거운 역기를 들거나 더 높이 점프하는 모습을 늘 상상하고 해낼 수 있을 것이라고 믿으며 실제로 해낸다. 많은 연구 결과에서 운동선수에게 상상하는 능력은 육체적 훈련만큼이나 중요하다는 사실이 증명되었다. 운동선수는 상상의 기술을 통해 신체의 모든 근육을 자신이 상상한 활동을 수행하는 데 적합한 상태로 만들 수 있다. 스포츠계에서는 신체적 능력뿐 아니라 상상의 힘을 활용하는 능력도 함께 키우는 선수가 우승할 확률이 높다는 인식이 점차 강해지고 있다. 그런 선수가 다른 선수들에 비해 훨씬 유리하기 때문이다.

최근에 나는 올림픽 참가 경력이 있는 선수들과 함께 텔레비전 다큐멘터리를 제작했다. 선수들은 올림픽 경기에 참가한 각국의 많은 선수가 상상과 믿음의 힘을 이용해 승리를 거두었다는 이야기를 들려주었다. 높은 성과를 내는 모습을 끊임없이 상상한 선수는 다른 선수보다 유리한 입장에 섰고 결과적으로 세계 기록을 갱신했던 것이다.

우리는 간혹 평범한 사람이 자동차나 커다란 나무처럼 육중한 물체를 들어 올리고 그 밑에 깔려 있던 아이를 구해냈다는 이야기를 듣는다. 도대체 어디서 그런 힘이 나온 것일까? 그들은 순간적으로 무거운 물체를 들어 올리는 장면을 상상하고 마음속으로 '나는 할 수 있어'라고 믿었기 때문에 실제로 그런 일이 가능해진 것이다.

이제 당신도 준비되어 있다. 자신감 있는 사람이 될 수 있고 반드시 그렇게 될 것이며 그 상태에 계속 머물 것이라고 믿을 준비 말이다. 그렇게 되기 위해 필요한 모든 믿음, 생각, 행동, 언어의 변화를 기꺼이 받아들여라.

상상할 때 꼭 시각적인 그림만 있어야 하는 것은 아니다. 듣고 느끼고 말하고 감지하는 모든 것을 활용하라. 모든 감각을 사용해 상상을 하면 마음속 그림이 더욱 뚜렷하고 강렬해진다. 감각을 더 많이 사용할수록 원하는 바를 성취할 확률이 높고 이미 성취하고 있다는 느낌이 더욱 현실적으로 다가온다. 마음속으로 상상할 때는 반드시 다음과 같이 하라.

★ 당신의 몸과 태도에서 자신감과 확신이 넘쳐나는 것을 느껴라.

★ 사람들이 당신을 가리키며 대단한 사람이라고 말하는 것을 들어라.

★ 누군가가 당신이 원하는 직장에 합격했다고 전해주는 말을 들어라.

★ 데이트를 즐기거나 면접을 성공적으로 해낼 때 당신이 하는 말을 들어라.

★ '승진되었습니다', '합격하셨습니다' 같은 기쁜 소식을 들어라.

★ 자신감을 발산하는 자기 모습을 보아라.

★ 좋은 친구들과 함께 있는 모습을 보아라.

★ 당신이 훌륭하게 해내는 모습을 느껴라.

★ 근사하게 변화한 당신의 모습을 느껴라.

★ 그 모든 것이 당신의 실제 모습이라고 느껴라. 모두 쉽고 자연스럽게 이루어진다고 느껴라.

언어도 중요하다. 마음속에 이전과 다른 그림을 그리려면 이전과 다른 단어로 말해야 한다. 부정적인 단어는 절대 쓰지 말고 이루길 바라는 상태나 목표에 집중하라. 즉, 원하는 것에만 마음을 집중하고 원치 않는 것에는 마음을 기울이지 마라. 마음이 집중하는 대상이 무엇이든 당신은 그것을 향해 움직이게 마련이다. 원치 않는 기분, 원치 않는 행동, 원치 않는 대상을 생각하는 순간 그와 관련된 부정적인 단어와 그림이 즉시 마음속에 떠오르기 시작한다.

★ '나는 자신 있어'라고 말하라('이제 난 불안하지 않아'라고 말하지 말 것).

★ '나는 매일 목표를 향해 한 걸음씩 나아가고 있고 그 과정이 즐거워', '낯선 사람과 대화하는 게 쉽고 즐거워'라고 생각하라('이제 난 예전처럼

수줍음을 타지 않아'라고 생각하지 말 것).

★ '내 태도가 자랑스러워', '나는 자신감이 넘쳐'라고 말하라('이제 내게 두려움은 없어'라고 말하지 말 것).

★ 긍정적으로 생각하며 '나는 이 책의 내용을 믿어'라고 말하라('생각보다 어렵지 않네'라고 말하지 말 것).

'~하지 않아', '~는 없어' 같은 부정어는 중립적인 단어이므로 이들 단어로는 그림이 그려지지 않으며 잠재의식에도 거의 영향을 미치지 않는다. '나는 불안하지 않아', '나는 수줍음을 타지 않아', '나는 두렵지 않아'라고 말하면 우리 마음은 '~않아'라는 말이 아니라 '불안한', '수줍음', '두려움' 같은 말을 집중적으로 받아들인다.

예컨대 내가 당신에게 "보라색 우유를 생각하지 마라."라고 말할 경우, 당신은 보라색 우유를 한 번도 본 적이 없음에도 불구하고 그것을 마음속으로 보게 된다. 지금 보라색 우유를 생각하지 않으려고 노력해보라. 당신은 어쩔 수 없이 보라색 우유를 떠올리게 된다.

어떤 부정적인 생각도 반대로 뒤집으면 긍정적인 생각이 된다. 잠재의식은 우리의 말과 생각으로부터 즉각 영향을 받는다. 그러므로 지금 하는 말, 지금 하는 생각에 주의를 기울이고 다음과 같이 긍정적인 이미지를 마음에 각인하라.

예:

★ 나는 날마다 점점 더 자신감 넘치는 사람이 되고 있다.

★ 나는 항상 평온하고 침착하며 나에 대해 확신이 있다.

생생하고 구체적인 표현을 만들어라.

★ 나는 자신감 있게 실천해 반드시 목표를 이뤄낼 것이다.

'당신 자신'을 가리키는 단어를 반드시 포함시켜라.

★ 나는 자신 있는 사람이다.

★ 나는 겉모습에서 자신감이 드러난다.

★ 나는 항상 사람들에게 쉽게 말을 건다.

★ 나는 낯선 사람과도 스스럼없이 대화하고 그것을 즐긴다.

★ 나는 목표를 이루는 데 필요한 일이면 무엇이든 기꺼이 한다.

★ 나는 항상 자신감 있게 분명하고 쉽게 말한다.

★ 나는 목표에 다가가기 위해 매일 무언가를 한다.

★ 나는 자신감 있는 사람들의 행동 방식에 익숙하다.

'나는 ~이다', '나는 ~할 수 있다'를 사용해 당신에게 필요한 변화를 나타내는 문장을 만들어라. 예를 들면 이런 식이다.

"나는 내가 매우 자신감 있는 사람이라고 생각한다. 다른 사람들과 함께 있을 때 편안함을 느낀다. 그들과 대화할 때 마음이 안정되고 편안하다. 나는 항상 행동하고 목표를 향해 나아간다. 나는 칭찬받을 때 기분이 정말 좋다. 나는 나 자신과 그들을 좋아하며 그들도 나를 좋아한다. 내 삶의 주인은 나 자신이다. 나는 무엇이든 성취할 수 있다."

그 외에 당신의 상황에 적절하거나 의욕을 높일 수 있는 어떤 말이든 덧붙여보기 바란다. 자신감 넘치는 모습을 상상하는 과정을 돕기 위해 다음에 몇 가지 대본을 소개하겠다. 자신감을 높이는 목표뿐 아니라 사람들 앞에서 말하기, 면접에서 성공하기, 훌륭한 인간관계 맺기 등과 관련된 대본도 있다. 당신의 상황에 맞게 다른 말을 추가하거나 내용을 수정해서 활용해도 좋다.

그런 다음 그 내용을 암기하거나 CD, 아이팟, 스마트폰 등에 녹음하라. 몇 번만 반복해서 읽거나 되뇌어도 당신에게 큰 영향을 미칠 것이다. 대본의 내용이 상상을 자극하고 마음을 긍정적인 생각으로 가득 채우기 때문이다. 자신의 모습과 감정을 상상하는 동안 자연스럽게 자신감을 발산하게 될 것이다. 다음의 대본을 읽으며 집중하는 동안 당신의 마음은 그와 반대되는 상상을 할 수 없다.

성공을 위한 대본

자신감 높이기

나는 멋진 인생/인간관계/직업에 대한 열망을 품고 있고 내면의 자신감이 확고하다. 내 자신감은 내면으로부터 밖으로 자연스럽게 뿜어져 나오며 주변 사람들도 그것을 느낀다. 내 자신감은 나날이 높아진다. 언제나 차분하면서도 자신감 있게 말하는 내 모습이 마음속에 보인다. 사람들은 나에게 집중하고 나는 그처럼 주목받는 일이 즐겁다. 사람들이 나를 좋아하고 나도 그들을 좋아하기 때문에 사람들을 사귀고 관계를 맺는 일이 쉽다.

나는 자신감과 안정감을 유지한다. 나는 사람들에게 관심이 있으며 그들도 나에게 관심이 있다. 나는 함께하는 사람들이 즐겁고 행복한 기분을 느끼도록 이끌 줄 안다. 나는 늘 상대방의 말을 진심어린 마음으로 경청하기 때문에 사람들은 나를 좋아한다. 나는 문제를 제대로 해결할 줄 알며 사람들은 내 조언을 소중하게 받아들인다.

나는 사람들과 함께 있는 자리에서도 늘 자신감이 넘치고 남들과 쉽게 어울리며 즐긴다. 나는 늘 타인에게 관심을 기울이기 때문에 친구를 쉽게 사귄다. 나 자신에 대한 자신감은 계속 높아지고 있다. 나에게는 많은 능력과 재능이 있으며 그것은 나날이 성장한다. 나는 성공을 확신하며 내 능력을 확실히 믿는다. 나는 내 행복을 위해 모든 노력을 기울일 것이다. 나는 어떤 상황에서도 현명하게 대처할 수 있다.

나는 새로운 사람을 만나고 사귀는 데 주저함이 없다. 내 자신감과 따뜻하고 친근한 성품 때문에 누구나 나를 좋아한다. 나는 누구에게나 호감을 주는 스타일이다. 내 내면에서 커다란 힘을 발휘하는 잠재의식 속에는 내가 조화롭고 어떤 상황에서든 차분하게 훌륭한 결과를 내는 사람이라고 각인돼 있다. 나는 이런 생각이 나에게 미치는 강한 영향력을 매일 인식하고 있다. 덕분에 기존의 잘못된 신념은 사라지고 새로운 신념이 자리를 잡는다. 이 새로운 신념은 내 내면에 정착해 언제까지나 긍정적이고 강한 영향을 미칠 것이다.

눈을 감고 따라하기

사람들 앞에서 말하기

나는 많은 사람 앞에 섰을 때 언제나 편안하고 자연스럽게, 누가 봐도 자신감 넘치는 태도로 말한다. 내 목소리는 분명하고 당당하며 사람들은 내가 하는 말을 잘 이해한다. 나는 쉽고 명료하게 내 의견을 표현하며 사람들은 열심히 귀를 기울이고 나를 존경한다. 내가 말할 때마다 사람들은 항상 따뜻한 감사와 감탄을 보낸다.

나는 에너지 넘치는 태도로 효과적으로 의견을 표현한다. 어떤 상황에서도 혹은 어떤 질문을 받아도 나는 뛰어난 기지와 지혜를 발휘해 명료한 해결책과 답변을 제시한다. 내 목소리는 분명하고 힘이 있으며 보디랭귀지도 더할 나위 없이 적절하다. 이는 청중에게 내가 자신감이 넘치고 호감 가는 사람이라는 메시지를 전달한다.

공식적인 자리에서 말할 때 나는 언제나 자연스럽고 편안하다. 나는 청중과 눈을 맞추고 내 목소리는 적절한 음조를 유지한다. 나는 말해야 하는 사항을 빠짐없이 기억하며 늘 적절한 방식으로 전달한다. 때로는 진지한 톤으로 또 때로는 위트 있거나 유머러스하게, 상황에 따라 적절하고 효과적인 화술을 구사한다. 나는 예기치 못한 상황에서도 지혜롭게 대응하는 재치가 있으며 어떤 말을 해야 할지 쉽게 생각해낸다.

나는 생각과 견해를 설득력 있게 열정적으로 표현하는 천부적인 재능을 지녔다. 이는 청중에게 매우 좋은 인상을 남긴다. 나는 언제나 조리 있게 표현하기 때문에 청중이 내 말에 귀를 기울인다. 나는 이런 생각이 나에게 미치는 강한 영향력을 매일 인식하고 있다. 덕분에 기존의 잘못된 신념은 사라지고 새로운 신념이 자리를 잡는다. 이 새로운 신념은 내 내면에 정착해 언제까지나 긍정적이고 강한 영향을 미칠 것이다.

나를 찾아온 고객 가운데 선일이라는 이름의 남자는 사람들 앞에서 말하는 능력을 키우고 싶어 했다. 그는 자신의 결혼식 리허설에서 기절할 정도로 많은 사람 앞에서 말하는 것을 두려워했다. 또한 그는 자기 이름을 쓰는 것도 싫어했다. 심지어 사람들 앞에서 수표나 신용카드 전표에 서명하는 것도 힘들어했다.

상담 결과, 그런 불안증은 아버지 때문에 생긴 것으로 드러났다. 가족과 함께 영국으로 이민 온 아버지는 아들에게 잘못된 영어 발음을 가르쳤다. 선일은 잘못된 발음으로 인해 학교에서 발표를 할 때마다 친구들의 비웃음을 들었고, 결국 사람들 앞에서 말하는 것에 대해 극심한 공포증을 느끼게 되었다. 그는 글씨를 쓸 때 선생님이 옆에 서서 내려다보기만 해도 손이 떨렸고 그 불안감은 어른이 되어서도 지속돼 남들 앞에서 무언가를 써야 할 때마다 공포심을 느꼈다.

그러다가 결혼을 준비하면서 혼인신고서에 서명하고 많은 사람이 지켜보는 가운데 결혼서약을 해야 한다는 사실로 인해 그의 오래된 문제들이 한꺼번에 수면 위로 올라온 것이었다. 하지만 그는 나와의 상담 과정을 마친 후 모든 문제를 깨끗이 해결할 수 있었다. 그는 사람들 앞에서 말하는 자기 모습에 대해 대본을 만들어 녹음한 뒤 꾸준히 반복해서 들었고 결국 새로운 사람으로 거듭났다. 그는 결혼식장에서 멋진 결혼서약을 했으며 더 이상 불안감 없이 자기 이름을 서명하게 되었다.

다음은 면접을 앞두고 활용할 수 있는 대본이다. 많은 사람이 누군가의 평가를 받아야 하는 상황에 처하면 긴장하고 불안해한다. 이는 거절당하거나 탈락할지도 모른다는 가능성에 너무 큰 비중을 두기 때문이다. 당신은 당신이 받아들이지 않는 한 누구도 당신을 거절할 수 없다는 사실을 이미 배웠다. 다음의 대본을 활용하면 누구나 자신감과 확신을 갖고 면접에서 성공할 수 있을 것이다.

면접에서 성공하기

나는 전혀 긴장하지 않고 어떤 평가나 면접 상황에서도 잘 해낼 수 있다. 나는 시종일관 편안하고 침착한 태도로 면접관 앞에서 내 의견을 말하며 내면의 자신감을 표출한다. 면접관도 내 그런 모습에 호의를 보인다. 나는 면접하는 내내 면접관과 시선을 맞추며 스스로를 자연스럽고 편안하게 표현한다. 또한 나 자신을 긍정적이고 자신감 있는 사람이라고 생각하며 일에 대한 열정을 발산한다. 호흡은 깊고 안정되어 있으며 보디랭귀지도 긍정적이고 명확하다.

나는 어떤 말을 해야 할지 정확히 알고 있고 항상 시의적절한 단어와 문장을 생각해낸다. 면접관에게 편안하게 질문하고 대답하며 좋은 인상을 심어준다. 옷차림을 비롯해 면접에 필요한 모든 준비사항을 프로답게 갖추고 있다. 덕분에 더 큰 자신감을 보일 수 있다. 면접관이 좋은 평가를 내리고 있다는 것이 내게도 느껴진다. 그들과 동등한 위치에 있는 것처럼 면접 자리가 더없이 편안하다. 나를 향해 만족스러운 미소를 짓는 면접관의 얼굴이 보인다. 그는 내 말에 동의하듯 고개를 끄덕이고 내게서 깊은 인상을 받는다.

나는 이 직업에 필요한 기술과 능력을 충분히 갖추고 있다. 나는 완전히 긴장을 푼 상태이며 자신감 있게 면접에 임한다. 나는 유능하고 자질을 갖췄을 뿐 아니라 대화에도 능하기 때문에 면접관이 상당히 마음에 들어 한다. 나는 어떠한 면접에도 준비가 되어 있고 무슨 말을 해야 할지도 잘 안다. 나는 모든 면에서 프로답다. 나는 면접뿐 아니라 여타의 평가 과정에서도 편안하고 높은 자존감으로 내 의견을 충분히 표현한다.

목표를 향한 높은 자신감과 넘치는 의욕으로 나는 면접에서 좋은 결과를 얻을 수밖에 없다. 나는 잠재 고용주와 대화하는 것이 편안하고 그에게 인정을 받는다. 그는 내 특별한 재능을 감지하고 나에게 큰 관심을 보인다. 내가 면접을 훌륭하게 치러내는 것은 쉽고도 당연한 일이다. 나는 업무적 재능과 인격적 자질을 겸비한 동시에 나 자신을 믿기 때문이다.

나는 목표를 달성하겠다는 동기와 의지, 확신이 확고하며 면접에서 그 누구에게도 뒤지지 않는다. 내게는 남다른 강점이 있다. 나는 회사가 찾는 인재가 어떤 사람인지 정확히 이해하고 있으며 내가 바로 그 적임자다. 나는 늘 나 자신과 남들의 기대치를 뛰어넘는다. 따라서 항상 다른 사람보다 훨씬 더 앞서나간다. 나는 면접이나 평가, 심사 등에서 언제나 좋은 결과만 거둔다. 나는 이런 생각이 나에게 미치는 강한 영향력을 매일 인식하고 있다. 덕분에 기존의 잘못된 신념은 사라지고 새로운 신념이 자리를 잡는다. 이 새로운 신념은 내 내면에 정착해 언제까지나 긍정적이고 강한 영향을 미칠 것이다.

주식중개인으로 바닥부터 시작한 트레버는 발전 가능성도 없었고 직업에서 만족을 느끼지도 못했다. 그에게는 세 명의 누나가 있었는데 그의 부모는 세 딸을 돌보는 데 익숙해져 남자아이의 욕구를 제대로 충족시켜 주지 못했다. 부모는 거칠고 시끄럽다며 막내아들을 끊임없이 꾸짖었고 딸들은 조용하고 착하게 행동한다고 칭찬했다. 결국 트레버는 모든 잘못이 자신에게 있다고 생각하게 되었다. 특히 아버지가 자신보다 누나들을 더 좋아하는 것 때문에 크게 상처를 받았다.

우리가 살아가면서 배우는 것은 삶에 커다란 영향을 미친다. 트레버는 어린 시절과 청소년기에 자신이 주변 사람을 실망시키는 아이이며 자기 행동이 가족을 귀찮게 한다는 사실을 배운 것이다. 트레버는 자신에게 뭔가 문제가 있고 자신은 부족한 사람이라는 생각을 하며 자랐다. 이런 까닭에 그는 직장생활이나 애인과의 관계에서 좋은 결과를 얻을 수 없었다.

그는 자신이 부모의 막내딸이 아니라 평범한 사내아이였다는 사실을 깨달은 후에야 비로소 삶을 바꿀 수 있었다. 부모는 그를 제대로 존중해주지 않았고 그의 커다란 장점을 알아보지도 못했다. 하지만 성인이 된 그는 나와의 상담을 거치면서 스스로를 존중하는 법을 배웠고 남자로서의 특성도 소중히 여기게 되었다. 그가 자신감을 찾고 자신을 있는 그대로 받아들이자 타인과의 관계도 좋아졌다. 그는 자신의 면접 대본을 활용한 덕분에 한 은행에서 더 좋은 일자리를 구했고 자신감 있는 남자로서 탁월한 실적을 내고 있다. 나중에 그는 내게 편지를 보냈다.

"사람들이 그러는데 제가 자신감이 넘친대요. 제가 받아들이지 않는 한 부모님도 제가 무가치한 사람이라는 생각을 하도록 만들 수는 없어요. 그 사실을 깨닫게 되어 정말 행복해요."

훌륭한 인간관계 맺기

내 깊은 내면으로 들어가면 사랑을 기반으로 한 지속적인 인간관계를 맺는 것이 그 무엇보다 크고 강렬한 소망이라는 것을 알 수 있다. 누구에게나 사랑하는 사람과 함께하고 싶은 욕구가 있다. 그럼에도 많은 사람이 자신을 사랑하는 것이나 타인을 사랑하는 것에서 어려움을 겪고 있다. 나는 그런 어려움을 겪지 않고 나와 마음이 맞는 좋은 사람들과 애정이 넘치는 관계를 맺으며 살아갈 수 있다. 나를 소중히 여기는 누군가와 따뜻한 관계를 맺는 모습이 마음속에 보인다. 상대방과 내가 서로 사랑하고 신뢰하고 존중하는 모습이 선명하게 그려진다.

나 자신을 사랑해야 비로소 타인에게도 사랑을 베풀 수 있다. 상대방도 자기 자신을 사랑해야 나에게 사랑을 베풀 수 있다. 진정한 사랑의 관계를 구축하기 위해 가장 필요한 것은 나 자신이 사랑받을 가치가 있는 존재임을 확신하는 것이다. 나는 늘 남에게 사랑을 베풀고 타인이 내게 주는 사랑을 편안한 마음으로 받아들인다. 내 내면은 사랑으로 충만하고 내 자아는 사랑을 양분 삼아 더욱 성숙해진다.

나는 타인에게 아낌없이 사랑을 베푼다. 나는 사랑받을 자격이 있으며 행복하고 만족스러운 인간관계를 맺을 자격도 있다. 지금 이 순간부터 나는 언제나 사랑스러웠으며 지금도 그러하다는 사실을 강하게 믿을 것이다. 내 생각은 일종의 에너지처럼 나에게서 뿜어져 나와 타인에게 닿으며 그들에게 영향을 미친다. 따라서 내가 나를 사랑하면 상대방도 그것을 알고 느낀다. 자기 자신을 드러내는 것은 친밀함을 낳는다.

나는 나 자신을 솔직하게 표현할 수 있다. 나는 카리스마적인 매력을 풍긴다. 있는 그대로의 내 모습을 편안하게 내보이면 진실하고 좋은 사람이 내 주변에 모여든다. 또한 나는 다른 사람들이 그들 자신에 대해 좋은 감정을 갖도록 이끌고 그것은 자연스럽게 나에 대한 좋은 감정으로 이어진다.

나는 상대방의 자존감을 높여주며 그로 인해 내 자존감도 높아진다. 나는 꾸밈없이 타인을 칭찬하고 상대와 눈을 맞추며 대화한다. 내 안에는 다른 사람을 끌어당기는 자석이 내장돼 있다. 그것은 나와 잘 맞는 사람들만 끌어당긴다. 어떤 사람이 내 삶의 테두리 안으로 들어오는 게 좋을까? 어떤 품성이나 목표, 가치관을 갖춘 사람이 좋을까? 그들에게 매력 있는 사람으로 보이기 위해 내가 갖춰야 할 품성이나 목표, 가치관은 무엇일까?

나는 항상 사랑스러웠고 앞으로도 그럴 것이기 때문에 언제나 타인에게 사랑을 줄 수 있고 타인에게 사랑받을 수 있다. 더불어 만족스러운 인간관계를 이어나갈 수 있다. 내 나이, 몸무게, 직업, 연봉이 내 모든 가치를 말해주지는 않는다. 나는 사랑스러운 사람이고 내 주위는 온통 사랑으로 가득하다. 그렇기 때문에 사랑이 넘치는 따뜻한 사람들이 더 많이 내 삶의 테두리 안으로 들어올 것이다. 내가 더 많은 사랑을 줄수록 더 많은 것을 돌려받게 된다. 나는 사랑받을 자격이 충분하고 언제나 행복한 인간관계를 맺는다.

나는 이런 생각이 나에게 미치는 강한 영향력을 매일 인식하고 있다. 덕분에 기존의 잘못된 신념은 사라지고 새로운 신념이 자리를 잡는다. 이 새로운 신념은 내 내면에 정착해 언제까지나 긍정적이고 강한 영향을 미칠 것이다.

평온함과 자존감 높이기

내 깊은 내면에서 놀라운 변화가 일어나고 있다. 내 자신감이 계속해서 높아지고 있다. 나 자신을 사랑하는 것이 내게 새로운 자유를 선사한다. 주변 사람들도 나를 좋아하고 신뢰한다. 나는 언제나 올바른 판단과 결정을 내린다. 나는 나 자신을 좋아하고 남들도 나를 좋아한다. 나는 언제나 나를 위해 좋은 일을 하며 타인을 위해 좋은 일을 하는 것도 즐긴다. 나날이 나에 대한 믿음과 확신이 깊어진다.

나는 잠재의식의 힘을 사용해 무한한 자신감과 자존감을 토대로 행동하는 법을 안다. 나는 주도적으로 인생을 이끌고 있으며 삶이 내게 많은 선물을 가져다줄 것이라는 사실을 안다. 사람들을 만나면 늘 친근하고 따뜻하게 대하며 그들도 나를 똑같이 대한다. 나의 밝은 미소와 친근한 느낌 때문에 사람들은 나를 좋아한다. 나는 언제 어디서나 자신감을 발산한다. 또한 어떤 상황에서도 훌륭하고 현명하게 대처할 만큼 완벽한 자신감이 있다.

내 내면에는 안정감과 평온함, 자기 확신이 존재한다. 나는 최고의 삶을 살 자격이 있으며 내면의 역량을 바탕으로 얼마든지 원하는 것을 이룰 수 있다. 나는 차분하고 균형 잡힌 사람이며 언제나 힘 있는 목소리로 자신 있게 말한다. 나와 똑같은 사람은 이 세상에 한 명도 없고 나는 세상에 유일한 존재다. 나는 사람들을 좋아하고 사람들도 나를 좋아한다. 그들이 나를 좋아하는 이유는 내가 자신감 넘치고 강하며 스스로를 분명하게 표현할 줄 알기 때문이다.

나는 행복하다. 나는 자신감이 넘친다. 나는 내 자신이 사랑스럽고 스스로를 존중한다. 사람들은 내가 사랑받을 가치가 있다고 여기기 때문에 나를 사랑하고 좋아한다. 나는 내면 깊숙한 곳에 잠자고 있던 많은 재능을 발견한다. 나는 내가 발전할 수 있는 방향으로 상상력과 마음속 그림을 활용한다. 내 자신감은 나날이 높아지고 있기 때문에 삶이 내 앞에 던져놓는 어떤 문제도 훌륭하게 처리하고 해결할 수 있다.

나는 선하고 사랑스러우며 긍정적으로 생각할 줄 안다. 내 안에는 평온과 사랑, 자신감 그리고 뛰어난 능력이 가득하다. 나는 이런 생각이 나에게 미치는 강한 영향력을 매일 인식하고 있다. 덕분에 기존의 잘못된 신념은 사라지고 새로운 신념이 자리를 잡는다. 이 새로운 신념은 내 내면에 정착해 언제까지나 긍정적이고 강한 영향을 미칠 것이다.

이러한 대본을 반복해서 읽거나 들으면 당신은 즉각적이고도 미묘한 변화를 경험하게 된다. 어쩌면 변화할 당시에는 그것을 느끼지 못할 수도 있다. 시간이 좀 더 흐른 뒤에야 '아, 내가 이렇게 변했구나' 하고 느낄지도 모른다. 어떤 사람은 자신이 변하는 모습을 지속적으로 느낄 수 있고 또 어떤 사람은 단기간 내에 눈에 띄게 달라지는 것을 느끼기도 한다. 다시 말해 사람마다 변화의 속도와 정도는 다르다. 당신의 변화와 다른 사람의 변화 정도를 비교하지 마라. 이는 운전을 배우는 것과 같다. 어떤 사람은 교육을 받은 뒤 첫 시험에서 합격하지만 또 어떤 사람은 여러 번 시도한 끝에 합격한다. 하지만 일단 운전면허증을 따고 나면 모두가 동등해진다. 면허증을 따기 전에 교육을 몇 시간 받았고 시험을 몇 번 치렀는지는 전혀 중요하지 않다.

위의 대본을 당신의 상황이나 원하는 변화 목표에 맞게 수정해서

활용해보라. 예컨대 이미 원하는 직장에 다니고 있다면 '승진하기'
나 '회사에서 더 중요한 직책 맡기'로 수정해보라. 인간관계에 특별
한 문제가 없다면 '주변 사람들과 더욱 진실하게 소통하기'나 '지속
적으로 사랑이 넘치는 관계 이어가기'를 만들어보라.

Step 7

감정

———

"행동하지 않는 것은 의심과 두려움을 낳는다.
행동은 자신감과 용기를 낳는다.
두려움을 극복하고 싶다면 가만히 앉아서 생각만 하고 있지 마라.
밖으로 나가 움직이고 행동하라."
– 데일 카네기

ULTIMATE
CONFIDENCE

감정을 표현하라

감정을 표현하고 관계에서 자신감을 되찾기 위하여 다음의 3A를 기억하라.

★ 감정을 인식하라Aware

★ 감정을 받아들여라Accept

★ 감정을 표현하라Articulate

당신의 감정은 그 무엇보다 진실하다. 감정은 당신에게 어떤 메시지를 전달하기 위해 존재하는 것이므로 당신은 감정이 당신에게 말하려는 것이 무엇인지 늘 주의를 기울여야 한다. 안타깝게도 많은 이들이 위에서 말한 첫 번째 A, 즉 '감정을 인식하는 것'조차 하지 못한다. 그들은 자기감정을 외면하고 내면에 뭔가 싫거나 좋지 않은 감정이 차오르면 과음, 폭식, 지나친 쇼핑 그리고 쓸데없는 수다에 빠져든다. 그 감정을 마주하고 싶지 않기 때문이다. 내면의 평화를 찾고 진정한 자신감을 얻으려면 먼저 자기감정을 인식하고 받아들여야 한다. 내면의 감정을 솔직하게 받아들여야 당신은 당신 자신과 화해하고 평온을 얻을 수 있다.

'왜 이런 기분이 들지?' 하고 이유를 따지거나 감정을 부인하려 해서는 안 된다. 당신의 기분과 감정을 그냥 받아들여라. 그것이 분노든 질투심이든 후회든 말이다. 감정을 부인하고 인정하지 않으면 그 감정은 더욱 강해진다. 감정은 당신에게 어떤 메시지를 보내려는 것이다. 그러니 무조건 있는 그대로 받아들여라.

그 감정을 표현하라. 어떤 기분인지 어떤 감정이 드는지 언어로 표현하라. 그렇다고 감정의 원인을 제공한 직장상사나 친구, 가족에게 말로 표현하라는 얘기는 아니다. 적절하고 또한 필요한 경우라면 그럴 수도 있지만 그게 불가능하다면 혼자 있는 공간에서라도 표현하라. 자동차 안에 앉아 문을 잠그고 "우리 언니는/직장상사는/이웃사람은 정말 짜증나. 남을 배려할 줄도 모르고 제멋대로야!"라고 외쳐라. 많은 사람이 자기감정을 받아들이지 않으려 애쓰다 자기감정에서 벗어나지 못해 스스로 더욱 불행한 느낌을 강화한다. 어떤 감정에서 벗어날 수 없다고 되뇔수록 그 감정은 해결되지 않고 오히려 깊어지며 악순환이 이어진다. 감정을 인식하고 받아들이고 표현하라. 그래야 그 상황에서 자유로워질 수 있다.

★ 마음의 건강을 지키려면 상처받은 마음을 표현하고 드러내야 한다.

★ 감정을 인정하고 받아들이는 순간, 당신은 그 감정에서 빠져나오기 시작한다.

★ 감정을 받아들여야 자신과 화해할 수 있으며 그래야 자신을 더욱 사랑할 수 있다.

★ 감정을 겉으로 표현하면 당신은 감정적으로 자유로워진다.

많은 사람이 감정을 겉으로 표현하지 못하고 그저 머릿속에서만 비난과 언쟁, 자책이 뒤섞인 시끄러운 소리를 낸다. 머릿속에 그런 소음이 존재한다는 것은 곧 감정을 표현할 필요가 있다는 의미다. 우리는 내면화된 분노를 통해 마음속에서 온갖 시나리오를 펼친다. 우리에게 상처를 준 사람을 원망하고 자신이 느끼는 감정을 안에 담아두는 것이다.

당신에게 중요한 것은 현재다. 당신은 '현재'를 살고 있다. 미래는 아직 오지 않았고 과거는 이미 지나갔다. 그러니 현재와 현재의 감정에 충실해야 한다. 즐거움이든 아픔이든 불안이든 분노든 말이다. 화가 날 경우 그것을 밖으로 표현할 수 있는 순간은 지금뿐이다. 그것을 가슴에 꾹꾹 담아두었다가 몇 년 후에 표현하는 것은 아무런 소용이 없다. 그때쯤이면 당신에게 상처를 준 그 사람은 그 일을 전혀 기억하지 못할지도 모른다. 배우자가 당신에게 맘에 안 드는 선물을 사준 일, 애인이 당신보다 자기 가족을 더 소중히 여겨 서운했던 일을 10년이 지난 다음에 말하면 무슨 소용이 있겠는가? 또한 부모님이 당신보다 형이나 동생을 편애한 것, 당신을 마음에 들지 않는 학교에 보낸 것을 20년이 지난 후에 원망한들 무슨 의미가 있겠는가? 그들은 그때 일을 제대로 기억하지도 못할 텐데 말이다.

서운하고 화가 나고 기분 상하는 일이 있다면 즉시 감정을 표현하라. 당신에게 상처를 준 상대방에게 혹은 당신 자신에게 표현하라. 이메일이나 편지, 문자 메시지를 이용하는 것도 좋다. 단 '네가 나를 화나게 했어', '너 때문에 상처를 받았어', '너는 내게 ~하지 말았어야 해' 하는 식으로 상대를 비난하고 몰아세우지 마라. 그 대신 '~ 때문에 서운했어', '~ 때문에 마음이 상했어'라고 부드럽게 말하라. 다시 말해 상대를 비난하지 말고 당신이 상대방과의 일 때문에 느꼈던 감정을 있는 그대로 표현하라.

문제의 세 가지 조건

다음의 세 가지 조건을 충족시키는 문제가 '진짜' 문제다.

★ 영원히 지속된다.

★ 당신 개인에게만 일어난다.

★ 때와 장소를 가리지 않고 당신을 괴롭힌다.

당신의 걱정이나 고민거리를 잘 생각해보라. 예를 들어 직장상사 때문에 유난히 짜증이 난다고 치자. 그것은 '영원히 지속되는 것'이 아니다. 15년쯤 후면 당신과 상사는 서로 다른 곳에서 일하고 있을 확률이 높다. 상사가 '때와 장소를 가리지 않고' 당신을 괴롭히는 것도 아니다. 주말이나 당신이 휴가를 갔을 때는 상사와 얼굴을 마주할 일이 없지 않은가. 또한 그것은 '당신 개인에게만' 일어나는 일도 아니다. 필경 그 상사는 당신뿐 아니라 다른 모든 사람에게도 그렇게 괴팍하게 굴 테니 말이다.

10대 자녀가 무례하고 반항적이라 걱정인가? 자녀가 당신을 '현금지급기'로 착각하는 것 같은가?(우리 아이도 그렇다.) 하지만 아이들이 언제까지나 반항적인 10대로 남아 있는 것은 아니다. 또 때와 장소를 가리지 않고 당신을 괴롭히는 것도 아니다. 10대들은 대개 부모님을 성가신 존재로 여기고 자기 방이나 집 밖에서 많은 시간을 보낸다. 그런 일은 당신에게만 일어나는 것이 아니다. 10대들은 모든 어른을 자기와 말이 통하지 않는 따분한 존재라고 생각한다.

이 세 가지 조건을 기억하면 당신이 처한 상황을 통제하고 거기에 대응하는 데 도움이 된다. 영원히 지속되지 않고 당신 개인에게만 일어나지 않으며 때와 장소를 가리지 않고 당신을 괴롭히는 것이 아니라면, 그것은 진짜 심각한 문제가 아니다. 그것은 일시적인 문제이며 당신은 충분히 대처할 수 있다.

화가 나는 감정은 나쁜 것이 아니다

사람은 누구나 때로 화가 나고 분노를 느낀다. 심지어 아기나 강아지도 화가 나면 칭얼대거나 으르렁댄다. 화는 중요한 감정으로 당신을 보호하기 위해 존재한다. 하지만 '화'라는 감정이 밖으로 표출되지 못하고 내면에 켜켜이 쌓이면 위험하다. 억눌린 화는 분노나 울화로 변질된다. 화를 제대로 발산하지 못할 경우 화가 폭발할 때만큼이나 많은 문제를 야기할 수 있다.

★ 과거의 아픔이나 고통은 화가 되어 쌓인다.

★ 현재의 아픔이나 고통은 상처가 된다.

모든 화 밑에는 상처가 숨어 있다. 화가 날 때는 마음에 입은 어떤 상처 때문에 화가 난 것인지 스스로에게 물어봐야 한다. 화 뒤에는 언제나 상처가 존재하기 때문이다.

화가 치밀어 오른다면 당신이 무언가 마음에 상처를 입었다는 사실을 받아들이고 그것을 밖으로 표현하는 것이 바람직하다. 자신의 감정과 솔직하게 마주해야 한다. 물론 쉽지 않은 일이다. 나 역시 누군가로 인해 마음에 상처를 입고 내 감정을 표현하기 위해 전화를 걸려고 했지만 그게 잘 되지 않았다. 하지만 일단 전화를 걸어 감정을 표현하고 나자 상대방과의 관계가 훨씬 잘 풀렸다. 설령 당신이 예상했던 결과를 얻지 못할지라도 마음의 상처를 표현하면 당신의 마음은 한결 평온해진다. 감정 표현은 상대방의 사과를 받는 것뿐 아니라 자기의 내면의 평온함과 자신감을 되찾기 위해 꼭 필요한 일이다.

상처 입은 감정을 밖으로 표현하지 않으면 그 상처는 점점 내면화되어 화로 변한다. 그 화는 또 다른 화와 합쳐져 눈덩이처럼 커지고 기회를 노리고 있다가 언젠가 와르르 터져 나온다. 도로에서 갑자기 다른 차가 끼어들거나 마트의 계산대 줄에서 누군가가 당신 앞에 끼어들었을 때, 화를 내며 과도하게 반응한 적이 있는가? 그것은 끼어든 그 사람 때문이 아니라 당신의 내면에 오랫동안 쌓여 있던 화 때문이다.

고기조각을 한데 모아 냉동실에 넣어두면 한 덩어리가 되어 따로따로 떼어내기가 어렵다. 화도 마찬가지다. 순간순간 마음에 차오른 화는 시간이 지나면서 커다란 분노 덩어리로 변하고 우리 몸은 그것을 바깥으로 표출할 기회를 찾게 된다. 가령 누군가가 당신이 말하는 도중에 끼어들었다고 치자. 이때 당신이 "잠깐만요, 아직 제 이야기가 끝나지 않았습니다."라고 말하는 대신 버럭 화를 낸다면, 그것은 당신 몸이 그 기회를 틈타 내면에 쌓여 있던 화를 분출한 것이다. 마음에 상처를 입었을 때 즉시 그것을 표현하고 감정을 해결하면 그런 상황은 발생하지 않는다.

 자제력을 잃고 타인을 향해 버럭 화를 내면서 자신에 대해 좋은 느낌을 가질 수는 없는 법이다. 경우에 따라서는 불만과 실망감을 표현하는 것이 좋지만 화를 '폭발하듯' 분출하는 것은 결코 도움이 되지 않는다. 좋지 않은 감정을 되도록 차분하게 이성적으로 표현할수록 당신은 더 좋은 결과를 얻게 된다.

아프면 아프다고 말해야 한다. 내면의 평온과 행복을 얻는 열쇠는 시간이 훌쩍 흘러가기 전에 당신의 아픔을 표현하는 데 있다. 딸아이가 어렸을 때, 하루는 아이가 가구에 쿵 하고 머리를 부딪치는 일이 벌어졌다. 나는 아이를 안아주며 "괜찮을 거야. 별로 아프지 않지? 울지 마."라고 말했다. 딸아이는 징징대며 반발했다.

"뭐가 괜찮아요! 아프단 말이에요!"

이후로 나는 아이가 넘어지거나 부딪치면 "저런, 정말 아프겠다.

그치?" 하고 말해주었다. 딸아이는 그 말을 훨씬 더 좋아했다. 딸아이는 내게 중요한 것을 가르쳐준 셈이었다. 괜찮지 않은데 괜찮은 척하지 말고 내 감정에 상처를 준 상대에게 그 사실을 표현하는 것이 현명하다는 사실 말이다.

타인과의 관계에서 우리는 흔히 자신의 감정을 숨기고 내면에 담아둔다. 하지만 상처를 덮어두거나 화난 감정을 숨기는 것은 마음의 건강에 상당히 해롭다. 심리치료사가 되기 위해 교육을 받을 때 나를 가르친 선생님은 늘 이렇게 강조했다.

"당신이 느끼는 감정을 솔직하게 말해보세요. 자신에게 정직해지세요. 그건 대단히 중요하고 의미 있는 과정이에요."

이제 당신 자신의 감정을 받아들이고 표현해야 하는 이유 및 방법을 알았으니 주변 사람들의 감정으로 시선을 돌려보자. 자신의 감정을 잘 표현하는 것도 중요하지만 타인의 감정을 제대로 이해하는 일 또한 중요하다. 삶의 문제에 자신감 있게 대처하고 타인과의 관계에서 지혜롭게 행동할 경우 당신의 자신감은 한층 더 높아진다. 타인과 효과적으로 소통하고 상황을 현명하게 해결해 당신이 원하는 결과를 얻는 일이 늘어날수록 당신의 자신감은 그만큼 강해질 것이다.

관계에서 자신감을 되찾아라

우리는 가족, 친구, 동료를 비롯한 타인과 관계를 맺으며 살아간다. 성공적인 인간관계는 원활한 의사소통과 당신이 당신의 삶에서 중요한 사람들의 욕구를 얼마나 잘 채워주는가 혹은 그들이 당신의 욕구를 얼마나 잘 채워주는가에 달려 있다. 당신이 상대방이 원하는 것을 채워주면 그는 당신 곁을 떠나지 않는다. 반대로 당신은 상대방이 원하는 것을 해주는데 정작 당신이 원하는 것은 충족되지 않으면 당신은 상대방을 떠나고 싶을 수도 있다. 그런 것이 바로 '관계'다.

자신감이 강한 사람은 타인과 소통도 더 잘하기 때문에 당연히 인간관계도 잘 맺는다. 그리고 인간관계가 좋은 사람은 자신감이 높아진다. 다시 말해 그 둘은 서로 밀접하게 연결되어 있다. 타인과 효과적으로 소통할수록 사람들과 쉽게 사귀거나 우정을 쌓고 금세 친해질 수 있다. 자존감이 높은 사람은 타인이 자신의 욕구를 마땅히 충족시켜 주어야 한다고 생각하지만 자존감이 낮은 사람은 그렇지 않다. 자존감이 높아질수록 당신은 자신에게 좋은 인간관계를 위해 꼭 필요한 것(시간, 지원, 존중, 경청 등)을 요구할 자격이 있다고 생각한다.

아무리 사회적으로 성공을 해도 소중한 사람들과 함께하지 못하면 그 성공은 별로 의미가 없다. 한 분야에서 성공하거나 존경받는 사람들은 하나같이 자신에게는 가족과 인간관계가 가장 중요하다고 말한다. 죽음을 앞두고 '직장에서 좀 더 열심히 일할 걸', '회의를 더 많이 할 걸', '자동차를 한 대 더 살 걸', '집을 더 크게 지을 걸' 하며 후회하는 사람은 아무도 없다. 사람들은 대개 사랑하는 이들과 좀 더 많은 시간을 함께하지 못한 것, 남들에게 사랑을 베풀지 못한 것을 후회한다.

우리는 누구나 사랑받고 싶어 하고 또한 사랑받아야 할 존재다. 하지만 학교에서는 타인과 좋은 관계를 맺는 방법을 가르쳐주지 않는다. Step7에서는 타인과 성공적으로 소통하고 관계를 맺는 방법을, 그럼으로써 당신의 자신감을 한층 더 높이는 방법을 알려준다. 성공적인 인간관계의 핵심은 바로 타인과의 소통에 있다. 상대의 말을 잘 경청하고 효과적으로 커뮤니케이션할수록 당신의 인간관계와 자신감은 더 나은 쪽으로 발전한다. 또한 타인과의 갈등이나 의견 차이를 보다 생산적이고 지혜롭게 다루는 방법을 배울 수 있다.

앞에서 언급한 파레토 법칙을 기억하는가? 거기에 하나만 더해 보자.

★ 우리가 느끼는 행복의 80%는 우리가 하는 경험의 20%에서 나온다.

상대의 말에 더 귀를 기울이고 더욱 효과적으로 소통하며 상대를 보다 많이 이해하려 애쓰면, 거기에 기울이는 노력보다 훨씬 더 많은 것이 돌아온다. 훌륭한 인간관계를 위해 노력하는 것을 두고 '힘들지만 해야 하는 일'로 여기지 말고 당신에게 '크고 값진 보상을 가져다줄 무언가'라고 생각하라.

세상에 나를 사랑하고 또한 내가 사랑하는 사람들과의 관계만큼 가슴 찡한 경험을 안겨줄 수 있는 것이 또 있을까? 누군가로부터 진심어린 사랑과 관심을 받고 있다는 느낌은 우리의 자신감을 엄청나게 높여준다. 예전에 어떤 수술을 받기 위해 병원에 입원한 적이 있다. 그때 친구들이 찾아와 나를 진심으로 위로하며 격려했고 수술이 진행되는 동안에도 내 병실을 지켰다. 수술을 마치고 병실로 돌아와 친구들의 얼굴을 보았을 때, 나는 내가 정말로 사랑받는다는 것과 내가 그들에게 소중한 사람이라는 것을 더 깊이 알게 되면서 마음이 뭉클했다. 그들 덕분에 나는 힘든 상황 속에서도 기운을 잃지 않고 긍정적인 마음을 유지할 수 있었다.

사람들과 교류하는 것은 아이가 자라는 것을 바라보는 것과 유사하다. 아이가 자라는 것을 보며 당신이 아이가 성장하는 과정을 돕고 있음을 깨닫듯, 타인과 애정 넘치는 관계를 유지하면서 상대방이 당신으로 인해 변화하는 것을 목격할 수 있기 때문이다. 다른 누군가에게 긍정적인 영향을 미치는 것, 바람직한 관계를 향해 함께 나아가는 것을 경험하면 대단히 뿌듯해진다.

인간의 욕구는 비슷하다. 인간의 가장 커다란 욕구는 인정받고 싶은 것이며 가장 커다란 두려움은 거절당하는 것이다. 인정받고 받아들여지면 심리적 안정을 찾을 수 있다. 심리적 안정을 찾고자 하는 것도 인간의 욕구다. 그밖에도 우리에게는 여러 가지 욕구가 있으며 그 욕구가 채워지고 충족될 때 우리의 자존감과 자신감도 높아진다.

어린아이를 생각해보라. 아이는 자신의 욕구가 채워질 거라는 사실을 알면 칭얼대거나 불안해하지 않는다. 마찬가지로 당신도 당신의 욕구가 채워질 거라는 사실을 알면 심리적으로 보다 안정되고 자기 확신과 자신감이 높아진다. 우리는 누구나 존중받는 동시에 자기 가치를 인정받고 싶어 한다. 또한 소중한 존재, 필요한 사람으로 남고 싶어 한다. 인간의 가장 커다란 두려움은 거절당하는 것이고 가장 커다란 욕구는 인정받고 싶은 것이다. 따라서 애인이나 배우자로부터 행동, 외모, 성과 등이 마음에 들지 않는다는 말을 들으면 기분이 상하고 좌절한다. 반면 "좀 변덕스럽긴 해도 난 당신을 사랑해."라는 말을 들으면 상대방에게 받아들여진다는 느낌을 받게 된다.

타인과의 관계에서 당신이 원하는 것, 당신의 욕구가 있는 것과 마찬가지로 상대방도 나름대로 욕구가 있다. 그러므로 성공적인 인간관계를 위해서는 상대에게 당신의 욕구를 이해시키는 것 못지않게 상대방이 원하는 바를 이해하고 그것을 채워주는 일도 중요하다. 즉, 훌륭한 인간관계의 기초는 상대방의 욕구를 알고 그것을 채워주는 것이다.

여성은 흔히 남성이 자신이 어떤 말을 좋아하는지, 어떤 선물을 원하는지 당연히 알 것이라고 믿는 경향이 있다. 남성이 무슨 심리

전문가도 아닌데 그걸 어떻게 알겠는가. 여성이 원하는 게 무엇인지 말해주지 않으면 남성은 여성의 욕구를 채워줄 수 없다.

좋은 인간관계에 반드시 필요한 요소는 정직함, 성실함, 헌신, 시간, 서로 주고받는 것 등이다. 반면 삐걱거리는 인간관계에서는 대개 저항, 거부, 적의, 강압적인 태도 같은 것이 나타난다. 인간관계에서 문제를 겪는 사람을 주의 깊게 살펴보면 곳곳에서 몇 가지 분명한 신호가 나타난다. 예컨대 상대방을 피하거나 적극적으로 무언가를 해결하려 하기보다 포기하려는 태도 같은 것 말이다.

하지만 인간관계를 위협하는 열 가지 태도 및 요인을 인식하고 행동을 변화시키면 얼마든지 인간관계를 회복할 수 있다. 무엇이 잘못되었는지 이해하지 못하면 결코 상황을 바로잡을 수 없다. 문제의 원인을 파악해야만 관계를 바로잡을 수 있다. 늘 하던 대로 하면 늘 고만고만한 결과만 얻는다는 것을 기억하라. 상황이 달라지길 바란다면 당신부터 달라져야 한다. 어쩌다 한 번씩 기억날 때만 노력하는 것이 아니라 '늘' 노력해야 한다는 사실을 잊지 마라.

인간관계를 위협하는 열 가지

■ ■ ■

다음은 인간관계를 망치는 열 가지 행동 방식과 태도다. 다음과 같은 태도를 취하지 않도록 주의하라. 그래야만 타인과 보다 나은 관계를 맺을 수 있고 나아가 당신의 만족감과 자신감도 높아질 것이다.

1. 외면하기

어떤 사안이나 문제에 대해 함께 이야기하는 것을 거부하는 태도, 요청이나 불만에 대해 답변하길 거부하는 태도를 말한다. 예컨대 다음과 같이 말하는 경우다.

★ 그 얘긴 하고 싶지 않아.

★ 그것에 대해 얘기하지 않을래.

★ 그냥 넘어가자.

★ 어느 쪽이든 상관없어.

★ 난 상관 안 해.

★ 관심 없어.

★ 됐거든!(듣기 싫어!)

★ 말도 안 되는 소리 하지 마.

외면한다는 것은 상대방을 향한 관심의 스위치를 '딸깍' 하고 끄는 것을 말한다. 사람은 누구나 상대방이 자기 이야기에 관심을 갖고 들어주길 바란다. 우리의 가장 큰 두려움은 거부당하는 것이라는 점을 기억하라. 상대의 말을 듣지 않는 것은 곧 상대를 받아들이지 않겠다는 의미다. 당장 그 자리에서 정확히 답변을 해주지 않아도 좋다. "무슨 말인지 충분히 알겠어요. 하지만 조금 생각해본 후에 대답할게요."라고 말할 수도 있다. 또는 "지금은 내가 좀 바쁘니까 그 이야기는 이따가 저녁 먹으면서 할까?"라고 말해도 좋다. 타인의 감정이나 욕구를 무시하는 태도는 절대 취하지 마라. 설령 상대가 말하는 내용이 짜증나거나 당신에게 중요하지 않을지라도 당신이 상대의 말을 충분히 듣고 이해하고 있음을 보여줘야 한다.

2. 멸시, 조롱, 우월한 척하기

멸시와 조롱은 인간관계를 망치는 가장 심각한 요소이며 그런 태도로 망가진 관계는 좀처럼 회복하기 어렵다. 상대를 무시하는 듯한 몸짓이나 잘난 척하는 태도 역시 매우 위험하다. 상대방의 말을 듣는 동안 지루하다는 듯 시선을 다른 데로 돌리거나 얼굴을 찌푸리거나 크게 한숨을 내쉬는 행동 말이다. 우리의 자신감은 타인이 우리를 대하는 방식으로부터 큰 영향을 받는다. 이는 타인 역시 마찬가지다. 따라서 우리가 타인을 대하는 방식에 신경 쓰는 것은 무척 중요하다. 당신의 자존감을 높이는 가장 빠른 방법은 타인의 자존감을 높여주는 것임을 명심하라.

3. 파괴적인 비판

자녀나 배우자, 친구가 잘못된 행동을 했을 경우 그 행동을 지적하되 사람 자체를 비난하지 마라. 비판받아야 할 것은 '행동'이지 사람이 아니다. 선하고 똑똑한 사람도 때로는 바보 같은 행동을 하거나 실수할 수 있다. 다음과 같은 말은 파괴적인 비판에 해당한다.

★ 바보처럼 왜 지도 갖고 오는 걸 잊은 거야!

★ 먼저 전화를 걸지 않다니, 왜 그렇게 멍청해!

★ 이 바보야, 길을 잘못 들었잖아.

★ 공과금 지불기한을 또 넘겼어. 당신은 정말 구제불능이야.

★ 앞의 일이 밀리는 바람에 그 다음 일을 처리할 시간이 부족하잖아. 왜 그렇게 멍청해!

★ 당신 바보야? 하루 종일 오븐을 켜두었잖아!

그런 말 대신 다음과 같이 잘못된 행동을 설명해줘라.

- ★ 공과금 지불기한이 지났어.
- ★ 거기에 가려면 지도가 필요해.
- ★ 먼저 전화를 걸겠다고 당신이 말한 걸 떠올려 봐.
- ★ 당신은 충분한 시간을 확보하지 못했어.
- ★ 오븐을 켜두고 외출하면 불이 날 수도 있어.

나는 딸아이가 어렸을 때 늘 이런 화법을 실천했다. 아이에게 멍청하다거나 바보 같다고 말하지 않고 "너는 착한 아이인데 실수를 한 것뿐이야."라고 말했다. 왜 거실 바닥에 주스를 엎질렀느냐고 물으면 딸아이는 "내가 바보 같아서요."라고 말했다. 그러면 나는 "아니야. 너는 착하고 똑똑한 아이야. 그런데 잠깐 실수를 한 거야. 왜 그랬지?"라고 물었다. 아이의 대답은 달라졌다.

"주스가 든 컵을 들고 걸어가면서 조심하지 않았기 때문이에요."

대화가 이렇게 진행되면 자존감이나 자아상에 손상을 입지 않고 자신의 실수를 통해 교훈을 얻게 된다. 그러므로 파괴적인 비판이 아니라 건설적인 비판을 해야 한다. 상대방의 행동에서 잘못된 점을 짚어주되 상대방 자체를 비난하지는 마라. 건설적인 비판은 타인의 발전과 상황 개선에 도움이 되지만 파괴적인 비판은 사람의 의욕과 기운을 꺾어버린다.

칭찬은 사람을 성장하게 만들고 자신감을 높여준다. 자녀가 말썽을 피우면 "왜 그렇게 동생에게 못되게 구는 거니?"라고 꾸짖지 말고, "너답지 않게 왜 그러니? 넌 원래 이렇게 말썽쟁이가 아니잖아. 왜 그렇게 행동했는지 엄마한테 말해줄래?"라고 말하라. 그렇다고 마치 성자라도 되는 듯 모든 걸 포용하라는 얘기는 아니다. 파괴적인 비판 대신 건설적인 비판을 하라는 뜻이다.

그런 방식을 취하기 시작하면 당신의 인간관계와 자신감이 점점 발전적인 방향으로 나아갈 뿐 아니라 당신이 사랑하는 사람들의 자존감도 높아진다. 훌륭한 사람은 타인을 칭찬하지만 못난 사람은 늘 타인을 비난한다. 항상 비판적이고 삐딱한 태도로 남의 흠을 캐는 사람은 자신에 대한 불만족으로 가득 차 있는 경우가 많다. 내면의 불만족을 비난의 방식으로 타인에게 쏟아내면서 자신을 높이고 타인을 깎아내리는 것이다.

한편 당신과 당신 자신의 관계에 대해서도 항상 신경 써야 한다는 점을 잊지 마라. 당신 자신에게 '난 왜 늘 이 모양일까?', '나는 뭐 하나 제대로 하는 게 없어', '나는 멍청해', '나는 구제불능이야' 같은 파괴적이고 부정적인 말을 사용해서는 안 된다.

4. 비겁한 태도나 행동

논쟁이나 갈등 상황에서 우위를 점하기 위해 다른 사람의 약점, 신체적 허약함, 장애, 낮은 수입 및 지위, 과거 등을 들먹이는 것은 비겁한 행동이다. 이는 상대방을 꼼짝 못하게 옭아매 열등감을 느끼게 만드는 동시에 자신은 우월함을 느끼려는 태도다.

'우리 가족 중에는 이혼한 사람이 아무도 없어', '당신은 아이를 갖기에 너무 나이가 많아’, ‘네가 몸이 약해 빠져서 도무지 무슨 계획을 세울 수가 없잖아’, ‘당신보다 내가 더 많이 벌어서 집안 살림에 보태잖아’, ‘일이 이렇게 된 건 모두 당신 가족 때문이야’ 등의 말은 비수가 되어 상대방의 가슴에 꽂힌다. 비겁하게 약점을 들먹이며 공격하는 것은 상대의 자존심과 자신감에 결정타를 가한다.

나는 재혼 가정을 이루고 사는 사람들을 많이 만났다. 남편이 데려온 자녀와 아내가 데려온 자녀 그리고 둘 사이에 새로 생긴 자녀가 함께 사는 가정 말이다. 그런 가정에서는 대개 ‘내 아이’, ‘당신 아이’라고 구분 짓거나 “당신이 데려온 아이라서 그런 거야.”라고 비난할 때 문제나 갈등이 불거진다. 반면 모두 ‘우리 아이’라고 생각하는 가정에서는 불화가 생기기는커녕 서로를 따뜻하게 보듬으며 화목하게 살아간다.

5. 방어적 태도

방어적 태도란 자기 행동을 스스로 책임지지 않고 ‘네 탓이야’, ‘너 때문에 내가 그렇게 행동한 거야’라고 책임을 떠넘기는 것을 말한다. 책임감 있는 사람은 자신의 잘못을 인정하고 그에 걸맞은 행동을 취한다. 자신은 책임감 있는 태도를 보이지 않으면서 남은 그렇게 해주기를 기대해서는 안 된다. 우리는 “내가 잘못했어요.”라고 말할 줄 아는 사람을 좋아한다. 그렇게 말하려면 용기와 자신감이 필요하다는 사실을 알기 때문이다. 우리는 그런 사람을 높이 평가한다.

자기 잘못을 인정할 줄 모르는 사람 곁에는 대개 사람들이 모이지 않는다. 그런 사람에게 호감을 느끼는 사람은 거의 없다. 잘못을 인정하고 책임감 있는 모습을 보여라. 그러한 태도는 주변 사람들에게 훌륭한 모범이 된다. 다음과 같이 말하는 태도를 버려라.

★ 당신 때문에 그렇게 행동할 수밖에 없었어요.

★ 내가 그렇게 한 건 다 당신 때문이에요.

★ 당신 잘못이에요.

★ 일이 이렇게 꼬인 건 당신 탓이에요.

당신이 받아들이지 않는 한 누구도 당신이 무언가를 행하도록(혹은 느끼도록) 만들 수 없다는 것을 기억하라.

6. 과거(또는 과거의 잘못)에 집착하는 것

과거는 결코 되돌릴 수 없다. 따라서 자꾸만 과거를 들먹이는 것은 비생산적이다. 과거에 잘못을 저질렀다고 해서 여전히 잘못을 저지르는 혹은 저지를 사람으로 취급해서는 안 된다. 과거에 집착하면 관계가 삐걱거릴 수밖에 없다. 과거에 집착하는 사람은 과거의 잘잘못을 따져 바로잡아야 한다는 강박관념에 사로잡힌다. 무언가를 '바로잡기' 위해서는 '잘못을 저지른' 누군가가 있어야 하고 이때 눈앞에 있는 사람이 그 역할을 맡게 된다. 하지만 과거를 바로잡으려 애쓰는 것보다 '현재' 올바른 행동을 하는 것이 훨씬 더 중요하다.

연구 결과에 따르면 자살한 사람이 남긴 유서에는 자신이 과거에 한 잘못과 그것 때문에 늘 괴로웠다는 내용이 적혀 있는 경우가 많다고 한다. 완벽하고자 하는 사람, 언제나 올바른 일만 하려는 사람은 결국 외로운 삶을 살게 된다. 그들은 자신과 화해할 줄 모르고 또한 타인과 융화하지도 못하기 때문이다. 우리는 누구나 '문제가 있는' 사람으로 취급받길 원치 않는다. 그러므로 상대방의 과거를 들먹이며 '문제가 있는' 사람으로 규정하는 행동은 피해야 한다. 과거를 자꾸만 들춰내지 마라. 그것은 그저 말다툼일 뿐 역사 공부가 아니다. 완벽한 사람이 되는 것보다 더 중요한 것은 올바른 성품과 태도를 갖추는 것이다.

당신의 배우자가 과거에 바람을 피웠을 경우, 당신은 그 사건에 대해 꼬치꼬치 따지며 캐물을 권리가 있다고 생각할지도 모른다. 하지만 그것은 현명한 방법이 아니다. 그보다는 이렇게 하는 것이 훨씬 낫다. 두 사람의 합의 아래 일정 기간을 정해놓고 서로 궁금한 것을 묻고 대답한다. 그 문제에 대해 충분한 논의가 끝나면 정해놓은 기간 이후에는 공책을 접듯 그 문제를 탁 덮는다. 언젠가 남편과 말다툼을 하게 되었는데 언쟁 끝에 남편이 말했다.

"앞으로는 이 문제로 싸우지 말자. 이제 이건 덮어버려. 더 이상 언급하지 말자고."

현명한 말이었다. 이것은 상대를 '외면하는 것'과는 다른 문제다. 우린 둘 다 그 문제로 인해 지쳐 있었고 이제 그것을 덮어두고 다른 일을 생각해야만 했다. 중요한 것은 두 사람의 합의 아래 그렇게 해야 한다는 점이다.

내면의 평화를 찾으려면 과거를 용서할 줄 알아야 한다. 그리고 현재를 살면서 희망을 갖고 미래를 바라보아야 한다. 과거에 매달리면 결코 현재를 살 수 없다. 과거를 용서하는 데 어려움을 겪는다면 Step2로 돌아가 마음속 응어리와 나쁜 감정, 기억을 쏟아내는 과제를 다시 해보라. 과거에 하고 싶었지만 하지 못했던 말을 지금이라도 실컷 쏟아내라. 비록 그 말을 퍼붓고 싶은 상대방이 지금 눈앞에 없을지라도 말이다.

마음속에 켜켜이 쌓인 상처와 분노, 울화를 쏟아내야 과거를 용서하고 앞으로 나아갈 수 있다. 상처와 감정을 표현하는 것은 대단히 중요하다. 마음의 건강을 되찾고 평온을 얻으려면 상처를 입고 나서 시간이 많이 흐르기 전에 감정을 표현해야 한다. 상처 입은 감정을 표현하는 데 걸리는 시간에 따라 우리의 치유시간도 달라진다.

해묵은 주제로 말다툼을 반복하면서도 정작 당신의 감정이나 상처는 제대로 표현하지 못했는가? '나는 ~때문에 상처받았어요', '당신이 ~를 했을 때 난 기분이 상했어요'라고 말하라. 그래야 툭툭 털고 앞으로 나아갈 수 있다. Step2의 과제를 십분 활용하라.

우리가 피해야 할 또 다른 것은 다른 결과를 원하면서도 계속 과거와 똑같은 행동 및 태도를 반복하는 것이다. 늘 하던 대로 하면 늘 얻던 결과만 얻게 된다. 인간관계가 달라지길 바란다면 당신의 행동부터 달라져야 한다. 건강한 인간관계는 당신과 상대방 모두가 자존감과 자기 확신이 있어야 지속된다. 이를 위해서는 서로의 감정을 솔직하게 표현하며 대화할 준비가 되어 있어야 한다. 이때 중요한 것은 과거의 어떤 문제를 덮어두기로 합의하는 시점이 반드시 필요하다는 점이다. 그래야만 두 사람 모두 다음 단계로 나아갈 수 있다. 다음의 두 가지를 반드시 기억하라.

★ 말다툼이나 언쟁이 일어났을 때 과거를 들먹이지 마라.
★ 항상 현재에만 집중하라.

당신은 뭔가 문제를 해결하기 위해 말다툼을 하는 것이지, 마음속 응어리에 대해 앙갚음하기 위해 혹은 상대를 누르기 위해 말다툼을 하는 것이 아니다. 당신이 승리자가 되면 상대방은 패배자가 될 수밖에 없다는 사실을 잊지 마라.

남녀 간의 다툼과 관련해 한 가지 해두고 싶은 말이 있다. 여성은 한바탕 싸운 후에 애인(또는 배우자)이 섹스를 원하는 것을 잘 이해하지 못한다. 여성은 파트너가 어떻게 그처럼 둔감할 수 있느냐고, 어떻게 상처를 주는 말을 격하게 쏟아낸 후에 섹스하고 싶은 마음이 들 수가 있느냐고 말한다. 인간은 누구나 타인과의 친밀한 유대감을 원한다. 남성은 섹스를 통해 그 유대감을 회복하고 싶어 하는 경향이 있다. 여성은 친밀감을 느껴야 섹스 욕구를 느끼는 반면 남성은 섹스를 해야 친밀감을 느낀다는 것은 아이러니라고 할 수도 있다. 혹시 당신의 파트너가 그렇다면 그 사람의 속마음을 잘 살펴라. 어쩌면 그는 당신과 화해하길 '진심으로' 원하는데 섹스가 가장 효과적인 방법이라고 믿는 것인지도 모른다. 그의 말이나 행동 자체에 집중하기보다 속마음을 읽으면 그와 훨씬 더 조화로운 관계를 유지할 수 있다.

자녀가 말을 듣지 않거나 말썽을 부리면 당신은 자녀를 두고 떠나버리겠다고 으름장을 놓는가? 안정감을 느끼고자 하는 것은 인간의 근원적인 욕구다. 우리는 타인과의 관계에서 안정감을 느끼고 싶어한다. 그러한 안정감은 언제나 함께하면서 노력해나갈 거라는 점을 서로가 충분히 인식하고 있어야 느낄 수 있다. 떠나겠다고, 관계를 끝내겠다고 공언하는 순간 당신은 상대와의 관계를 가치 없는 것으로 전락시키게 된다. 이는 상대의 자존심과 자신감에 상처를 준다. 특히 그런 말을 자주 하면 그 말의 효력조차 시들해지며 결국 당신의 자신감도 약화되고 만다.

나는 어린 시절에 부모님으로 인해 마음에 깊은 상처를 입은 고객을 많이 만났다. 그들의 엄마(또는 아빠)는 부부 관계에 문제가 있거나 힘든 시기를 겪을 때마다 툭하면 집을 나가버리겠다고 했다. 때로 그들의 부모는 진짜로 가방을 싸서 집을 나가기도 했다. 하지만 어린 그들은 엄마(혹은 아빠)가 배우자에게 자극을 주기 위해 하는 행동이라는 사실을 알지 못한 채 커다란 상처를 입은 것이다.

이런 방법은 누구에게도 효과가 없다. 당신이 떠나겠다고 위협하면 파트너는 더욱 불안해진다. 당신이든 상대방이든 어느 한쪽이 불안해지면 결코 행복한 관계를 지속할 수 없다. 상대방과 함께 노력해 바람직한 관계를 이어갈 수 있다는 확신이 있어야 당신의 자신감과 내면의 안정감도 높아진다. 위기가 닥치거나 힘든 시기를 만났을 때 그냥 관계를 정리하는 사람은 다른 파트너를 만나도 똑같은 과정

을 겪는다. 그런 사람은 누군가와 진실하고 의미 깊은 관계를 지속
하는 방법을 절대로 배우지 못한다.

8. 잘못된 역할을 맡는 것

커플 중에는 그 관계가 마치 부모자식 간처럼 변질되는 경우도 있
다. 한쪽은 부모처럼 끊임없이 잔소리를 하거나 꾸짖거나 통제하려
하고, 다른 한쪽은 늘 잘못을 지적당하고 잔소리를 듣고 '제발 실망
시키지 말라'는 말을 듣는 것이다. 상대방이 자신에게 실망했다는
느낌이 들면 당신의 자존감과 자신감은 점점 위축되고 결국 섹스까
지 기피하게 된다. 부모를 연상시키는 사람과는 절대로 즐겁게 섹스
를 할 수 없다. 무언가 부자연스럽고 상대에게 억눌린다는 기분이
들면 성적 욕구는 일어나지 않는다.

배우자가 사랑의 파트너가 아니라 부모로 보이기 시작할 경우 예
전 같은 성적 욕구나 육체적 끌림을 느끼기는 힘들다. 남성은 '엄
마'처럼 보이는 사람과 결코 섹스를 하지 못한다. 남편(또는 애인)을
엄마처럼 보살피고 잔소리하는 여성은 큰 실수를 하고 있는 것이다.
여성 쪽도 마찬가지다. 여성은 아버지처럼 행동하는 남자, 권위적
인 자세로 통제하려 드는 남자, 언제나 자신이 옳다고 고집하는 남
자에게는 성적 호기심을 잃어버린다.

불행한 관계를 지속하는 커플의 공통점은 서로의 긍정적인 면이
아니라 부정적인 면에 집중한다는 것이다. 상대방의 마음에 들지 않
는 면이나 단점에 집중하지 마라. 거기에 집중하면 할수록 그것은

더욱더 크게 다가온다. 예전의 감정을 되살리고 관계를 회복하려면 상대에게 느꼈던 매력, 사랑에 빠지게 만들었던 장점을 자꾸 상기하라. 왜 결혼할 생각을 했는지, 서로 어떤 점이 마음에 들었는지, 무엇이 사랑스러웠는지 이야기를 나눠보라. 파트너와 행복한 관계를 이어가려면 반드시 다음을 실천해야 한다.

★ 따뜻하게 손을 잡아주어라.

★ 신체 접촉을 하라.

★ 진심을 다해 상대의 말을 경청하라.

★ 어루만져주어라.

★ 자주 웃어라.

★ 다정하게 말하라.

★ 상대의 소중함을 인정해주어라.

결혼하고 1년이 지나면 '사랑해'라고 말하는 횟수는 44% 줄어들고 동의와 칭찬의 말은 30% 줄어든다. 또한 배우자만을 위해 뭔가를 해주는 행위는 28% 줄어들며 사랑을 신체적으로 표현하는 빈도는 39% 떨어진다. 위의 조언을 실천해 그런 말과 행동의 빈도가 줄어들지 않도록 하라.

파트너와의 관계에 무언가 문제가 있다면 해결책을 찾아라. 문제에 집중하지 말고 그것을 해결할 방법을 모색해야 한다. 관계 개선을 위해 당신이 할 수 있는 일을 다섯 가지만 생각해보라. 부부 관계를 비롯한 모든 인간관계에서 우리가 흔히 저지르는 실수 중 하나는, 나는 별다른 노력을 하지 않으면서 상대방이 먼저 내가 원하는 것을 해주길 기다리는 것이다. 두 사람이 서로에게 100% 노력하고 헌신할 때 진실하고 훌륭한 관계가 이루어지는 법이다. 상대에게 무언가를 받고자 한다면 당신이 먼저 베풀고 움직여라. 상대가 무언가를 해주길 무작정 기다리지 마라. 당신이 먼저 상대가 가장 원하는 것을 해주면 상대도 똑같이 당신을 위해 무언가를 해줄 것이다.

★ 부부싸움의 가장 큰 원인은 돈이다(부자라 할지라도).
★ 두 번째 원인은 가사분담 문제다.

부족한 것 없이 잘사는 사람들도 돈 때문에 싸운다. 설문조사 결과를 보면, 행복한 결혼생활을 위해 필요한 항목에서 배우자에 대한 충실함 및 만족스러운 성생활 다음으로 중요한 것이 '가사분담'이었다. 통계 결과 여성들은 대개 가사의 3분의 2를 맡고 있었으며 남성은 주로 외부적인 활동(정원 관리, 세차, 쓰레기 버리기 등)을 맡고 있는 것으로 나타났다.

가사분담은 지저분하거나 정리되지 않은 상태에 대한 당신의 용인도가 어느 정도이냐에 따라 달라진다. 지저분한 꼴을 도저히 참지 못해 계속 청소를 한다면 청소는 '당신의 일'이 되어버린다. 배우자는 당신이 그저 '당신의 일'을 하고 있다고 느끼므로 특별히 고마움을 느끼지 못한다. 내 남편은 자기가 벗어놓은 옷을 주워서 정리하는 일을 내가 좋아한다고 생각했다. 내가 항상 아무 말 없이 거실 바닥에 널린 옷을 주워서 정리했기 때문이다. 어느 날 내가 "바닥에 널린 옷을 정리하는 일에 신물이 난다.”고 말하자 남편은 깜짝 놀랐다. 딸아이는 밤사이에 마법사가 요술을 부려 그릇이 싱크대를 걸어 나와 식기세척기를 거쳤다가 찬장에 얌전히 들어가는 줄로 안다. 당연히 싱크대에 그릇이 쌓여 있는 꼴을 못 보는 내가 치우는 것이지만 말이다.

당신이 가사를 과중하게 맡고 있다는 생각이 드는가? 그러면 이렇게 하라.

★ ‘내 일’로 고정되길 원치 않는 일이라면 눈에 보일 때마다 반복해서 하지 마라.
★ 어떤 집안일이 배우자나 자녀가 충분히 할 수 있는 것이라면 ‘언젠가는 알아서 하겠지’ 하고 기다리지 말고 즉시 그들에게 말하라.

배우자에 비해 훨씬 적게 가사를 맡고 있다면 다음과 같이 하라.

★ 하지 않으면 안 될 정도로 급해지기 전에 미리 찾아서 일하라.
★ 가사에 대한 스케줄 표를 만들어 잘 보이는 곳에 붙여놓아라.

가정생활에 대한 만족도와 행복도가 높아지려면 부부 모두가 상대방이 하는 일의 가치와 노고를 인정하고 그것을 수시로 표현해줘야 한다. 설령 그 일이 자신에게는 그리 중요하지 않은 일로 느껴지더라도 말이다.

당신이 자녀에게 줄 수 있는 가장 큰 선물은 행복하고 안정된 부부생활의 모습을 보여주는 것이다. 물론 아이들 앞에서 싸우지 않는 것이 가장 좋겠지만, 의견 충돌이 일어난 후 현명하게 화해하고 풀어나가는 모습을 보여주면 아이들에게 나쁜 영향을 미치지 않는다. 갈등을 지혜롭게 해결하는 모습을 보면서 자란 아이는 나중에 세상에 나가 보고 배운 대로 행동하며 타인과의 의견 충돌을 두려워하지 않게 된다. 10대 자녀를 키우기 힘든 이유 중 하나는 그들이 사사건건 부모와 의견 충돌을 빚기 때문이다. 그 시간은 힘들지만 자녀들이 그런 시간을 통해 언쟁하고 협상하는 기술을 배운다는 점을 기억하라. 그들에게 그런 기술을 연습할 수 있는 대상은 부모밖에 없으며 그런 연습은 충분히 해둘 필요가 있다.

나도 딸아이 때문에 가끔 골치가 아프지만 아이가 내 앞에서 조목조목 자기주장을 펼치는 모습을 보면 뿌듯한 마음이 든다. 가정에서 자기의견을 자유롭게 말하는 연습을 충분히 해보고 상대가 자기 이야기를 존중해서 들어주는 경험을 해본 아이는 마약이나 섹스, 음주를 즐기자는 또래의 압박을 받을 때 소신 있게 "싫어."라고 말할 수 있다.

9. 과장, 확대 해석 또는 일반화하기

스스로 인식하지 못할 수도 있지만 우리는 대부분 늘 이런 실수를 저지른다. 우리는 상대방의 행동에 대해 말할 때 부정적인 것을 확대하고 과장하는 경향이 있다. 예를 들면 '당신은 언제나 그런 식이야'(부정적인 행동을 꼬집으면서), '너는 한 번도 제대로 하는 법이 없어' 같은 말이 있다. '당신은 절대로 못할 거야', '너는 늘 형편없어'라는 식으로 과장해서 말하지 마라. 확대 해석하지 말고 그냥 '현재' 상황이나 문제에 대해서만 언급하라.

상황을 부정적으로 해석하는 습관도 문제다. 가령 '당신은 일부러 나한테 상처를 주려고 그런 거야', '나를 망칠 작정이었어'라고 말하는 식이다. 상대방이 당신에게 해를 끼치려고 고의적으로 행동했다고 가정하면 당신은 상대방의 가치를 깎아내리고 폄하하는 것이 된다. 이는 인정받고 싶고 거부당하고 싶지 않은 그들의 욕구를 손상시킨다.

10. 자신의 원칙이나 방식을 고집하는 것

누구에게든 타인과의 관계에서 무심코 드러내거나 또는 중요하게 여기는 자기만의 원칙 및 방식이 있다. 그런데 상대방은 그것을 이해하지 못할 수도 있고 심지어 당신에게 그런 원칙이 있다는 것조차 모를 수도 있다. 예를 들어 누군가에게 모욕적인 말을 들으면 당신은 곧바로 그 자리를 떠나 자존심을 세운다는 나름의 원칙을 지킨다고 치자. 만약 배우자와 어떤 일로 다투게 되었는데 배우자는 당신에게 그런 원칙이 있다는 것을 모른다면 어떻게 될까? 이 경우에는 애초에 다툼의 원인이 된 문제가 아니라 당신의 행동(싸우다가 갑자기 자리를 피하는 태도) 때문에 다투게 된다.

당신은 다투고 나서 곧바로 잠자리에 드는 타입이고 배우자는 응어리가 완전히 풀릴 때까지 잠들지 못하는 타입이라면, 두 사람은 더욱더 갈등을 겪을 뿐 아니라 그 차이 때문에 더 싸우게 된다. 당신은 절대 큰소리를 내지 않는 타입이고 배우자는 목소리에 신경 쓰지 않고 마음속에 있는 걸 전부 쏟아내야 직성이 풀린다면, 결국 두 사람은 그것 때문에 싸우게 되고 처음에 다툼의 발단이 된 문제는 비중이 작아진다. 당신은 어디서든 마음껏 애정을 표현하길 바라는데 상대방은 둘이 있을 때만 그러길 원할 경우, 당신은 언제나 모든 걸 함께해야 한다고 여기는데 상대방은 혼자만의 시간을 즐길 경우, 이러한 차이는 다툼의 원인이 된다.

서로 이야기를 나눠 상대방이 어떤 원칙을 중시하고 어떤 방식을 좋아하는지 이해하라. 그리고 자신의 원칙이 더 중요한지 아니면 두 사람의 관계가 더 중요한지 판단하라. 관계를 이어가기 위한 원칙과 방식은 반드시 두 사람이 함께 결정해야 한다. 대화를 통해 중요한 원칙을 함께 정하라. 사랑에 빠진 지 얼마 되지 않은 연인은 무한한 관용으로 상대에게 많은 것을 양보하지만 그것이 언제까지나 지속되지는 않는다.

직장에서는 구성원 모두가 지켜야 할 분명한 원칙과 행동의 범위가 정해져 있다. 하지만 집에서는 혹은 사랑하는 사람의 삶으로 들어가면 우리는 미처 알지 못했거나 이해하지 못했던 원칙과 마주치게 된다. 그러므로 당신과 상대방이 함께 노력해야 한다. 파트너와 함께 서로가 지켜야 할 원칙을 글로 적어 잘 보이는 곳에 붙여두는 것도 좋은 방법이다.

파트너는 당신과 '다른' 인간이다. 상대방을 당신과 똑같이 만들려고 하지 마라. 대신 서로의 차이를 인정하고 받아들여라. 단순히 사랑하기만 하는 것이 아니라 상대방을 존중하고 인정하는 관계가 훨씬 더 오래간다. 상대방의 욕구와 원하는 바를 채워주는 것은 관계를 지속시킬 수 있는 기본 요건이다.

현명하게 싸우는 방법

말다툼은 나쁜 것이 아니다. 싸움의 원인이 되는 문제나 사안에 대해서만 싸운다면 말이다. 바람직한 관계를 유지하기 위해서는 어떻게 싸우느냐, 특히 싸움을 어떻게 마무리하느냐가 중요하다. 인간관계 전문가들은 두 사람이 싸우는 모습만 관찰해도 그 관계가 얼마나 건강한지 혹은 얼마나 지속될지 추측할 수 있다고 말한다. 사람 사이에 어떻게 다툼이나 의견 충돌이 전혀 일어나지 않을 수 있겠는가? 갈등과 의견 충돌은 매우 자연스러운 것이다. 서너 살 된 아이들도 장난감 때문에 또는 형제 간의 질투심으로 툭하면 싸우지 않던가.

우리는 독립적이고 자유로운 삶을 누리다가 결혼과 동시에 다른 삶의 형태에 들어선다. 즉, 나 혼자가 아니라 타인과 한 공간에서 살게 된다. 요즘에는 재혼 가정이 늘면서 각 배우자의 이전 자녀들이 함께 사는 경우도 늘어났다. 그런 만큼 서로간의 의견 충돌과 갈등은 불가피하다. 설사 그렇더라도 가능한 '현명하게' 싸울 필요가 있다.

당신이 배우자나 가족과 다투는 모습을 떠올려보라. 해당 사안에 대해서만 다투는가, 아니면 싸움의 주제와 상관없는 다른 문제까지 들먹이며 상대를 비난하고 인신공격적인 말을 쏟아내는가? 만일 배우자의 소비 습관 때문에 말다툼이 벌어진 자리에서 갑자기 툭하면 약속시간에 늦는다는 것, 빨래를 해놓지 않았다는 것, 생일을 곧잘 잊는다는 것을 들먹이며 언성을 높이기 시작하면 소비 습관 문제에 대한 결론은 나지 않는다.

사람과 사람이 함께 살면서 의견 충돌이 없을 수는 없다. 단, 양측 모두에게 상처를 주지 않는 지혜로운 방식으로 갈등을 해결해야 한다. 지혜롭게 싸우려면 싸움의 주제를 해당 사안이나 문제 이상으로 확장하지 마라. 날마다 너무 늦게 퇴근하는 것 때문에 싸우는 중이라면 그 문제에서 벗어나 다른 주제로 넘어가지 마라. 정리를 하지 않는다는 둥, 돈을 헤프게 쓴다는 둥, 시부모의 간섭이 심하다는 둥 이런저런 주제로 옮겨가지 마라. 배우자(또는 애인)와 싸울 때는 다음을 반드시 기억하라.

★ 해결책을 찾기 위해 함께 노력하라. 두 사람이 다투는 이유는 결국 해결책을 찾기 위해서가 아닌가. 상대를 '문제가 있는' 사람으로 몰아가기 위해, 상대의 기분을 상하게 만들기 위해, 상대는 형편없고 당신은 우월하다는 것을 확인하기 위해 싸우는 것이 아니다. 당신은 무언가 해결해

야 할 문제가 있기 때문에 싸우는 것이다. 이를 기억하고 생산적인 방식으로 해결책 중심의 관점으로 접근해야 한다. 직장에서 동료들과 머리를 맞대고 미팅을 할 때처럼 상대를 존중하는 태도를 잃지 않아야 하는 것이다.

★ 상대가 말하는 도중에 참지 못하고 끼어드는 것을 자제하라. 우리의 귀가 두 개이고 입이 한 개인 것은 말은 적게 하고 더 많이 들으라는 의미다. 당신이 충분히 존중하는 태도로 상대의 말을 가로막지 않으면 당신 역시 상대에게 그렇게 해줄 것을 요구할 수 있다. 당신의 말만 계속 쏟아내려 하지 마라.

★ 성숙한 어른답게 싸워라. 모욕감을 안겨주며 상대를 공격하는 것만큼 유치한 행동은 없다. 그것은 문제 해결에도 전혀 도움이 되지 않는다. 직장에서 동료와 의견 충돌이 있을 때 그런 식으로 싸우는 일은 없지 않은가. 집에서도 그렇게 하지 마라. 인격 모독은 문제 해결에 '전혀' 도움이 되지 않는다. 상대에게 모욕적인 말을 쏟아내면서 지저분하게 싸우지 마라. 자신감 있는 사람이 되고 싶다면 타인과의 언쟁을 하나의 협상 과정이라고 생각하라. 그러면 보다 효과적으로 상황을 진척시킬 수 있을 것이다.

★ 자꾸만 상대의 행동을 지적하고 환기시키지 마라. 많은 사람이 싸울 때 상대에게 '네가 ～했지', '네가 ～라고 했잖아'라고 몰아붙인다. 상대방은 자신이 한 말이나 행동을 이미 알고 있다. '당신 때문에 짜증나', '당신이 그렇게 말했잖아', '당신이 잊은 게 잘못이야', '당신이 나를 화나게 만들었어'라고 자꾸 강조해봐야 당신의 감정과 생각을 상대에게 이해시키는 데 도움이 되지 않는다. 오히려 상대가 더욱더 방어적인 태도

를 취하게 만들 뿐이다.

상대방이 당신을 이해하도록 만들려면 당신의 감정을 표현하는 것으로 그쳐야 한다. 상대방을 탓하고 몰아세우는 표현은 쓰지 말라는 얘기다. 가급적 다음과 같은 표현을 사용하라.

★ 당신이 ~하면 나는 이런 기분이 들어

('당신 때문에 내 기분이 이 모양이야'라고 말하지 말 것).

★ 나는 ~ 때문에 화가 난 거야

('당신이 나를 화나게 만들었어'라고 말하지 말 것).

★ 나는 ~ 때문에 많이 속상해

('당신이 이렇게 속을 썩이니까 내가 힘들지'라고 말하지 말 것).

★ 나는 ~ 때문에 짜증이 나는 거야

('당신 때문에 내가 열 받았잖아'라고 말하지 말 것).

'나는 ~'라는 표현은 자기감정을 설명하는 것이지만, '당신 때문에 ~했어', '당신이 ~했어'라는 표현은 상대방을 비난하고 탓하는 것이다. 비난하지 말고 감정을 설명하라. 그래야 상대방과 효과적으로 소통하고 문제를 해결할 수 있다. 다음과 같은 표현은 피하라.

★ 그건 말도 안 되는 생각이야.
★ 당신이 잘못한 거야.

대신 이런 식으로 말하라.

- ★ 내 생각은 달라. 하지만 당신이 어떤 기분일지(또는 왜 그렇게 느끼는지) 충분히 이해할 수 있어.
- ★ 내 생각이 당신과 다르다고 해서 내가 당신 기분을 이해하지 못하는 건 아니야.

아래의 표현도 피하라.

- ★ 당신 생각/의견은 틀렸어.
- ★ 지금 제정신으로 하는 소리야?
- ★ 대체 뭐가 불만인 거야?
- ★ 왜 그렇게 머리가 안 돌아가!

대신 이런 식으로 말하라.

- ★ 당신의 기분 충분히 이해해.
- ★ 나는 의견이 좀 다르지만 당신이 하는 말(감정)은 충분히 이해해.

사람은 누구나 타인에게 이해받고 싶어 하며 상대가 자신의 이야기에 귀 기울여주길 바란다. 그리고 진정으로 이해받고 있다는 느낌은 자신감을 높여준다.

자신의 행동을 정당화하는 듯한 말투로 이야기하지 말고 "당신의 기분이 엉망이었다니, 내 마음이 편치가 않네."라고 공감을 표하라. 가령 당신이 항상 집에 늦게 들어오는 것 때문에 배우자가 불만을 토로하면 "늘 돈이 부족하다고 바가지를 긁어댔잖아. 좀 더 벌려면 늦게까지 일할 수밖에 없다고!"라며 스스로를 정당화하려 들지 마라. 그보다는 "그게 불만스러웠다니 내 마음이 편치가 않네. 당신의 그런 기분 충분히 이해해."라고 말하라. 다음의 내용을 반드시 기억하길 바란다.

★ 의견 충돌이 있을 때 지혜롭게 대응하는 법을 익히고 싸움을 잘 마무리하라. 그래야 다음번 싸움이 두렵지 않다. 상대를 탓하거나 상대와의 대화를 피하지 마라. 당신이 원치 않는다면 화해를 위해 반드시 섹스를 해야 한다고 생각하지 마라. 섹스를 거절한다고 해서 사랑을 거절하는 것은 아니다. 다툼을 어떻게 마무리하느냐는 두 사람의 관계가 얼마나 지속될 수 있을지를 보여주는 척도나 다름없다. 완벽한 사람이 되는 것보다 올바른 성품과 태도를 갖추는 것이 더 중요하다. 또한 과거를 바로잡으려 애쓰기보다 '현재' 올바른 행동을 하는 것이 훨씬 더 중요하다.

★ 온화함과 배려는 나약함의 증거가 아니라 강인함과 내면의 자신감을 보여주는 증거다. 먼저 사과할 줄 아는 사람은 대개 높은 자존감과 자신감을 갖추고 있다. 그런 사람은 다른 누군가를 탓하기보다 문제를 해결하는 데 집중한다.

'No'라고 말할 줄 알아야 한다

사람은 누구나 '싫어', '안 돼'라는 거절의 말을 들으면 부정적인 감정을 느끼고 낙담한다. 자신이 별로 중요하지 않은 존재가 된 듯한 느낌이 들기 때문이다. 훌륭한 인간관계를 위해서는 현명하게 거절하는 방법을 알아야 한다.

샌드위치 기법: 현명하게 거절하는 법

당신의 파트너(배우자 또는 애인)가 섹스를 원하는데 당신은 그럴 기분이 아니라면 싫다고 단호하게 자르지 말고 다음과 같이 말하는 게 좋다.

★ 난 당신이랑 섹스하는 게 정말 행복해.

★ 근데 오늘은 진짜로 피곤해.

★ 내일로 미루면 안 될까? 당신만을 위해 꼭 시간 비워놓을게.

파트너가 외식을 하자고 하는데 당신은 그럴 기분이나 상황이 아니라면 이렇게 말하라.

★ 나도 새로 문을 연 그 식당에 꼭 가보고 싶어.

★ 하지만 오늘은 식욕이 별로 없어서 맛있게 먹을 수 없을 것 같아.

★ 주말에 가는 게 어때? 그럼 좀 더 느긋하게 즐길 수 있을 거야.

파트너가 지나치게 비싼 물건을 사자고 할 경우 이렇게 말하지 마라.

★ 미쳤어? 우리가 그럴 돈이 어디 있다고!

대신 부드럽게 순화하라.

★ 나도 저걸 사고 싶어.

★ 하지만 지금은 살 형편이 아니잖아.

★ 조금 기다렸다가 다음 달에 사자.

샌드위치 기법이란 거절의 말을 중간에 '끼워 넣는' 것을 말한다. 위의 말들을 잘 살펴보라. 긍정적인 말로 시작한 다음 거절의 말을 끼워 넣고 마지막에 다시 긍정적인 말로 마무리한다. 나를 찾아온 부부들은 처음에 이 기법이 조금 유치하다며 주저했지만 실제로 해 본 후에는 매우 효과적이었다고 말했다. '싫어', '안 돼'라고 단칼에 잘라버리는 태도는 관계에 부정적인 영향을 미친다. 그러므로 가급적 다음과 같은 표현을 사용하는 것이 좋다.

- ★ 나중에 하자.
- ★ 다음 주에 하면 어떨까?
- ★ 월급을 받은 다음으로 미루는 게 어때?
- ★ 그건 다음에 사고 저축하는 데 더 신경 쓰자.
- ★ 지금 당장은 안 되지만 다음주/내년에는 꼭 하자.

자녀가 당신에게 무언가를 사달라고 조르면 '안 돼'라고 하지 말고 이렇게 말하라.

- ★ 오늘은 저걸 살 수 없단다. 하지만 다음엔……
- ★ 유치원에서 칭찬받을 때마다 별 스티커를 붙이지? 거기에 별이 다 모이면 사줄게.
- ★ 크리스마스 때 사줄게.
- ★ 여덟 살이 되면 사줄게.

당신은 침실 벽지를 파란색으로 하고 싶은데 배우자는 초록색을 원한다고 치자. 이때 당신이 "나는 파란색이 좋아. 절대 양보 못해.”라고 말하면 대화가 잘 풀리지 않는다. 공격적인 말투나 최후통첩 같은 언사는 상대방의 심기만 언짢게 만들 뿐 상황 해결에 별다른 도움이 안 된다. 그보다는 “나는 파란색 벽지로 발랐으면 좋겠어.”라고 말하고 그 이유를 차분하게 설명한 다음 상대에게 생각할 시간을 주어라. 어떤 결정을 내릴 때, 한쪽이 다른 쪽 때문에 어쩔 수 없이 선택했다는 기분이 들도록 해서는 안 된다. 내 의견이 충분히 반영되었다는 기분, 나도 원했던 결정이라는 기분이 들어야 한다.

때론 어떤 일이 남편의 의견대로 이루어졌다는 느낌이 들도록 만들어주는 것도 필요하다. 나는 행복한 커플을 많이 만나보았는데, 이들은 아내의 의견대로 무언가를 결정했으면서도 남편이 그것은 자기 의견이었다고 생각하는 경우가 많았다. 남자들은 대개 자기 문제를 다른 누군가가 해결해주는 것을 싫어한다. 약한 존재가 된 느낌, 남에게 신세를 졌다는 느낌이 들기 때문이다.

자동차가 고장 났을 경우 남자가 그 사실을 다른 남자 동료에게 말하면 그 동료는 좋은 정비소를 소개하는 것으로 끝이다. 하지만 여자는 다르다. 단순히 정비소를 소개받는 것으로 그치지 않는다. 차가 고장 났을 때 얼마나 당황스러웠는지, 길가에서 오도 가도 못하는 심정이 얼마나 답답했는지 등을 시시콜콜 주고받는다. 남자는 문제를 해결하는 데만 관심이 있고 그것에 대해 구구절절 얘기하는 것은 좋아하지 않는 반면, 여자는 문제 해결보다 시시콜콜 이야기하는 데 더 많은 시간을 할애한다. 남자는 여자의 그런 특성을 이해하지 못한다.

여자는 꼭 해결책이 제시되지 않더라도 상대가 자기 이야기를 들어주고 공감해주길 원한다. 나는 상담하러 온 한 남성 고객에게 아내가 일주일 사이에 주차위반 스티커를 세 번이나 받았다고 하면 '오, 저런. 당신 많이 속상하겠어'라는 말을 하라고 충고했다. 아내는 '그러게 왜 아무데나 차를 세워. 차라리 대중교통을 이용하던가!'라는 말을 듣고 싶어 하지 않는다. 바보가 아닌 이상 아내도 그것을 모르지는 않으니까 말이다. 아내가 원하는 것은 남편이 따뜻하게 공감해주는 태도다. 그 남성 고객은 나중에 이렇게 털어놓았다.

"'오, 저런. 당신 많이 속상하겠어'라고 말하는 걸 배우는 데 20년이나 걸렸습니다. 그걸 배운 이후로 부부 관계가 완전히 달라졌어요. 좀 더 일찍 깨달았어야 했는데!"

배우자의 말에 귀를 기울이고 공감하는 태도를 익혀라. 하루의 일과 중에서 힘들거나 짜증났던 일을 토로할 때 우리는 상대방으로부터 꼭 해결책을 듣고자 하는 것이 아니다. '그럼 직장을 옮기지 그래?', '그 친구랑 끝내버려', '그 사람한테 당신이 얼마나 불쾌했는지 말해줘' 같은 말을 원하는 게 아니다. 단지 '저런, 정말 힘들었겠네', '정말 속상했겠구나'라는 말이 듣고 싶은 것이다. 아니면 '어휴, 저런……' 하는 반응이 다음과 같은 식으로 말하는 것보다 훨씬 낫다.

★ 당신이 ~ 했어야지.

★ ~ 했어야 옳아.

★ 대체 왜 ~ 하지 않았어?

★ 나라면 ~ 했을 거야.

★ 왜 그런 상황을 참고 있었는지, 난 도저히 이해가 안 돼.

우리는 상대에게서 나와 다른 점을 발견하고 사랑에 빠진다. 그런 '서로 다름'을 유지하는 것은 지속적인 사랑을 위해 매우 중요하다. 파트너를 당신과 똑같이 만들려고 애쓰지 마라. 두 사람이 너무 비슷해져서 각자의 정체성이나 개성을 잃어가는 것은 결코 바람직하지 않다. 그렇게 되면 상대에게 느꼈던 매력도 약해진다. 당신의 파트너는 당신과 똑같은 존재가 아니다. 서로 다르지만 시간의 흐름과 함께 서로에 대해 배우면서 관계를 발전시켜야 하는 동반자다.

자신과 똑같은 사람으로 만드는 것이 무슨 의미가 있는가? 그런 관계에서 무엇을 배울 수 있겠는가? 파트너를 닮으려고 애쓰지 마라. 파트너를 당신과 비슷하게 만들려고 애쓰지도 마라. 바꾸려 하지 말고 서로의 차이를 이해하고 받아들여라. 자석은 같은 극끼리는 절대 서로를 끌어당기지 않는다. 자석의 서로 다른 극에 해당하는 남자와 여자의 각기 다른 에너지가 서로에게 끌리도록 만드는 것이다. 그러므로 서로의 차이를 인정하면서 남자는 남자로서, 여자는 여자로서의 모습을 유지하는 것이 중요하다.

배우자나 연인과 시선을 맞추는 것은 두 사람의 애정과 유대감을 끈끈하게 만드는 데 큰 영향을 미친다. 갓 사랑에 빠진 연인은 함께 있는 시간의 70% 동안 서로의 눈을 바라본다. 엄마 품에 안긴 아기는 엄마의 눈동자에서 시선을 떼지 않는다. 이는 두 사람의 교감을 한층 강화하며 체내에 '사랑의 호르몬'인 옥시토신이 분비되도록 만든다. 상대방과 호흡을 맞추고 눈빛을 교환하는 것은 간단한 행위지만, 교감을 높이고 애정을 강화하는 매우 효과적인 방법이다. 시선을 피하지 않고 상대방의 눈빛을 응시하는 것은 사랑의 끈을 한층 단단하게 만들어준다.

반면 두 사람 사이에 균열이 생기도록 만드는 보디랭귀지도 있다. 싸울 때 서로 다른 곳을 바라보며 외면하는 태도는 나쁜 감정을 한층 더 악화시킨다. 팔짱을 끼는 것, 멀찌감치 떨어져 있는 것, 등을 돌리는 것도 마찬가지다. 상대방을 향해 손가락질을 하고 못마땅한 표정으로 찌푸리고 날카로운 목소리로 말하는 것도 그렇다. 이런 태도는 다음과 같은 메시지를 전달한다.

"나는 당신과 가까이 있고 싶지 않아."

배우자나 연인과 싸우게 되더라도 이런 태도는 되도록 피하라. 그래야 상대방과 빨리 화해할 가능성이 크고 관계가 악화되지 않는다. 보디랭귀지만 변화시켜도 생각보다 빨리 다툼을 끝낼 수 있다.

물론 모든 상황마다 이러한 주의사항을 빠짐없이 기억해 실천하기는 쉽지 않은 일이다. 그래도 이를 실천하고자 최대한 노력하면 분명 결과는 달라진다. 당신 자신에 대한 자신감, 상대방과의 소통기술 및 관계가 발전적인 방향으로 향하는 것이다. 파괴적인 비판과 방어적인 태도를 버리고 당신의 감정을 솔직하게 표현하라. 그러면 삶이 놀랍도록 변할 것이다. 위에 설명한 내용 중에서 당신에게 특별히 필요하다고 여겨지는 것은 종이에 적어 냉장고나 욕실 거울 등 잘 보이는 곳에 붙여두고 항상 떠올리면서 실천하라.

언젠가 툭하면 언성을 높여가며 싸우는 어느 부부를 상담한 적이 있다. 나는 그 부부에게 위에서 말한 열 가지를 피하도록 노력하라고 차근차근 설명해주었다. 내가 설명하는 동안에도 한 사람은 심드 렁한 표정으로 일관하며 한숨을 쉬었다(이게 바로 상대방을 무시하고 경멸하는 태도다). 그런데 다음 상담시간에 찾아왔을 때 한숨을 쉬던 쪽이 의외의 말을 털어놓았다.

"처음엔 반신반의했지만 선생님이 얘기해준 내용을 종이에 적어 주방 벽에 붙여놓고 실천하려고 노력해봤습니다. 밑져야 본전이라 는 생각이었지요. 지금 저희 부부는 더할 나위 없이 잘 지내고 있어 요. 이렇게 효과가 좋을 줄은 정말 몰랐습니다. 혹시 부부생활에서 문제를 겪고 있는 제 친구들한테 그것을 알려주어도 괜찮을까요? 저희 부부가 경험한 변화를 친구들에게도 선사하고 싶습니다."

Step 8

믿음

———

"두려움이 느껴질 때마다 우리는 행동함으로써
힘과 용기, 자신감을 얻을 수 있다."
– 작자 미상

ULTIMATE CONFIDENCE

성공을 이끌어내는 힘, 믿음

비즈니스 세계에서 성공을 거두기 위해서는 무엇보다 자기 자신에 대한 믿음, 주변 사람들 모두가 감지할 수 있는 내면의 확고한 자신감이 중요하다. 세일즈의 성패는 세일즈맨의 자신감과 고객이 제품 및 세일즈맨을 신뢰할 수 있도록 만드는 데 달려 있다. 기업은 세일즈맨의 심리교육에 많은 비용을 투자하는데 이는 스포츠선수의 심리훈련과 흡사하다.

훌륭한 세일즈맨이 되려면 성공할 수 있다는 자신감 넘치는 태도, 거절이나 실패를 겪더라도 툭툭 털고 일어나 재도전하는 마음가짐이 반드시 필요하다. 상황이 힘들다고 해서 절대로 포기해서는 안 된다. 나는 올림픽에 참가했던 운동선수와 프리미어리그 축구선수를 비롯해 많은 스포츠선수를 만나보았다. 또한 일류 주식중개인과 대기업 CEO도 많이 만났다.

심리훈련을 할 때, 나는 운동선수와 비즈니스 종사자에게 똑같은 방법을 사용한다. 그것은 자기 능력에 대해 확고한 믿음을 심어주고 반드시 해낼 수 있으며 최고가 될 수 있다는 확신을 주입하는 것이다. 비즈니스 세계에서 성공하려면 반드시 해낼 수 있다는 믿음이 있어야 한다. 『어프렌티스』 같은 프로그램에서 찾는 사람이 바로 그런 인재다. 승리자의 태도와 마인드를 갖춘 사람, 최선의 노력을 기울일 각오가 되어 있는 사람, 자기 능력에 대한 확신이 넘치는 사람 말이다. 『드래곤스 덴』의 경우 아무리 제품 아이디어가 기발해도 그것을 들고 나온 사람의 태도에 확신과 자신감이 부족하면 아이디어가 채택되지 못할 가능성이 크다.

성공과 승리에 대한 열망은
나쁜 것이 아니다

경쟁이 무조건 나쁜 것은 아니다. 남과 겨뤄 이기면 성취감과 만족감을 느낄 수 있다. 우리가 올림픽 게임과 월드컵 결승전, 경쟁 방식으로 진행되는 TV 프로그램에 열광하는 이유는 그것을 통해 간접적으로나마 승리의 기쁨을 만끽할 수 있기 때문이다. 자기 분야에서 최고가 되고 싶은 열망, 해낼 수 있고 승리할 수 있다는 믿음은 우리 삶을 이끌어가는 연료다.

믿음을 가져라

"재능만 있고 믿음이 없는 사람보다 재능은 부족하지만 믿음이 확고한 사람이 더 크게 성공할 수 있다."

이 말을 입증하는 많은 연구 결과가 나와 있다. 사회적으로 성공

한 유명 인사나 스타 중에는 걸출한 재능은 부족하지만 자기 확신과
믿음만큼은 누구에게도 뒤지지 않는 사람이 많다. 또한 해낼 수 있
다는 믿음, 어떠한 도전도 피하지 않겠다는 의지와 열정으로 사업을
시작해 결국 크게 성공한 사업가도 많다. 자신에 대한 확고한 믿음
이 가장 중요하다. 뭐든 해낼 수 있다는 자기 확신은 어린 시절부터
심어주는 것이 가장 좋다. 그렇다고 당신의 내면에 그러한 믿음을
심기에 너무 늦은 것은 아니다.

자신에 대한 확고한 믿음으로 성공을 거둔 인물들

★ 리처드 브랜슨 – 학창시절에 성적이 늘 바닥권에 머물렀다.
하지만 열여섯 살 때 학생잡지를 발간하는 첫 사업을 시작했
고 얼마 후 우편으로 음반을 할인 판매하는 사업에 뛰어들었
다. 이후 버진 레코드, 버진 애틀랜틱 항공, 버진 철도, 버진
모바일, 버진 미디어를 설립하며 창조적인 기업가의 대명사
가 되었다. 현재 그는 16억 파운드가 넘는 재산을 소유한 억
만장자다.

★ 앨런 슈가 경 – 빈민가의 공영아파트에서 어린 시절을 보냈고
열여섯 살 때 학교를 그만두었다. 현재 그의 재산은 8억
3,000만 파운드에 이른다.

★ 도널드 트럼프 – 1991년에 사업에서 파산했다. 자신이 반드시
재기할 수 있다고 믿은 그는 거래은행과 투자자들에게 자신
을 지원해달라고 호소했다. 트럼프의 남다른 자신감과 자기
확신에 깊은 인상을 받은 투자자들은 그를 믿고 투자했다.

현재 그의 재산은 30억 달러에 이른다.

★ 아널드 슈워제네거 – 스물한 살에 미국으로 건너가 보디빌더로 활동한 그는 영어도 제대로 구사할 줄 몰랐고 재산도 없었다. 하지만 배우가 되겠다는 의지 하나만큼은 그 누구에게도 뒤지지 않았다. 그는 "나는 20대 초반에 스스로를 승리자라고 믿었다. 내가 위대한 일을 이룰 운명을 타고났다고 믿었다. 누군가는 주제 파악도 못하는 건방진 놈이라고 생각할지도 모른다. 하지만 적당한 수준에서 만족하는 것은 내 방식이 아니다. 그리고 내가 앞으로도 그러지 않길 바란다."라고 말했다.

★ 무하마드 알리 – 그가 활동하던 시기의 거의 모든 헤비급 선수들을 때려눕혔다. 그는 복서들 가운데 '올해의 복서'로 가장 많이 선정되기도 했다. 그는 경기 전후나 도중에 스스로에게 자신감을 주입하고 정신 상태를 강화하는 기술에 탁월했던 것으로 유명하다. 알리는 믿음과 확신의 힘을 보여주는 대표적인 인물이다. 그는 이렇게 말했다. "사람들이 도전을 두려워하는 것은 스스로에 대한 믿음이 부족하기 때문이다. 나는 나 자신을 믿는다. 나는 항상 나 자신에게 '나는 최고야'라고 말한다."

★ 랜스 암스트롱 – 고환과 폐, 뇌에까지 암이 전이돼 살 수 있는 확률이 50%도 안 된다는 말을 들었지만 수차례의 수술과 항암치료를 이겨내고 결국 암을 극복한 투르 드 프랑스 사이클 대회 챔피언이다. 그는 암을 극복했을 뿐 아니라 이후에도

투르 드 프랑스 우승을 거머쥐었다. 그는 절대 포기하지 않는 승자의 마인드를 지녔으며 암을 일컬어 '내 삶에 찾아온 가장 커다란 선물'이라고 불렀다. 또한 그는 "고통은 일시적인 것이다. 고통이 1분이나 한 시간, 하루, 1년 동안 지속될 수도 있다. 그래도 그것은 결국 사라지고 다른 무언가가 나를 찾아온다. 그렇지만 내가 포기하면 고통은 영원히 계속된다."라고 말했다.

★ 마르티나 나브라틸로바 – 언제나 포기할 줄 몰랐으며 스스로 자신이 승자라고 믿었다. 남들의 판단에 좌우되지 않았던 그녀는 "'경기에서 이기느냐 지느냐는 중요하지 않아요'라고 말하는 사람은 패배할 가능성이 크다."고 말했다.

★ 폴라 래드클리프 – 자신이 남들보다 뛰어난 기록을 내고 세계에서 가장 빠른 여성이 될 수 있었던 이유는 육체적 기량보다 해내겠다는 집념과 의지 때문이었다고 말했다.

★ 스티비 원더 – 시력 상실이라는 신체적 결함도 그에게는 꿈을 이루고 성공하는 데 전혀 걸림돌이 되지 않았다.

★ 사이먼 우드로페 – 열여섯 살 때 학교를 그만두었다. 이후 지방 공연 매니저로 떠돌다가 무대 디자이너가 되었고 나중에는 남다른 비전으로 요!스시와 요!호텔을 창업했다. 또한 『드래곤스 덴』의 심사위원으로 활동했으며 동기부여 전문 강사로 많은 이들에게 교훈과 비전을 전달하고 있다.

믿는 대로 돌아온다

■ ■ ■

승자의 마인드를 가져라

믿음은 우리의 모든 행동에 영향을 미친다. 특히 자신의 정체성에 관한 믿음(즉, 자신을 어떤 존재라고 믿는가 하는 것)은 대단히 강력한 힘을 지닌다. 인체는 우리가 생각하는 방식에 맞춰 움직인다. 만약 당신이 스스로를 부족한 존재라고 느끼거나 충분한 자신감이 없거나 지금 하고 있는 일에 부적당한 사람이라고 생각하면, 우리의 몸과 행동도 그런 생각을 따라간다. 당신 스스로 옆에 있는 동료보다 매력 없는 사람이라고 생각할 경우 그런 느낌은 자연스럽게 타인에게 전달되고 실제로 당신은 매력 없는 사람이 된다.

정체성에 관한 믿음은 당신의 모든 것에 영향을 준다. 당신의 인격, 하는 일, 추구하는 꿈, 심지어 옷차림과 먹는 것까지도 말이다.

의심과 회의를 품으면 어떠한 믿음도 힘을 발휘할 수 없다. '정말 그럴까?' 하는 물음표를 던지는 순간 우리 마음은 그것을 더 이상 진실이라고 믿지 않는다. 학교에서 낙제생이었음에도 불구하고 나중에 큰 성공을 거둔 사람들을 보면 하나같이 자신에 대한 주위 사람들의 평가나 믿음에 구애받지 않고 스스로의 능력을 믿으며 목표를 향해 나아갔다는 공통점이 있다.

성공만 생각하라

생각을 바꿔라. 사람은 생각하는 대로 된다. 나는 종종 바이킹의 이야기를 인용한다. 바이킹은 전사들이 필사적으로 싸워 승리하도록 하기 위해 타고 온 배를 불태워버렸다고 한다. 다시 타고 돌아갈 배가 없으니 그들은 승리를 목표로 이를 악물고 싸울 수밖에 없었다. 다른 대안이 없었기 때문이다.

스포츠에서 은메달과 동메달은 주목받지 못한다. 사람들은 오로지 금메달만 기억할 뿐이다. 우리는 인생의 승자가 되어야 한다. 승자가 되기 위해서는 승자처럼 생각해야 한다. 필사적으로 임하는 열정적인 태도, 두려움을 모르는 호랑이 같은 태도를 지녀야 한다. 최근에 축구 감독 아르센 벵거Arséne Wenger는 위건 애슬레틱Wigan Athletic 팀이 두려움을 모르는 태도로 경기에 임한다고 말했다.

나는 나를 찾아온 축구선수들에게도 종종 바이킹 이야기를 들려준다. 승리하는 유일한 길은 두려움 없이 적진을 향해 돌진하는 것이라고 말이다. 축구 천재 디에고 마라도나는 한 번도 자신의 작은 키가 축구선수로 활동하는 데 약점이라고 생각하지 않았다. 키가 작은 편인 축구선수 마이클 오웬Michael Owen도 마찬가지다. 북아일랜드의 축구 천재 조지 베스트George Best는 자신의 음주 습관이 경기 결과에 영향을 미치지 않는다고 믿었고 놀랍게도 실제로 그러했다.

나는 늘 고객들에게 마음속에 이러한 신념 체계를 심으라고 강조한다. 자기 자신을 승리하는 스포츠스타, 어떤 걸림돌에도 굴하지 않는 용기 있는 사람으로 믿으라고 말이다. 당신의 직업이 무엇이든 어떤 분야에 종사하든 이러한 마인드는 당신을 성공으로 이끈다. 일자리를 구하는 것, 고객을 설득해 계약을 성사시키는 것, 승진하는 것, 마음에 드는 이성에게 데이트를 신청하는 것 등 어떠한 목표 앞에서든 그런 마인드로 임해야 한다.

말에 주의를 기울여라

언어를 바꿔라. 두뇌는 당신이 쓰는 말을 통해 당신의 감정을 만들어낸다. 무하마드 알리는 스스로에게 "나는 뛰어난 복서들 중 하나야."라고 말하지 않고 언제나 "나는 최고야. 누구도 나를 패배시킬 수 없어."라고 말했다. 그는 정말로 그렇다고 굳게 믿었다. '할 수 있다'고 생각하고 믿고 말하라. 그러면 당신은 실제로 해낼 수 있다.

승자의 태도를 배워라

태도와 몸가짐, 옷차림을 바꿔라. 비즈니스맨이 정장을 차려 입으면 자신이 전문 직업인이 된 것 같은 느낌을 강하게 받는다. 올바른 옷차림은 당신의 몸가짐과 태도까지 변화시킬 수 있다. 올바른 생각도 당신의 태도를 변화시킨다. 스포츠 심리전문가들은 운동선수에게 가르칠 수 없는 유일한 것이 바로 '태도'라고 말한다. 태도를 바꿀 수 있는 사람은 자기 자신뿐이기 때문이다.

스포츠에서든 비즈니스에서든 태도는 매우 중요하다. 내 심리 상담법의 중요한 장점 중 하나는 최면요법으로 사람들이 승자의 태도를 갖도록 만든다는 것이다. 재능 있는 운동선수를 발굴하는 스카우트 담당자나 잠재력 높은 배우를 선발하는 캐스팅 에이전트들이 가장 먼저 보는 것은 바로 '태도'다. 그들은 전사의 마인드, 승리자의 태도를 갖춘 사람을 뽑는다. 『X 팩터』(오디션을 통해 신인을 발굴하는 영국의 리얼리티 쇼-옮긴이) 같은 프로그램의 예선에서도 심사위원들은 스트레스와 중압감을 견뎌내지 못할 것 같은 지원자는 탈락시킨다. 고개나 시선을 아래로 떨어트리는 것은 패자의 태도다. 심사위원들은 언제나 자세가 곧고 눈빛에 열정이 가득하며 도전의식과 각오가 충분히 느껴지는 사람을 뽑는다. 이런 것은 얼마든지 배워서 익힐 수 있는 태도다. 공자는 이렇게 말했다.

"절대로 실패하지 않는 것이 아니라 실패할 때마다 다시 일어서는 것이 인간의 가장 고귀한 덕성이다."

파산을 했다가 다시 보란 듯이 일어서는 기업가들이 그럴 수 있는 것은 그들이 스스로를 실패자라고 여기지 않기 때문이다. 도널드 트럼프는 한때 10억 달러 이상의 부채를 짊어지게 되었지만 결코 승자의 마인드를 잃지 않았다. 오히려 그는 성공한 사업가처럼 자신감 넘치는 몸가짐과 태도를 유지했고 1년 내에 부채를 모두 청산하는 동시에 엄청난 수익을 올리는 사업가로 거듭났다.

마음속에 성공하는 모습을 그려라

운동선수가 마음속으로 승리하는 모습을 그리면 온몸의 세포와 근육이 그 그림을 실현하기 위해 움직이기 시작한다. 그렇게 그림을 그릴 줄 아는 선수만이 올림픽 같은 대형 경기에 출전할 기회를 얻게 된다. 그들은 마음속 그림을 그리지 않는 선수보다 모든 면에서 탁월한 기량을 발휘하기 때문이다. 만약 당신이 면접이나 어떤 평가 혹은 사람들 앞에서 연설을 하거나 회의를 주도해야 하는 상황이라면 먼저 그것을 멋지게 해내는 모습을 상상하라.

성공하는 사람은 언제나 성공하는 모습을 상상한다. Step6에서 소개한 것처럼 대본을 활용하라. 마음속 그림을 바꾸는 것, 원하는 바를 이뤄내는 모습을 상상하는 것 그리고 그 반대의 모습을 머릿속에서 깨끗이 지우는 것은 당신의 성공에 결정적인 영향을 미친다. 허구든 사실이든 우리 마음은 보이는 그대로 믿는다는 것을 명심하라. 상상하기 시작하는 순간, 당신의 몸과 마음은 그쪽을 향해 움직이기 시작한다.

자신 있게 확신하면서 상상해야 목표를 이룰 수 있다. 최고 수준에 가까이 가 있는 사람은 이미 성공에 필요한 재능과 기술을 갖추고 있다. 그들 중에서 최고의 자리는 마음속으로 끊임없이 성공의 그림을 그리는 사람이 차지한다. 강력한 상상과 마음훈련은 그 어떤 약물보다 강한 효과를 발휘한다. 이책을 활용해 끊임없이 당신의 잠재력을 확대하라. 당신의 잠재력은 당신이 믿는 만큼 무한하게 커진다. 당신의 잠재력은 무한대다. 최고의 기업가와 운동선수 못지않게 당신의 내면에도 무궁무진한 잠재력이 웅크리고 있다는 점을 기억하라! 그 잠재력을 끄집어내 자신감 넘치는 인생의 첫 장을 넘기기 시작하라.

불평을 늘어놓지 말고 '할 수 있다'고 되뇌라

습관을 바꿔라. 우리의 감정을 좌우하는 것은 두 가지다. 하나는 마음속에 그리는 그림이고 다른 하나는 우리가 사용하는 말이다. 항상 자신감 넘치는 승자의 모습을 상상하고 승자의 언어를 사용하는 것은 삶을 바꾸는 가장 확실한 방법이다. 또한 그렇게 살아가는 사람은 가장 빠르고 확실하게 지금보다 높은 곳으로 올라설 수 있다.

'할 수 없다'고 생각하면 당신은 실제로 할 수 없다. '할 수 있다'고 생각하면 정말로 할 수 있다. 극한 상황을 즐기는 매니어들은 그런 경험과 행복감을 연결 지어 생각하는 경향이 있다. 그들이 철인 3종 경기, 패러글라이딩, 무산소 잠수를 즐기는 이유는 그것을 즐거움과 연결 짓기 때문이다. 성공한 기업가는 일터에 가는 것을 즐겁게 생각하고 새로운 도전을 기꺼이 받아들이며 주어진 책무 이상을 해낸다. 그들의 공통점은 늘 주변의 기대치보다 많은 것을 시도하고 이뤄낸다는 것이다.

테니스 선수 마리아 샤라포바는 늘 탁월한 정신 자세를 보여준다. 그녀는 언제나 굳은 의지를 잃지 않으며 심지어 경기에 패했을 때조차 승자의 보디랭귀지를 보인다. 나는 주식중개인에게도 운동선수에게 가르치는 것과 똑같은 기법을 가르친다. 확고한 자신감으로 적당한 타이밍에 거래하고 언제 멈춰야 하는지를 자신 있게 판단하는 것 말이다. 인생에서 유일한 위험요소는 위험을 감수하지 않는 것이다.

지금까지 살아오면서 위험을 감수하고 무언가에 도전했던 경험을 떠올려보라. 마음에 드는 이성에게 데이트를 신청하는 것, 면접에 도전하는 것, 연봉 인상을 요청하는 것에서 두려워하며 주저하기보다 기꺼이 위험을 떠안고 시도해보라.

절대 '불가능'이라는 생각을 품지 마라

사이먼 웨스턴은 포클랜드 전쟁에 참전한 퇴역군인으로 그가 타고 있던 배에 폭탄이 떨어지는 바람에 신체의 절반가량에 화상을 입었다. 이런 까닭에 얼굴을 비롯해 피부의 여러 곳이 끔찍하게 일그러졌다. 하지만 그는 한 번도 자신을 피해자나 인생의 패배자로 여기지 않았고 심지어 배에 폭탄을 떨어트린 아르헨티나의 조종사 카를로스를 만나 용서하고 친구가 되었다. 공장 노동자에서 영국이 사랑하는 오페라 가수가 된 러셀 왓슨Russell Watson이 사람들에게 감동을 주는 이유는 포기할 줄 모르는 태도 때문이다.

'안 된다'는 생각을 하지 않는 사람은 결국 원하는 바를 성취한다. 불가능을 인정하지 않는다는 것은 곧 자신에 대한 믿음이 확고하다는 뜻이다. 비즈니스 세계에서 목표 성취와 성공을 향해 달려가는 당신도 하나의 상품이다. 스스로를 가치가 높은 최고의 상품이라고 생각하라. 2007년, 『브리튼스 갓 탤런트』에서 우승을 차지한 폴 포츠Paul Potts는 모든 시청자의 가슴에 감동을 선사했다. 오페라 가수가 되겠다는 꿈을 결코 포기하지 않은 그의 열정과 의지에 모두가 박수를 보냈다.

성공하는 사람은 절대로 불가능을 인정하지 않는다. 그들은 설령 실패하더라도 다시 일어나 도전하고 그 실패를 값진 경험으로 여긴다. 당신도 그렇게 해야 한다. 성공은 실패하지 않는 것이 아니라 실패하더라도 얼마나 빨리 다시 일어나느냐에 달려 있다. 성공에 이르기까지 걸리는 시간을 인내하지 못하는 사람은 포기해버린다. 그리고 불가능하다고 믿는다. 반면 성공하는 사람은 결코 불가능이라는 말을 인정하지 않는다.

우리는 흔히 1년 내에 해내는 일은 과대평가하고 5년이 걸리는 일은 과소평가하는 경향이 있다. 조앤 롤링은 『해리 포터』 시리즈를 출간하기 전에 여러 출판사에서 거절을 당했다. 그녀는 끈질기게 출판사를 돌아다니며 원고를 내밀었고 어떠한 거절에도 상처받지 않았으며 결국 세계적인 베스트셀러 작가가 되었다. 미국의 인기 드라마 『소프라노스』The Sopranos를 쓴 작가는 무려 5년 동안이나 여러 곳에서 거절을 당했다. 그때마다 내용이 너무 폭력적이라 성공하지 못할 것이라는 혹평을 들었지만, 결국 이 작품은 세상의 호평을 받으며 대박을 터트렸다. 『바람과 함께 사라지다』Gone with the Wind를 쓴 마거릿 미첼도 수년간 여러 출판사에서 번번이 거절을 당했다. 『위기의 주부들』Desperate Housewives 대본은 HBO, CBS, NBC, FOX, 쇼타임Showtime, 라이프타임Lifetime에서 모두 거절당했다. 이 대본이 작품으로 제작되어 전파를 타기까지는 수년이 걸렸지만 마침내 이 드라마는 전 세계 시청자의 엄청난 사랑을 받는 작품으로 거듭났다.

자신감과 확신이 있는 사람은 절대로 도중에 주저앉지 않으며 설사 실패를 하더라도 그것을 값진 교훈을 얻을 기회로 여긴다. 당신의 내면에도 그런 의지와 자신감이 숨어 있다. 포기하지 않고 불가능을 인정하지 않는 태도를 지녀야 당신의 삶을 일으켜 세울 수 있다. 비록 처음 몇 번의 시도에서 원하는 만큼 얻지 못할지라도 궁극적인 성공은 당신의 태도에 달려 있다. 자꾸 연습하고 스스로를 단련할수록 자신감도 커지는 법이다.

우리는 누구나 내면에 자신감을 갖고 태어난다. 그것을 자꾸 끄집어내고 연습하면 얼마든지 자신감 넘치는 사람이 될 수 있다. 무언가를 끊임없이 반복하고 연습하면 그것을 더욱 잘하게 된다. 컴퓨터를 다루거나 요리를 하는 것도 마찬가지다. 낯선 외국으로 이민 가는 사람들을 생각해보라. 처음에는 입을 떼기도 힘들지만 그 나라의 말을 계속 접하다 보면 차츰 자신감을 얻어 그 나라 사람들과 대화할 수 있게 된다. 이 책에서 설명하는 방법과 기술을 당신의 생활 속에서 끊임없이 반복적으로 실천하라. 그러면 반드시 자존감과 자신감, 삶의 행복도가 크게 높아질 것이다.

우리의 일상생활에서 목격할 수 있는 온갖 물건을 떠올려보라. 컴퓨터, 전화기, 건축물, 그밖에 수많은 발명품은 누군가가 자신의 아이디어에 굳건한 자신감을 보였기에 세상에 탄생한 것이다. 주변의 모든 사람이 비웃을 때조차 그들의 신념은 흔들리지 않았다. 19세기 초, 일부 사람들은 증기기관차 개발을 반대했다. 시속 50킬로미터 이상으로 달리며 시끄럽게 소음을 내는 증기기관차를 만들면, 임신부가 유산을 하거나 근처 들판에 있는 젖소가 스트레스를 받아 우유가 잘 나오지 않을 거라고 믿었기 때문이다. 그러한 우려를 극복한 누군가가 있었기에 오늘날 우리가 시속 300킬로미터로 달리는 기차의 편리함을 누리고 있는 것이다. 2007년 4월에는 프랑스의 초고속 열차 TGV가 시험주행에서 시속 574.8킬로미터를 기록하면서 세계 최고기록을 경신한 바 있다.

로저 배니스터Roger Bannister는 인류 최초로 '1마일 4분 벽'을 허문 인물이다. 그가 이루기 전까지 사람들은 1마일을 4분 안에 주파하는 것은 '인간이 결코 할 수 없는 일'이라고 믿었다. 로저 배니스터가 그 벽을 허물 수 있었던 것은 자신이 4분 내에 결승선에 들어오는 모습을 맹렬히 상상했기 때문이다. 그는 기록만 깨트린 것이 아니라 불가능하다는 마음의 장벽도 무너트렸다. 이를 증명하듯 그가 기록을 세운 해에 여덟 명의 다른 선수가, 그 다음 해에는 쉰일곱 명이 4분 벽을 돌파했다. 미국의 수영 선수 마크 스피츠Mark Spitz는 1972년 올림픽에서 일곱 개의 금메달을 따는 신기록을 세웠는데, 이는 자신에 대한 굳은 믿음과 의지 덕분이었다.

우리 안에 숨어 있는 가능성과 잠재력은 우리가 노력한 만큼 발휘된다. 즉, 우리는 자신의 잠재력이 지닌 한계를 알 수 없다. 당신이 내면의 잠재력을 끌어내면 끌어낼수록 그것은 더욱 커진다. 그리고 한번 발휘된 잠재력은 결코 이전 상태로 되돌아가지 않는다. 당신의 잠재력과 가능성은 무궁무진하다. 다만 당신이 그것을 꺼내지 않고 있을 뿐이다. 우리가 아름다운 목소리로 노래하는 가수, 놀라운 기록을 세우는 스포츠선수, 열정적인 연기를 보여주는 배우를 보며 감동하는 이유는 우리와 똑같은 인간임에도 불구하고 그들이 놀라운 것을 이뤄냈기 때문이다. 그들은 인간의 잠재력에 끝이 없다는 것을 일깨워준다.

만약 당신이 지금 알고 있는 정보와 지식, 기술을 가지고 수백 년 전으로 돌아간다면 당신은 세상을 다스리는 통치자가 될지도 모른다. 당신에게는 과거의 사람들이 얻지 못한 수많은 지식과 능력이 있기 때문이다. 지금까지 인간은 지식과 능력의 한계를 뛰어넘어 끊임없이 발전해왔다.

자신의 잠재력과 가능성을 믿는 사람은 절대로 도중에 포기하지 않고 계속 앞으로 나아간다. 언뜻 하루아침에 성공한 것처럼 보이는 사람, 성공의 자리에 쉽게 오른 것처럼 여겨지는 사람도 그 이면을 살피면 수많은 실패와 시행착오가 숨어 있다. 그들은 그런 시간을 꿋꿋이 이겨냈기에 지금의 자리에 오른 것이다. 리처드 브랜슨이 처음에 회사 이름을 '버진'Virgin으로 정한 것은 '사업에 처음 뛰어드는 초심자의 상태'를 담기 위해서였다. 그는 수많은 시행착오와 실수를 겪었지만 결국 그것은 성장을 위한 자양분이 되었고 덕분에 지금은 놀라운 리더로 거듭났다.

어떤 일이 일어나느냐가 중요한 것이 아니라 그 일을 어떻게 해석하느냐가 중요하다. 다시 말해 어떤 일이나 상황에 직면했을 때 그 일 자체가 우리에게 영향을 미치는 것은 아니다. 우리 스스로가 거기에 어떤 의미를 부여하느냐, 그것을 어떤 렌즈로 바라보며 해석하느냐가 우리에게 영향을 미친다.

몇 년 전, 나는 대단히 낙관적인 가치관을 토대로 성공적인 인생을 살고 있는 한 여성을 알게 되었다. 그녀는 하마터면 세상에 나오지 못할 뻔했다. 어머니가 그녀를 임신했을 때 중절을 시도했는데 어떤 이유에서인지 중절에 성공하지 못했던 것이다. 부모님은 늘 그녀가 무척 소중한 존재라고, 사선死線을 넘어 특별한 목적을 갖고 세상에 태어났다고 말해주었다. 얼마 후, 나는 그처럼 중절 시도에서 살아난 또 다른 여성을 만났다. 그 여성은 나에게 "제가 어떻게 훌륭한 인간이 될 수 있겠어요. 부모님조차 저를 원치 않았는데. 저는 애초에 세상이 원치 않던 존재라고요."라고 말했다. 두 번째 여성은 긍정적인 가치관을 심어주는 부모님 밑에서 자라나지 못했다는 점에서 첫 번째 여성보다 운이 나빴던 셈이다. 어쨌든 두 사람 모두 똑같은 경험을 했지만 한 사람은 그것을 통해 자신의 존재 목적과 의미를 깨달아 훌륭한 삶을 일궈나갔고, 다른 한 사람은 자신의 존재 의미를 폄하하고 깎아내렸다.

Step2에서 거절을 받아들이는 방법을 바꾸라고 강조한 것도 그 때문이다. 어떤 사건이나 상황에 담긴 의미를 긍정적으로 해석하면 그 일은 결코 당신에게 나쁜 영향을 끼치지 못한다. 관점과 해석을 변화시켜 '이 일에서 나는 ~를 배웠어'라고 생각하면 그것은 당신의 걸림돌이 되지 못한다. 당신의 성격이나 삶의 어떤 영역에서 당신의 자신감을 가로막는 부분이 있다면 그에 대한 관점을 당장 바꿔라.

진정한 자신감은 자신을 사랑하는 것에서 비롯된다. 삶을 '견뎌야 하는 무언가'로 받아들이는가 아니면 '기꺼이 즐길 만한 무언가'로 받아들이는가는 전적으로 당신에게 달려 있다. 당신은 '당신 자신'이라는 사람과 함께 밤마다 잠자리에 들고 아침마다 깨어난다. 스스로를 사랑하면 그 일이 더없이 즐겁지만 자신의 모습에 만족하지 못하면 그 일만큼 끔찍한 것도 없다.

당신 자신을 좋아하고 아끼고 사랑하라. 이 책의 내용을 가슴 깊이 받아들이고 실천하라. 그러면 주변 사람들도 자연스럽게 당신을 좋아하게 될 것이다.

진정한 자기애와 자신감이 확립되면 남들을 감동시키려 애쓰거나 남들 앞에서 일부러 가장할 필요가 없다. 다른 사람들도 당신의 자신감을 자연스럽게 감지할 수 있기 때문이다. 보다 긍정적인 기운 및 에너지가 넘치는 모습과 올바른 태도로 원하는 목표를 향해 자신감 있게 나아가라. 다음의 과제를 실천해보라.

배운 대로 따라하기

당신이 타인에게 받았던 칭찬을 모두 종이에 적어보라. 사람들이 당신을 좋아하는 이유를 기록하라. 최대한 많이 적어야 한다. 어린 시절과 학창 시절을 되돌아보며 그때 받았던 칭찬, 친구나 부모님 혹은 선생님이 해주었던 칭찬의 말을 떠올려보라. 또한 당신이 자기 자신에게 해주고 싶은 칭찬과 당신이 좋아하는 당신의 특징도 적어라. 이것은 대단히 중요하다. 당신이 듣는 말 중에서 가장 중요한 것은 당신이 스스로에게 하는 말이기 때문이다.

기록한 내용을 잘 보이는 곳에 붙여놓고 날마다 읽어라. 그렇게 하면 내면의 자존감이 놀랄 만큼 높아진다. 하루도 빼놓지 마라. '이런 게 무슨 효과가 있겠어?'라는 의심도 절대 품지 마라. 거기에 마음을 쏟는 만큼 무언가가 당신에게 돌아온다. 분명 자기 가치에 대한 확신과 자존감, 자아상이 높아질 것이다.

마음의 법칙

■ ■ ■

마음이 작동하는 방식을 이해하면 원치 않는 생각이나 행동 방식의 영향을 받는 것이 아니라, 당신 스스로 마음에 영향을 미칠 수 있다. 최신 컴퓨터나 내비게이션, 휴대전화를 구입했는데 아무런 사용설명서도 없다고 상상해보라. 그처럼 난감한 경우가 또 있을까? 당신은 그것을 아예 사용하지 못하거나 엉뚱한 버튼을 누르며 한동안 헤매야 할 것이다. 또한 기계의 성능을 최대한 활용하지도, 그것이 제공할 수 있는 뛰어난 효용성을 누리지도 못한다.

인간의 몸과 마음도 마찬가지다. 우리에게는 컴퓨터보다 뛰어난 두뇌가 있다. 하지만 그것을 최대한 활용하는 방법이 담긴 사용설명서나 성공할 수밖에 없도록 우리 자신을 프로그래밍하는 방법을 알려주는 매뉴얼은 누구에게도 주어지지 않는다. 우리가 내면에 무한

한 능력을 갖추고 있으면서도 그것을 꺼내 쓰지 못하고 혼란 속에서 헤매는 이유가 여기에 있다.

자녀 교육법에 관한 책은 무수히 많다. 하지만 아이들에게 마음을 활용하는 방법을 알려주도록 안내하는 책은 거의 없다. 또한 체중과 몸매를 관리하는 법을 알려주는 책은 넘쳐나지만 마음의 근육을 키우는 법을 설명하는 책은 별로 없다. 다음에 소개하는 마음의 법칙을 명심하라. 분명 자신감을 높이고 성공의 주인공이 될 수 있도록 당신을 재프로그래밍할 수 있을 것이다.

1. 우리의 모든 생각은 신체 반응을 일으킨다

강한 감정을 담아 어떤 생각을 하면 그것은 반드시 잠재의식에 가 닿는다. 그리고 그 생각은 신체에도 반응을 일으킨다. 신체의 부정적 반응을 변화시키려면 의식적이든 무의식적이든 먼저 머릿속의 생각을 변화시켜야 한다.

어떤 위험을 감수하는 일(예컨대 면접을 보거나 청중 앞에서 말하는 일)을 강한 부정적 감정과 연결 지어 생각하면, 그 감정은 잠재의식 속으로 들어가고 실제로 당신에게 부정적인 영향을 미친다.

반면 강연이나 면접을 강한 긍정적 감정과 연결 지어 생각하면 (즉, 두려움 대신 기대감에 부풀면) 그것은 실제로 당신에게 긍정적인 영향을 미친다.

2. 마음속에 그리는 대로 이루어질 가능성이 크다

우리의 두뇌와 신경시스템은 그림과 이미지에 무조건 반응한다.

그 이미지가 현실이냐 상상한 내용이냐에 상관없이 말이다. 마음속에 어떤 그림을 그리면 우리의 잠재의식은 모든 수단을 동원해 그림을 현실로 만들려고 애쓴다. 무언가를 걱정하는 것은 곧 원치 않는 상황을 마음에 그리는 것이고, 그러면 잠재의식은 그 그림을 실현하기 위해 움직이기 시작한다.

새로운 일을 시도하거나 직장에서 새로운 책무를 맡게 될 때 그것에 대해 걱정하지 마라. 대신 잘 해낼 수 있을 거라고 믿어라. 우리가 하는 일의 성과는 마음속 그림과 이미지에 크게 좌우된다. '사람들 앞에 서면 준비한 말을 잊을지도 몰라', '얼굴이 벌게질 거야', '망쳐버릴지도 몰라'라고 자꾸만 실패하는 그림을 상상하면 실제로 그렇게 된다. 그러므로 실패를 상상하지 말고 성공, 그것도 아주 멋지게 성공하는 모습을 상상하라. 아기처럼 언제나 자신감이 넘칠 거라고, 반드시 해낼 거라고 상상하라. 그러면 그것은 현실이 된다.

3. 마음속에서는 상상이 지식보다 더 큰 힘을 발휘한다

우리의 이성은 상상과 감정에 쉽게 굴복한다. 이성과 논리로 감정적 반응을 통제할 수 있다면 세상에 폭력 행위는 존재하지 않을 것이다. 가령 체조선수들이 올라가는 평균대처럼 긴 널빤지가 있다고 생각해보자. 널빤지를 바닥에 놓으면 누구나 쉽게 그 위에 올라가 중심을 잡는다. 하지만 눈을 가린 뒤에 그 위에 올라가게 한 다음, 널빤지의 양 끝에 받침대를 놓아 창틀 정도의 높이로 올라갔다고 말하면 쉽게 중심을 잡지 못한다. 실제로는 서 있을 수 있지만 떨어질지도 모른다는 상상이 더 큰 힘을 발휘하기 때문이다. 어떤 생각에 두려움처럼 강력한 감정이 동반되면 그것은 어떠한 이성적 정보보다 큰 힘을 발휘한다.

자기 자신을 자신감 넘치고 훌륭한 모습으로 상상하는 것은 자존감을 향상시킬 뿐 아니라 당신이 원하는 결과를 얻도록 이끌어준다. 학교나 직장에서 강압적인 태도로 당신을 괴롭히는 사람이 있다면, 그 사람보다 강해진 당신의 모습과 차분하고 단호하게 대응하는 모습을 상상하라. Step3에서 설명했던 내용을 떠올려보라.

4. 한 가지 생각을 받아들이면 그 다음 것을 받아들이는 저항은 줄어든다

잠재의식이 어떤 생각이나 믿음을 받아들이면 그 다음 생각은 더욱 쉽게 받아들인다. 만약 이 책을 읽으면서 이미 새로운 생각을 받아들이기 시작했다면, 그것만으로도 당신의 마음은 책에 있는 다른 내용을 더욱 쉽게 받아들일 것이다. 그러므로 책에 소개된 과제를 차례대로 빠짐없이 실천하는 것은 매우 중요하다. 이들 과제는 잘못된 낡은 믿음을 떨쳐내고 새로운 믿음을 받아들이도록 해준다. 과제를 하나라도 빠트렸다면 앞으로 돌아가 그것을 실천하라.

5. 부정적 감정이 담긴 마인드가 오래 지속되면 신체에도 변화를 유발한다

의사들은 우리가 일상생활에서 겪는 작은 질병의 75%는 신체기관 자체의 문제라기보다 그것을 제대로 기능하게 만드는 정신적 요인에서 비롯된다고 말한다. 다시 말해 신경시스템이 잠재의식 속의 부정적인 생각과 믿음에 특정하게 반응하고 이것이 다시 신체의 적절한 기능을 방해하는 것이다. 마음과 신체는 서로 밀접하게 연결되어 있다. 따라서 변화를 두려워하고 끊임없이 실패와 실수를 생각하면, 이는 신체에도 부정적인 영향을 미쳐 몸의 어딘가가 제대로 기능하지 못하도록 방해한다. 반대로 변화와 도전을 긍정적인 마인드로 받아들이면, 또한 자기 자신을 좋아하겠다고 마음먹고 사람들에게도 사랑받을 것이라고 믿으면 신체에 긍정적인 변화가 일어난다.

6. 내면의 변화를 위해 의식적으로 노력할수록 잠재의식은 더욱 약하게 반응한다

내면의 변화를 일으키고자 할 때 의지력은 적절한 도구가 되어주지 못한다. 무언가를 기억해내려고 아무리 애를 써도 도무지 떠오르지 않다가 애쓰기를 멈추자 갑자기 그것이 떠올랐던 경험이 있을 것이다. 이는 의식적으로 노력할수록 잠재의식이 더욱 약하게 반응하기 때문이다. 이런 까닭에 잠을 자려고 의식적으로 애쓰는 것은 불면증 환자에게 별로 도움이 되지 않는다.

어떤 꿈을 꾸다가 잠에서 깨어난 후 아무리 머릿속을 휘저어도 꿈이 기억나지 않았던 적이 있는가? 그럴 때는 억지로 노력하는 것보다 가만히 눈을 감고 잠재의식이 자유롭게 활동하도록 내버려두는 것이 더 효과적이다. 운동을 통해 신체를 변화시키고자 할 경우에는 더 많은 노력을 기울일수록 성과가 좋다. 그러나 내면의 변화, 즉 생각과 믿음을 변화시키는 일에서는 그 반대의 원리가 적용된다.

의식적으로 애쓰지 마라. 그저 당신의 잠재의식이 새로운 생각과 믿음을 흡수하고 받아들이도록 자연스럽게 놔두어라. 내면을 바꾸는 일에서는 의식적인 노력이 모든 것을 좌우하지 않는다. 스스로 원하는 모습을 마음속에 그리고 그 이미지를 편안하게 받아들여라. 그 이미지에 걸맞은 언어를 사용하며 늘 그 이미지를 떠올리되 이 모든 과정을 억지로 애쓰기보다 자연스럽게 흡수한다고 생각하라. 이것을 반복하면 어느새 두뇌가 '나는 이것을 잘 알아. 이 정도는 나도 충분히 해낼 수 있어'라고 믿게 된다.

새로운 믿음을 흡수하기 시작하면 오래된 부정적 믿음은 점차 사라진다. 당신의 잠재의식을 재프로그래밍하라. 마음속에 당신의 능력과 재능에 대해 멋진 그림을 그려라. 그것이 잘못된 낡은 믿음을 영원히 제거해줄 것이다. 당신이 의식적으로 기울여야 하는 유일한 노력은 이 책에 실린 과제를 실천하는 것이며, 이는 대단히 중요하다. 물론 '하지 않도록' 의식적으로 주의를 기울여야 할 것도 있다. 예를 들면 자기 자신을 비판하거나 자책하는 것 말이다. 이것 역시 '힘들게 애써야 하는 일'로 여기지 말고 그저 주의를 기울이면서 '하지 않으면 되는 일'로 받아들여라.

이 법칙은 다음 8번의 법칙과 그 맥락이 유사하다.

마음속에 들어온 생각이나 믿음은 그곳에 머물려는 경향을 보인다. 그리고 오래 머물수록 그것은 점점 생각의 습관으로 고정된다. 나아가 이것은 행동의 습관을 형성한다. 다시 말해 생각의 습관이 먼저 생기고 그로 인해 행동의 습관이 만들어지는 것이다. 행동의 습관이 형성되기에 앞서 언제나 어떤 생각이나 믿음이 먼저 존재한다. 그러므로 행동을 변화시키고 싶다면 우선 생각부터 바꿔야 한다.

우리의 내면에는 많은 잘못된 생각 습관이 굳건하게 박혀 있다. 어떤 사람은 청중 앞에 나서기 전에 반드시 청심환을 먹어야 한다고 믿는다. 또 어떤 사람은 마음을 안정시킬 필요가 있을 때 꼭 담배를 피워야 한다고 믿는다. 이것은 그들의 습관적 믿음에 불과하다. 물론 청심환이 플라시보 효과를 낼 수도 있지만 이는 어디까지나 습관적인 믿음일 뿐이다.

기존의 믿음을 새로운 것으로 대체하려 할 때 마음에서 저항이 일어날 수도 있다. 하지만 기존의 믿음이 아무리 굳게 박혀 있다 해도 또한 아무리 오랫동안 내면에 머물렀을지라도 당신이 원하면 얼마든지 바꿀 수 있다는 것을 명심하라.

신념_ 오로지 긍정적인 방향으로 신념을 다져라. 할 수 있다는 신념은 굳히고 할 수 없다는 신념은 버려라. 이 책에서 설명하는 방법이 효과가 있다고 믿어라. 그것을 실천함으로써 일어나는 변화가 영구적인 힘을 발휘할 것이라고 믿어라.

견해_ 어떤 상황이나 대상에 대한 견해는 쉽게 바뀔 수 있다. 견해는 주로 어떤 정보를 토대로 하는 데다 그 성격이 일시적인 경우가 많기 때문이다. 누군가가 '너는 할 수 없어'라거나 '네가 해낼 리 없어'라고 말하면 당신은 '그건 다른 사람의 견해일 뿐이잖아', '남들이 나에 대해 뭘 알아', '그들이 옳다는 증거가 어디 있어'라고 생각하라.

부모님이 당신에게 '창피하게 튀는 행동 좀 하지 마라', '너는 골칫덩어리야', '주제 넘는 생각은 아예 하지 마라'라고 말할지라도 그것은 부모님의 견해지 당신의 견해가 아니다. 나는 부모로부터 '잘난 구석도 없으면서 왜 그렇게 나대니?', '창피하게 왜 그렇게 행동하니?', '애써봐야 안 될 거야. 너 같은 애가 어떻게 그런 직장에 들어가겠니?' 같은 부정적인 말을 들으며 자란 고객을 많이 상담했다.

당신의 견해가 부모의 견해와 같아야 하는 것은 아니다. 주변 사람들의 믿음과 견해에 의문을 제기하지 않으면 우리의 삶은 결코 나아질 수 없다. 의문을 품고 다시 생각하기 시작하면 어떠한 믿음도 변화시킬 수 있다. 물음표를 던지는 순간 당신은 더 이상 그것을 믿지 않게 된다. 어렸을 때 산타클로스 할아버지가 선물을 준다고 믿었고, 빠진 이빨은 지붕 위에 던져야 새 이빨이 난다고 믿었던 것을 생각해보라. 언젠가부터 당신은 그 믿음을 의심하기 시작했고 결국 믿음이 바뀌지 않았던가.

당신의 재능, 능력, 자신감, 자존감에 대한 믿음을 잘 들여다보라. 그것이 형성되는 데 남들의 견해가 영향을 미쳤는가? 당신은 그것이 옳다고 믿는가? 이 책의 방법들은 당신이 스스로에 대한 부정적인 믿음과 견해를 의심하고 그것을 변화시키도록 도와준다.

9. 마음은 서로 모순되는 믿음을 동시에 품지 못한다

우리 마음은 서로 모순되는 생각을 동시에 품을 수 없다. 우리는 자신감이 있는 동시에 불안할 수 없으며 행복한 동시에 슬플 수 없다. 모순되는 믿음은 마음을 혼란에 빠트린다. 성공을 원하면서 자꾸만 실패를 이야기하거나 자신을 멍청이 혹은 패배자로 표현하는 것 역시 그런 효과를 낸다.

그러므로 성공을 목표로 하면서 늘 스스로의 약점에 집중해서는 안 된다. 그것은 상반된 믿음을 갖는 것이나 마찬가지다. 이는 마음을 혼란에 빠트린다. 마음은 우리가 스스로에게 말하는 모든 것을 진실로 받아들이기 때문이다.

성공하는 사람들은 인간관계, 건강, 직장 문제 등 삶의 어떤 영역에서든 자신이 원하는 바와 즐거움을 분명하게 연결하는 마인드를 갖추고 있다. 만일 당신이 성공을 강하게 열망하면서도 이를 위해 기울여야 하는 노력이나 목표를 달성하고자 주말을 반납하는 것을 고통과 연결 지어 생각하면 마음에 혼란스러운 메시지를 전달하게 된다. 뛰어난 세일즈맨이 되고 싶어 하면서 낯선 사람과 대화하는 것을 두려워한다면, 주식투자를 하고 싶어 하면서 위험을 감수하길 겁낸다면, 당신은 모순된 믿음을 품고 있는 것이다.

자신에게 이롭지 못한 믿음을 버리고 긍정적인 믿음을 선택하면 삶은 훨씬 더 멋진 모습으로 변화하기 시작한다. 인간은 스스로 그런 선택을 할 줄 아는 존재다. 마음에 두려움을 품은 사람은 결코 자신감을 얻을 수도, 원하는 삶을 살 수도 없다.

습관을 바꾸는 법

습관을 만드는 것은 우리 자신이지만 그 다음에는 습관이 우리를 만든다. 무언가에 중독된 사람은 그 행동을 그만두겠다고 공언하면서 잠시나마 그 공언을 실천하기도 한다. 그러나 그 행동을 만들어낸 생각은 버리지 못한다. 이런 까닭에 원래의 습관으로 되돌아가고 만다.

언제나 생각이 먼저 존재하므로 행동을 바꾸려면 그 행동이 일어나도록 만든 생각패턴을 우선적으로 바꿔야 한다. 마음은 이성적으로 판단하는 능력이 없기 때문에 당신이 스스로에게 말하는 것을 그대로 받아들인다. 또한 우리 몸은 생각에 부합하는 방식으로 생각을 따라 움직이게 되어 있다. 언제나 생각이 먼저이므로 생각은 몸과 행동에 고스란히 영향을 미친다.

행동의 습관을 만들어내는 원인은 생각의 습관이다. 무언가를 미루거나 어려운 일을 기피하려는 것은 '이건 너무 힘들어', '너무 위험해', '나는 수줍음이 많아서 안 돼'라고 생각하는 습관 때문이다. 진정한 자신감을 얻고 그것을 유지하고자 한다면 먼저 생각의 습관부터 고쳐야 한다.

초콜릿에 중독된 사람을 생각해보자. 초콜릿을 먹는 것 자체는 행동의 습관이지만 그것은 결국 '초콜릿은 맛있어', '초콜릿을 먹으면 기분이 좋아져'라는 생각의 습관이 낳은 결과다. 초콜릿을 먹는 행위를 그만두더라도 이러한 생각의 습관을 버리지 않으면 십중팔구

다시 초콜릿으로 손을 뻗게 된다. 흡연도 마찬가지다. '담배를 피우면 마음이 안정되고 집중하는 데도 도움이 돼'라고 생각하는 한 결코 담배를 끊을 수 없다. 거듭 강조하건대 생각 습관을 바꿔야 행동 습관을 바꿀 수 있다.

많은 사람이 어떤 행동을 그만두기 위해 온 에너지를 쏟으면서도 마음속의 생각 습관은 변화시키지 않는다. 그렇기 때문에 습관적인 행동을 바꾸는 데 실패하는 것이다. '할 수 없다'고 믿으면 정말로 할 수 없고 '할 수 있다'고 믿으면 실제로 해낼 수 있다.

이 책의 내용을 실천하는 동안 당신은 조금씩 생각 습관을 바꾸게 되고 그에 따라 자연스럽게 행동 습관도 바뀔 것이다. 물론 어떤 생각을 한다고 해서 그것이 즉시 마음속에 뿌리를 내리고 습관이 되는 것은 아니다. 하지만 일단 마음속에 들어온 생각은 머무르려는 경향이 있고 시간이 흐르면 그것은 생각 습관이 된다. 모든 습관은 그런 식으로 형성된다. 즉, 생각 습관이 행동 습관을 낳는 것이다.

당신이 할 수 있다고 혹은 할 수 없다고 믿는 것을 떠올려보라. 당신의 믿음, 신념, 견해가 무엇이든 거기에 얼마든지 물음표를 던질 수 있다. 해내지 못할 거라는 믿음에 무조건 물음표를 달아라. 자신감 넘치는 사람과 그렇지 못한 사람의 차이는 결국 그들의 '습관'에 있다. 자신감 넘치는 사람, 성공하는 사람은 언제나 좋은 습관을 유지한다. 인생에서의 성공과 삶의 질을 좌우하는 것은 습관이라고 해도 과언이 아니다. 사이먼 웨스턴은 전쟁 중의 끔찍한 사고로 얼굴까지 흉하게 일그러졌지만 자신을 결코 가엾은 피해자로 여기지 않았다. 덕분에 그는 아름다운 여성과 결혼해 자녀를 낳았고 행복한 가정을 꾸렸다. 외모는 달라졌지만 내면은 변하지 않았다는 믿음이 있었기 때문이다. 축구팀 글래스고 레인저스의 구단주였던 데이비드 머레이David Murray는 자동차 사고로 두 다리를 잃고 아내마저 암으로 잃었지만 한 번도 스스로를 인생의 패배자로 인정하지 않았다.

다음의 간단한 실험을 해보자. 분명 생각이 얼마나 커다란 힘을 지녔는지 깨닫게 될 것이다.

눈을 감고 따라하기 

지금부터 이렇게 상상해보라. 당신은 지금 주방에 서 있고 방금 냉장고에서 꺼낸 레몬을 들고 있다. 레몬의 차가운 느낌이 손에 그대로 전해져온다. 레몬의 껍질을 본다. 샛노란 껍질에서 윤기가 흐르고 자그마한 꼭지 부분은 살짝 초록빛이 돈다. 약간 힘을 주어 쥐어보니 옹골지게 여문 느낌이 든다. 레몬을 코로 가져가 냄새를 맡아본다. 신선하면서도 향긋한 냄새가 코를 간질인다. 이제 레몬을 반으로 잘라 한껏 냄새를 들이마신다. 레몬향이 더욱 강렬하게 느껴진다. 레몬을 크게 한 입 깨물어 먹는다. 입 안 가득 시고 향긋한 레몬즙이 고인다. 그 톡 쏘는 맛과 상큼한 향을 마음껏 음미한다.

자, 어떤가? 당신의 입 안에 침이 고여 있지 않은가?

위에 적은 것은 현실이 아니라 그저 글일 뿐인데도 당신의 신체가 침을 분비하도록 자극했다. 이것은 당신의 상상이 만들어낸 결과다. 위에 묘사된 레몬의 모습을 읽는 동안 당신은 레몬을 손에 들고 있다고 두뇌에게 말해주는 셈이다. 당신의 의도와 상관없이 두뇌는 그것을 진짜로 받아들이고 침샘을 향해 '지금 레몬을 깨물고 있으니 어서 침을 분비해'라는 메시지를 보낸다. 그러면 침샘은 두뇌의 지시대로 움직여 침을 분비한다. 즉, 레몬을 먹고 있다는 상상만으로도 신체가 반응을 일으키도록 만들 수 있는 것이다.

마찬가지로 당신이 자신감 넘치고 스스로를 좋아한다고 상상하는 것만으로도 당신은 신체와 행동에 변화를 일으킬 수 있다. 말 자체는 현실이 아니지만 말은 현실을 변화시킬 수 있다. 위의 글을 읽고 입 안에 침이 고인 것처럼 말이다.

잠재의식은 당신의 상황과 의도를 해석하려 들지 않는다. 그저 주어지는 정보를 받아 저장하고 당신이 말하는 모든 것을 무조건 믿는다. 잠재의식의 역할이 의문을 제기하는 것이 아니라 당신의 말과 지시에 즉시 반응하는 것이기 때문이다. 잠재의식을 향해 "나는 레몬을 먹고 있다."라고 말하면 잠재의식은 그에 반응한다. 위의 실험은 중립적인 성격을 띠고 있다. 즉, 당신에게 좋은 영향도 나쁜 영향도 끼치지 않는다. 하지만 우리가 일상생활에서 사용하는 말은 즉각적으로 우리에게 좋은 영향을 끼치기도 하고 나쁜 영향을 끼치기도 한다.

비행기에 탄 어떤 사람이 이륙하기를 기다리는 동안 아름다운 해변이나 멋진 바, 여행지의 눈부시게 맑은 날씨 등을 상상하면 몸과 마음은 모두 그 이미지에 반응한다. 만약 또 다른 사람이 통로 건너편에 앉은 남자가 테러리스트일지도 모른다는 생각, 비행기가 추락할 수도 있다는 생각을 하면 그의 몸과 마음이 그런 이미지에 반응해 불안감과 초조감에 휩싸이게 된다. 이 경우 똑같은 비행기에 타고 있을지라도 두 사람은 전혀 다른 심신 상태에 놓인다. 스스로 만들어낸 말과 이미지 때문이다.

우리가 느끼는 감정은 언제나 다음의 두 가지로 인해 생겨난다.

★ 마음속에 그리는 그림

★ 자기 자신에게 하는 말

말과 그림을 얼마든지 긍정적인 것으로 바꿀 수 있다는 사실 그리고 늘 그렇게 해야 한다는 사실을 잊지 마라.

'자신감 선언문'을 활용하는 법

■ ■ ■

'자신감 선언문'이란 자기 자신에게 날마다 반복해서 들려주는 짤막한 문장으로 예컨대 다음과 같은 것이 있다.

★ 나는 자신감이 넘치는 사람이다.

★ 나는 본래 타고난 높은 자존감을 완벽하게 회복했다.

★ 나는 나 자신을 사랑하고 믿는다.

이러한 문장을 만들어 되도록 자주, 큰소리로 말하라. 잠재의식이 그것을 흡수해서 받아들이도록 말이다. 때로 우리의 잠재의식은 그 것을 즉각 받아들이지 못한다. 자신감 선언문의 내용이 마음속의 어 떤 믿음과 충돌하기 때문이다. 많은 사람이 이런 선언문을 작성하는 순간 마음속에서 그에 대한 의심과 저항의 목소리를 듣는다. 그들은 선언문의 내용을 진심으로 믿지 않고 마음이 그것을 받아들이도록 만드는 방법을 이해하지 못한다. 그런 까닭에 이 단계에서 그만 좌절하고 포기해버린다.

여기에 좋은 방법이 있다. 먼저 당신만의 자신감 선언문을 종이에 적어라. 그런 다음 마음속에 떠오르는 의심이나 회의의 말을 옆에 적어보라. 아랫줄에 자신감 선언문을 또 적고 그 옆에 생각나는 의심을 적어라. 계속 그런 식으로 자신감 선언문을 한 번 적을 때마다 그 옆에 회의나 의심의 말을 적어라. 어떤 내용이든 상관없다. 생각나는 대로 적되 절대 그것을 분석하거나 해석하려 들지 마라. 일단 최대한 적어라.

그렇게 적다 보면 의심이나 반대의 말이 더 이상 생각나지 않는 단계에 이른다. 자신감 선언문을 계속 적는 동안 어느 순간 의심의 말은 더 이상 생각나지 않는다. 결국 당신의 마음은 '나는 자신감이 넘친다'는 말을 믿는 쪽으로 움직이게 된다.

예를 들어 당신이 '나는 자신감이 넘치는 사람이다'를 선언문으로 정했다고 치자. 당신의 마음속에서 즉시 다음과 같은 의심의 목소리가 들려올지도 모른다. 특히 주변 사람들의 부정적인 말과 믿음에 크게 영향을 받으며 살아왔다면 더욱더 그럴 것이다.

★ 이건 너무 거만한 생각이야.

★ 내가 자신감 넘치는 사람으로 변하면 친구들과 멀어질지도 몰라.

★ 진짜 그런 게 아니라 자신감 넘치는 척만 하는 거겠지.

★ 사람이 어떻게 그처럼 쉽게 바뀌겠어.

★ 겁 많은 녀석이 자신 있는 척한다고 사람들이 비웃을 거야.

★ 이렇게 외쳐봐야 쓸데없는 짓이야.

★ 내가 그렇게 될 리 없어.

더 이상 반대 의견이 생각나지 않을 때까지 적어라. 그런 뒤에 다음의 말을 추가하라.

★ 나는 자신감 있는 사람이 될 수 있다고 믿어.

★ 믿음을 바꿔서 인생을 180도 변화시킨 사람이 많이 있잖아.

★ 다른 사람들이 할 수 있다면 나도 할 수 있어.

★ 나는 반드시 자신감 넘치는 사람이 될 거야.

자신감 선언문을 힘 있게 큰소리로 읽을수록 마음속 의심과 회의는 점점 옅어지고 그 선언문에 대한 믿음은 더욱 강해진다. 의심과 회의를 만들어낸 사람은 당신 자신이다. 따라서 당신은 그것을 얼마든지 없앨 수 있다. 의심과 회의가 마음에 들어오지 못하도록, 그것이 자신감에 영향을 미치지 않도록 막을 수 있다.

날마다 자신감 선언문을 읽는 습관을 들여라. 반드시 큰소리로 읽어라. 조금 유치하거나 우습게 느껴지더라도 개의치 마라. 대부분의 사람들이 처음에는 쑥스러워하거나 어색해한다. 선언문을 읽을 때마다 어떤 기분이 드는지, 어떤 생각이 마음속에 자리 잡는지 살펴보라.

매일 잠자리에 들기 전과 아침에 잠에서 깨어난 직후에 읽는 것도 좋은 방법이다. 그때 잠재의식이 가장 민감하기 때문이다. 또한 자신감 선언문을 종이에 써서 거울 혹은 냉장고 문에 붙여두거나 컴퓨터 화면보호기의 문구로 입력해두는 것도 좋다. 어디든 당신의 시선이 가 닿는 곳에 붙여두고 계속해서 읽어라.

이러한 방법은 자신감과 자존감을 높이는 데 커다란 도움이 된다. 과연 그럴까 하는 의심이 들지라도 무조건 해보라. 100% 효과가 있다. 자신감 선언문을 반복해서 내면에 주입할수록 당신의 잠재력은 점점 밖으로 끌려나온다. 강력한 긍정적 선언문은 잠재의식 속으로 곧장 파고들어가 부정적인 믿음을 밀어낸다. 우리의 잠재의식은 명확하고 단정적인 진술과 표현에 쉽게 반응하기 때문이다. 명료하고 생생할수록, 직접적인 표현을 쓸수록 우리 마음은 그것을 더 빨리 받아들이고 그것이 실현되는 방향으로 움직이기 시작한다.

자신감 선언문은 당신을 보다 긍정적이고 낙관적인 사람으로 변화시키며 부정적인 자기 대화를 멈추도록 이끌어준다.

자신감 있는 태도로 협상하는 법

협상에 자신감 있는 태도로 임하는 것과 그렇지 않은 것은 결과에 커다란 차이를 가져온다. 그러므로 쇼핑 도중에 가격을 할인받고 싶을 때, 호텔·전화·자동차 임대 시 서비스 개선을 원할 때 당신의 말과 태도를 변화시킬 필요가 있다. 예를 들어 물건 가격을 할인받고 싶을 경우 '아니오/안 됩니다'라는 대답이 나올 수 있는 질문은 피하는 것이 좋다. 즉, 다음과 같은 질문 말이다.

★ 깎아주실 수 있습니까?('아니오, 그렇게 해드릴 수 없습니다'라는 대답이 돌아올 수 있다.)

★ 가격을 10% 할인해주시겠습니까?('안 됩니다'라는 대답이 돌아올 수 있다.)

대신 이런 표현을 사용하라.

★ 이 제품을 최대 얼마까지 싸게 해주실 수 있나요?

★ 얼마까지 깎아주실 수 있습니까?

★ 10% 정도는 할인해주실 수 있을 것 같은데요.

★ 이 제품을 여기서 샀을 때 추가적으로 얻을 수 있는 혜택이 있나요? 예컨대 무료 배달 서비스 같은 것 말입니다.

'이 제품을 최대 얼마까지 싸게 해주실 수 있나요?'라는 질문에는 이미 상대방이 할인을 해줄 거라는 전제가 담겨 있다. 이후 대화는 '얼마만큼 싸게 해줄지'를 협상하는 단계로 넘어간다. 이것은 옷이나 가전제품, 가구 등 물건을 구입하는 모든 경우에 사용할 수 있는 방법이다. 단, 최대한 정중한 태도로 말하되 '나는 할인받고 싶다. 할인받지 못하면 다른 상점에 가서 구입할 것이다'라는 분위기를 풍겨야 한다. 이러한 대화법을 사용하면 상점 주인은 영업 방침상 할인이 불가능할지라도 다른 혜택, 즉 덤으로 주는 무료 서비스 제품이나 무료 배달 같은 것을 제시할 가능성이 크다.

서비스에 대한 불만을 제기하거나 상품을 환불받고자 할 때도 마찬가지다. 차분하고 단호하면서도 자신감 넘치는 태도를 취하되 상냉한 목소리로 '서비스가 대단히 불만족스럽군요. 제품을 환불해주셨으면 합니다'라고 말하는 것이 효과적이다. 상대방이 취해야 할 조치를 나열하며 조급하게 요청하지 말고 '당신이 기대하는/원하는 바'를 설명해야 한다. 특히 여러 명에게 반복해서 설명하는 일이 발생하지 않도록 가급적 아래 직원이 아니라 상부 책임자와 직접 이야기하는 것이 좋다.

상품판매 관련법 조항을 언급하는 것도 효과적이다. 소비자가 관련 법규를 언급하며 논리적으로 이의를 제기하면 기업 측에서는 보다 진지한 자세로 임하게 된다. '상품판매법에 따르면 당신들은 제게 ~해줘야 할 법적 의무가 있습니다'라는 말은 거의 언제나 효과를 발휘한다. 예를 들어 새로 구입한 휴대전화나 컴퓨터가 제대로 작동하지 않아 환불을 요청했는데 상점에서 제조회사에 연락해보라고 발뺌한다면 이렇게 말하라.

"나는 이 상점에서 물건을 구입했습니다. 내가 돈을 지불하고 구매한 곳은 이곳이고 나는 상품판매법에 따라 당신이 조치를 취해주길 원합니다."

보험회사를 상대하는 경우, 그들이 당신의 지불요청을 부당하게 거절하려 할지라도 겁먹을 필요가 없다. 당신을 대하는 그들의 태도가 부당하다면 그 내용을 공정거래위원회 같은 곳에 알리겠다고 말하라. 언젠가 내 딸이 식당에서 불량배들에게 휴대전화를 빼앗긴 적이 있는데, 보험회사 측은 폭력이나 위협 행위가 발생하지 않았으므로 보상을 해줄 수 없다고 말했다. 나는 보험회사 측에 편지를 보내 적절한 보상을 해주지 않으면 보험회사와 관련된 소비자협회에 고

발하겠다고 단호하게 말했다. 그로부터 3일 내에 그들은 보상을 해주었다. 대부분의 업계에는 관련 소비자단체나 공정거래협회가 존재하므로 당신이 공정한 요구를 하는 상황이라면 절대로 겁먹거나 위축될 필요가 없다.

성공하는 사람과 실패하는 사람의 차이

■ ■ ■

성공하는 사람은 세상의 고정관념과 규칙에 구애받지 않는다. 또한 불가능을 인정하지 않는다. 성공하는 사람은 다음의 세 가지 특징을 보인다.

★ 자신이 아무도 대신할 수 없는 독특한 존재라고 믿는다.

★ 세상의 고정관념과 규칙을 과감히 깨트린다.

★ 불가능을 인정하지 않는다.

당신도 그래야 한다. 우리는 모두 다른 누군가에게 특별한 존재가 되고 싶어 한다. 특히 유명 인사나 연예인들은 세상 모든 이에게 특별한 존재가 되고 싶어 한다. 그런데 그들 중에는 과거에 자신이 사랑받을 가치가 있는 특별한 존재라고 느껴본 적이 없지만 유명인이 되면 그런 기분을 느끼게 될 거라고 믿는 사람이 많다. 그것은 그저 일시적인 만족일 뿐이다. 유명세와 명성은 잠깐 동안 빛을 발하는 덧없는 것이기 때문이다. 자신이 사랑받는 특별한 존재라는 기분은 그때뿐이며 스스로 특별하다고 믿는 수많은 경쟁자의 틈바구니에서 분투하다 보면 마음속에서 다시 자신은 특별하지 않은 존재라는 생각이 고개를 든다. 결국 중요한 것은 당신이 스스로를 사랑해야 한다는 점이다. 세상에서 인정받고 성공을 거두는 사람도 스스로를 사랑하지 않으면 진정한 행복을 얻을 수 없다.

특별히 사랑받는 존재라는 만족감을 얻기 위해 명예를 추구하는 사람은 자신이 무가치한 존재라는 믿음을 심어준 어린 시절의 경험이나 문제를 들여다보지 않는 경우가 많다. 이것을 간과하면 설사 세상의 모든 부귀영화를 누릴지라도 여전히 깊은 내면에서는 자신이 무가치하고 사랑받지 못하는 존재라고 생각하며 괴로워하게 된다.

모든 감정 문제의 공통분모는 '자신은 사랑받을 자격이 없다'는 믿음이다. 자신이 무가치하고 사랑받을 자격이 없다고 생각하는 사람은 대개 성공해서 유명인이 되면 그 문제를 해결할 수 있을 거라고 믿는다. 하지만 유명 스타가 된다고 해서 내면의 문제가 말끔히 해결되는 것은 아니다. 자신을 사랑하고 심지어 숭배하는 수많은 팬을 거느릴지라도 그 사랑이 '진정한' 것이 아님을 알기 때문이다. 팬들은 스타의 아름다운 외모와 출중한 재능, 화려한 라이프스타일을 사랑하며 거기에 환호를 보낸다. 그리고 스타의 내면에는 팬이 진짜 자기 모습을 알고 나면 실망할 거라는 생각이 여전히 해결되지 않은 채 남아 있는 것이다.

수많은 팬의 환호도 유명인의 내면에 있는 공허감이나 자신은 사랑받을 자격이 없다는 믿음을 해결해주지 못한다. 그들은 팬들에게는 특별한 존재일지 몰라도 자기 자신에게는 특별한 존재가 되지 못하는 것이다. 자기애, 자신에 대한 확신은 결코 외부에서 얻을 수 없다. 많은 스타들은 유명인이 되고 대중에게 갈채를 받으면 모든 문제가 해결될 거라고 믿는다. 그러다가 팬들의 사랑이 시들해지거나 유명세에 결정타를 가하는 어떤 사건이 발생하면 자신의 존재감에 위협을 느끼고 술이나 마약, 자살 등 이런저런 파괴적인 행동에 빠져든다. 특히 어린 나이에 성공을 경험하는 경우에는 눈앞의 화려한 갈채에 휩쓸리지 않고 내면의 자기애를 유지하기가 더욱 힘들다.

우리 주변에는 모델, 스포츠선수, 정치인, 배우 등 특별해 보이는 사람이 매우 많다. 이들 유명인은 내면의 문제를 해결하기 위해 세상의 명예를 갈망하지만 시간이 흐르면 어느 순간 익명의 존재가 되고 싶은 갈망을 느낀다. 유명세가 너무 버겁게 느껴지고 사생활이 없는 삶이 또 다른 문제를 야기하기 때문이다.

특별한 존재가 되고 싶은 욕구

평범하면서도 만족스러운 삶을 사는 것만으로는 충분치 않은지 요즘에는 너무 많은 사람이 '특별한 존재'가 되기를 열망한다. 왜 그럴까? 세상에 나올 때부터 유명인이 되고 싶은 꿈을 품는 것일까? 아니다. 그저 사랑받고 싶고, 관심 받고 싶은 욕망이 커진 것뿐이다. 그런 사람은 대개 부모로부터 충분한 사랑과 관심을 받지 못하고 자란 경우가 많다.

맞벌이 부모 밑에서 충분하고 온전한 사랑을 받지 못하고 자란 사람은 나중에 그것이 다른 방식으로 표출되는 경우가 빈번하다. 무관심과 소외 속에서 자란 그들은 내면의 문제에 대한 해결 방법을 외부에서 찾는다. 그들은 세상 모든 사람이 똑같은 대우를 받는 것은 아니라는 사실을 깨닫는다. 실제로 어떤 사람은 특별한 존재로 여겨지고 많은 사랑과 인정을 받는 반면, 또 어떤 사람은 그렇지 못하다. 특히 TV와 광고, 쇼를 보면 유명인은 '다른 존재'로 여겨지고 특별 대우를 받는다는 걸 알 수 있다. 그러면 이들은 '그 특별한 사람' 중 하나가 되는 것을 목표로 삼는다. 더 많은 관심과 사랑을 얻기 위해서 말이다.

웬만큼 유명세를 타기 시작하면 모든 언론과 미디어가 그의 일거수일투족에 관심을 기울이고 그들은 '이제 나는 정말로 특별한 존재야!'라고 느낀다. 사랑받고 싶은 욕구가 채워지는 것이다. 하지만 얼마 지나지 않아 그것이 텅 빈 만족임을 깨닫는다. 아무리 유명해져도 내면에서는 여전히 불행과 외로움을 느끼는 자기 모습을 발견하게 되기 때문이다. 이 단계에 이르면 많은 사람이 자신의 재능과 능력을 폄하하고 자괴감에 빠져든다.

특별한 존재나 유명인이 되고 싶은 욕구는 자신이 사랑받지 못하는 존재라는 내면의 불만족이나 자기애 결핍에서 비롯된 것일 수도 있다. 이런 문제는 성공이나 화려한 갈채로는 결코 치유되지 않는다. 유일한 치유책은 자신이 사랑스러운 존재 혹은 충분히 가치있는 존재임을 깨닫는 것이다. 나아가 굳건한 자기 확신이 있어야 한다.

Step 9

우울증

—

"삶에 대한 우리의 태도가 삶이 우리를 대하는 태도를 결정한다."
– 얼 나이팅게일(Earl Nightingale, 1921~1989, 미국의 동기부여 강사)

ULTIMATE
CONFIDENCE

우울증과 불안, 왜 생기는가?

타인에게 받아들여지고 인정받고 싶은 욕구가 충족되지 않거나 스스로 부족한 사람이라는 생각을 하게 되면, 이는 자신이 무가치하고 쓸모없는 존재라는 기분이나 우울증으로 이어질 수 있다. 하지만 우울증은 얼마든지 극복할 수 있다. 다음의 세 가지를 기억하라.

★ 우울증은 극복할 수 있다.

★ 당신의 진정한 의미와 역할을 발견하라.

★ 표면의식과 잠재의식.

경미한 우울감에서 자살 충동을 느끼는 심각한 우울증에 이르기까지 다양한 수준의 고객들을 상담해본 결과, 그들은 대개 스스로를 무기력하고 쓸모없는 존재로 여기고 있었다. 한마디로 그들에게는 자존감이 거의 없었다.

또한 그들은 자신이 누군가의 도움을 받을 가치가 없으며 남들에게 부담만 주는 데다 나아질 가능성이 거의 없다고 믿었다. 이런 까닭에 약물이나 식이요법 혹은 운동요법 등을 통해 상태를 개선해야겠다는 의지가 없었다. 스스로를 소중히 돌봐야겠다는 의지가 없는 그들은 때로 폭식이나 음식 거부 등의 행동패턴을 보였다. 자신을 도와줄 수 있는 누군가에게 도움을 요청하는 것도 싫어했다. 상대방의 시간만 낭비하는 셈이라고 여겼기 때문이다. 우울증을 겪는 사람은 오로지 자신의 생각 속에만 빠져 타인의 견해나 조언은 받아들이려 하지 않는 경향이 있다. 자신이 믿고 싶은 것만 받아들이는 것이다.

Step9에는 우울증을 극복한 몇몇 사람의 실제 사례가 소개되어 있다. 내면에 돋보기를 대고 잘 들여다보면 반드시 문제 해결의 열쇠를 찾을 수 있고 또한 진정한 자신감을 되찾는 방법도 깨달을 수 있다. 나아가 '나에겐 심각한 문제가 있어. 그건 결코 해결할 수 없어. 난 이렇게 살아갈 수밖에 없는 운명이야'라는 생각은 완전히 틀린 것임을 깨닫게 된다. 그뿐 아니라 내면의 불안과 우울함에 빠져들도록 만드는 원인을 발견함으로써 결과적으로 당신이 얼마나 큰 힘을 갖고 있는지 알게 된다.

우울증의 원인은 두뇌 내 화학물질의 불균형에 있다. 최근 UCLA 의과대학에서 PET 스캔을 이용해 연구한 결과 부정적인 행동 방식을 변화시키면 두뇌 내 화학물질도 변화시킬 수 있다는 사실이 밝혀졌다. 또한 신경과학 분야의 수많은 연구자가 두뇌는 평생 끊임없이 변화하고 발전한다는 사실을 알아냈다. 결국 우리는 행복감을 느끼고 긍정적으로 사고하도록, 부정적인 감정을 덜 느끼도록 그리고 감정과 상황에 대한 대응 방식을 능동적으로 선택하도록 두뇌와 정신을 훈련시킬 수 있는 것이다.

부정적인 행동 방식과 부정적인 감정은 부정적인 사고에서 비롯된다. 우리 마음은 서로 모순되는 생각을 동시에 품을 수 없다. 부정적인 생각을 할 때는 긍정적이거나 행복한 감정을 느낄 수 없다. 마찬가지로 긍정적인 생각을 할 때는 부정적인 감정을 느낄 수 없다. 저명한 심리학자이자 『필링 굿』Feeling Good의 저자인 데이비드 번스David Burns를 비롯해 여러 연구자에 따르면 우울증을 유발하는 가장 중요한 원인은 스스로를 심하게 폄하하고 과도하게 비난하는 말에 있다고 한다. 자신에게 혹독한 말을 퍼부을수록 자신이 무가치하고 쓸모없는 존재라는 생각은 더욱 강해지고 이것이 우울증을 심화시키면서 악순환이 반복되고 만다.

우울증이 우리를 부정적인 사람으로 만드는 것이 아니다. 끊임없이 혹독한 말로 자신을 비판하고 부정적인 생각을 하기 때문에 우울증이 생기는 것이다. 우리를 우울함에 빠트리는 원인은 날씨, 직장 문제, 재정 상태, 외모, 타인의 행동이 아니라 바로 우리의 '생각'이다(갑부도 우울증에 시달리고 화려한 미모와 뛰어난 재능을 갖춘 사람도 우울증에 빠지는 경우가 비일비재하다). 애정이 부족해서 우울증에 빠지는 것도 아니다. 주변 사람들에게 충분한 사랑을 받고 있는데도 자기 스스로 사랑받을 자격이 없다고 느끼며 우울증을 겪는 사람이 많다. 그들은 자신이 타인에게 짐이 되는 존재라고 생각한다. 심리 전문가들은 우리가 스스로에게 하루에도 수천 가지의 부정적인 메시지를 보낼 수 있다고 말한다. 이는 우리를 우울증에 빠트리기에 충분한 양이다.

우울증에 빠진 사람의 내면에서는 끊임없이 나쁜 생각, 부정적인 생각이 솟아올라 마음을 휘젓는다. 마치 체로 거르듯 좋은 생각, 밝은 생각은 모두 걸러내고 오로지 부정적인 생각에만 집중한다. 그러면 결국 '자신에 대해' 나쁜 것만 보고 느끼고 생각하고 말하게 된다. 이는 우울한 기분을 더욱 강화한다. 물론 이것은 의식적인 프로세스가 아니다. 아침에 잠자리에서 일어나며 '무조건 나쁜 것에 집중해 가급적 내 기분을 나쁘게 만들어야지' 하고 다짐하는 사람은 없다. 그것은 무의식적인 프로세스다. 부정적인 것에 집중하는 까닭에 우울해진다는 사실을 깨닫지 못한 채, 스스로 우울한 기분에 휩싸여 자신에 대한 모든 것을 좋지 않은 쪽으로만 생각하는 것이다.

당신이 무언가에 집중하면 그것을 더 많이 얻게 된다. 온 우주는 당신이 믿는 쪽으로 움직인다. 그 믿음이 옳은 것이든 잘못된 것이든, 선한 것이든 나쁜 것이든, 긍정적인 것이든 우울한 것이든 상관없이 말이다. 행복한 사람과 불행한 사람, 낙천적인 사람과 우울한 사람의 차이는 생각 습관과 행동 습관에 있다. 자꾸 부정적인 생각만 하는 것은 반드시 버려야 할 나쁜 습관이다. '나는 못났어', '나는 형편없는 사람이야', '난 이것밖에 안 돼'라고 스스로에게 말하는 습관이 있다면, 즉시 그것을 버리고 자신에게 긍정적인 말을 하는 습관으로 바꿔야 한다. 그 방법은 이미 Step1과 Step8에서 설명했다.

부정적인 사고 습관은 무의식적으로 되풀이된다. 하지만 의식적으로 노력해 그 습관을 고치면 얼마든지 우울증을 극복할 수 있다. 이 처방이 너무 간단해 보일지도 모른다. 그렇다고 우울증에 빠져 있는 이들의 괴로움과 고통을 하찮게 치부하려는 의도는 전혀 없다. 우울증이 자신에게 가혹하게 말하고 스스로를 깎아내리는 습관 때문에 발생한다는 사실을 이해하고 나면 내면의 자기비판 목소리를 영원히 잠재울 수 있을 것이다. 그 방법은 이미 Step3에서 살펴보았다. Step9를 모두 읽은 후에 Step3을 다시 한 번 읽어보길 권한다.

이해와 공감을 토대로 타인과 연결되고자 하는 것은 인간의 중요한 욕구다. 우울증에 빠진 사람은 누구도 자신을 이해하거나 공감하지 못할 거라고 생각한다. 이런 까닭에 소외감에 휩싸이고 타인과 연결되어 있다는 유대감을 느끼지 못한다.

또한 우리에게는 변화에 대한 욕구와 더불어 안정성에 대한 욕구도 있다. 항상 똑같은 자리에 머물기보다 바람직한 변화를 경험하고 싶은 욕구도 있지만 다른 한편으로 모든 것이 안정적이길 원하는 욕구도 있는 것이다. 어린 시절에는 부모님이 그러한 욕구를 채워준다. 성인이 되면 그런 욕구를 스스로 채워야 하는데 이것이 충족되지 않으면 무력감과 불안감이 찾아오고 나아가 우울증이 생긴다. 그밖에도 우리에게는 발전하고 싶은 욕구, 세상에 기여하고 싶은 욕구, 타인에게 인정받고 싶은 욕구도 존재한다. 이러한 욕구를 충족시키는 효과적인 방법에 대해서는 Step10에서 설명할 것이다.

우울증은 삶에 치명적인 영향을 미친다. 우울증은 의욕을 갉아먹어 우리를 마비시키고 내면에 냉담함과 무력감을 채워놓는다. 이것은 자기 자신을 대하는 방식이나 타인과의 관계에 나쁜 영향을 미친다. 우울증에 빠지면 타인과 대화하거나 적극적인 관계를 맺고 싶은 의욕조차 사라지기 때문이다. 그러한 감정 상태에 함몰되어 있으면 내면의 중요한 욕구를 채울 수 없으며, 욕구가 충족되지 않으면 더 심한 우울증에 빠지는 악순환으로 이어진다.

우울해지면 무언가를 하고 싶은 의욕이 생기지 않아 행동이 크게 줄어드는데 그럴수록 우울한 느낌과 소외된 기분은 더욱 깊어진다. 많은 국가와 정부는 죄를 지은 사람에 대한 형벌로 추방이나 유형, 고립, 감금 등을 택해왔다. 타인과 교류할 수 없는 상태로 고립되는 것은 우울감과 무력감에 이르는 확실한 방법이다. 그렇다면 우울증에 빠진 사람은 자신에게 스스로 그런 형벌을 가하는 셈이다. 스스로 무가치한 존재라고 느끼고 내면의 부정적인 목소리가 그들에게 밝은 모습으로 타인과 소통하는 것을 잘 해내지 못할 거라고 말하기 때문이다. 그들은 계속 혼자 있는 편을 택하고 사람들과 단절된 고립 상태는 더 깊은 우울증을 낳는다. 심리학자들은 우울한 사람이 타인과 교류하는 횟수를 늘리면 성격이 점차 밝아진다는 사실을 발견했다. 『심리과학저널』Journal of Psychological Science에 따르면 삶의 행복도가 높은 사람일수록 혼자 보내는 시간이 적고 타인과 교류하는 시간이 많다고 한다.

내면의 믿음뿐 아니라 행동도 바꿔라

생각을 바꾸면 감정도 바뀔 수 있다. 하지만 우울증의 경우에는 실제로 '행동'하는 것이 매우 중요하다. 몸을 움직여 어떤 행동을 하면(아무리 사소한 것이라도) 우울한 감정을 변화시킬 수 있기 때문이다. 즉, 어떤 행동을 하는가, 어떻게 행동하는가는 우리의 기분에 영향을 미친다. 마음을 치유하려면 무기력한 행동 습관부터 고칠 필요가 있다. 행동은 감정을 불러오므로 우울함에서 벗어나기 위해서는 움직이고 싶지 않더라도 '움직여야' 한다. 저절로 기분이 나아져 움직이고 싶어질 때까지 기다리지 마라. 지금 당장 무엇이든 하라. 무언가를 하기 위해 의욕이 느껴질 때까지 기다리지 마라. 행동해야 의욕이 생긴다. 일단 움직여라. 그러면 더 하고 싶은 의욕이 생기고 가만히 웅크리고 있을 때보다 기분도 훨씬 나아진다.

우울증은 극복할 수 있다

- - -

우울함에서 빠져나오는 데 도움이 되는 몇 가지 방법을 소개하겠다.

★ 운동을 하라.

운동을 하면 엔도르핀 분비가 촉진된다. 엔도르핀은 신체적, 정신적으로 우리에게 유익한 영향을 미치는 호르몬으로 심리적 안정감과 좋은 기분을 유발한다. 그렇다고 반드시 헬스클럽에 다녀야 하는 것은 아니다. 공원을 가볍게 산책하는 것도 좋고 요가를 하는 것도 바람직하다. 운동시간이 짧을지라도 운동을 하고 난 후에는 기분이 훨씬 나아지게 마련이다. 춤이나 태극권 등도 우울증을 떨쳐내는 데 큰 도움이 된다. 운동은 두뇌세포 발달에도 좋은 영향을 미친다.

★ 되도록 신체 접촉을 많이 하라.

신체 접촉은 우울증을 치료하는 데 대단히 중요하다. 우울할 때는 만사가 귀찮지만 신체 접촉은 엔도르핀과 일명 '사랑의 호르몬'인 옥시토신을 분비시키므로 가급적 따뜻한 신체 접촉을 많이 하는 것이 좋다. 애완동물을 쓰다듬고 친구나 가족과 포옹하고 파트너와 섹스하고 서로에게 마사지를 해주어라. 하고 싶은 마음이 없더라도 의식적으로 더 많이 하라. 그만큼 당신의 기분도 좋아진다.

★ 규칙적으로 식사하라.

무엇을 먹느냐 하는 것은 우울증 치료에 큰 영향을 미친다. 특히 카페인과 설탕 섭취를 최대한 줄여야 한다. 이러한 음식은 불안감을 강화시킬 수 있기 때문이다. 적절한 영양소가 함유된 균형 잡힌 식단을 유지하고 식욕이 없더라도 규칙적으로 식사를 해야 한다. 인공 감미료는 두뇌와 정서에 부정적인 영향을 미치므로 가급적 피하는 것이 좋다. 좋은 지방을 적절히 섭취하는 것은 정신 건강을 위해 중요하다. 안타깝게도 많은 사람이 트랜스지방이나 포화지방 같은 나쁜 지방을 많이 섭취하거나 아예 지방을 섭취하지 않으려고 한다. 견과류와 씨앗 종류, 아보카도 기름, 올리브유, 등 푸른 생선은 충분히 먹는 것이 좋다. 좋은 지방을 적당량 섭취하는 것은 정신 건강을 위해 매우 중요하다.

★ 밝고 신나는 음악을 들어라.

우울한 기분을 벗어나는 데 매우 유용한 방법이 될 수 있다.

★ 긴 시야로 앞을 바라보라.

지금의 우울함이 영원히 계속되는 것은 아니다. 지금 당장은 모든 것이 우울하게 보여도 그것은 곧 지나갈 것이다. 과거에 당신과 비슷한 경험을 했던 사람과 대화를 나눠보라. 탈출구가 없을 것 같던 지독한 우울증에 빠져 있다가 그 시간을 이겨내고 밝은 삶을 되찾은 사람들과 대화를 해보라.

★ 행복한 사람의 외양과 습관을 따라하라.

억지로라도 따라해 보라. 그러면 전보다 더 큰 행복감을 느끼게 된다. 자신감 넘치고 행복한 사람을 자꾸 따라할수록 당신도 자연스럽게 그런 사람이 된다. 미국에 있는 벨뷰 정신병원 의사들이 흥미로운 실험을 진행했다. 그들은 우울증이 심각한 환자들에게 행복하고 밝은 사람을 따라하도록 했다. 억지로라도 수시로 웃게 했고(얼굴의 모든 근육이 움직일 만큼 최대한 밝고 크게) 자신감 있는 사람의 보디랭귀지도 따라하게 했다. 구부정하거나 고개를 떨어뜨린 자세를 피하고 항상 어깨를 쫙 펴고 꼿꼿한 자세를 유지하도록 한 것이다. 그 결과는 어땠을까? 놀랍게도 환자들의 우울증은 한결 호전되었다. 행복하고 자신감 있는 사람을 따라하기만 해도 분명한 효과가 있었던 것이다. 웃음은 '행복 호르몬'인 세로토닌의 분비를 촉진한다.

★ 비타민을 충분히 섭취하라.

비타민 B_6도 세로토닌 분비를 돕는다. 비타민 B_3가 부족하면 우울증을 유발할 수 있고 비타민 B_6 결핍은 우울증, 무기력증, 불면증, 신경과민을 일으킬 수 있다. 햇볕을 쬐면 체내에서 합성되는 비타민 D가 부족한 경우에도 우울증 발생 위험이 높아진다. 등 푸른 생선을 충분히 섭취하면 비타민 D 부족을 막을 수 있다. 비타민 B_{12} 와 오메가 3 지방산이 부족해도 우울증이 나타나기 쉽다. 그러므로 일주일에 두세 번은 등 푸른 생선을 먹고 날마다 비타민 B_6, B_3, B_{12} 및 오메가 3 지방산 보조식품을 섭취하라.

★ 날마다 일정 시간 동안 밖에 나가 햇볕을 쬐라.

햇볕은 세로토닌 분비를 활성화시킨다. 야간 근무를 하는 사람은 우울증에 걸릴 확률이 높은데, 이는 자연적인 햇볕에 노출되는 시간이 적기 때문이다. 세로토닌의 수치를 증가시키는 방법에 대해서는 Step10에서 다시 설명하겠다.

★ 많이 웃어라.

웃음은 최고의 명약이다. 재미있는 영화나 코미디 프로그램을 자주 보면 체내에서 우울할 때와 다른 종류의 화학물질이 분비된다는 연구 결과가 많이 나와 있다. 웃음은 체내 엔도르핀 분비를 촉진하고 스트레스 호르몬을 감소시킴으로써 신체에 대단히 긍정적인 영향을 미친다. 노먼 커즌스Norman Cousins는 저서 『웃음의 치유력』Anatomy of an Illness에서 자신의 경험담을 소개하고 있다. 중병에 걸린 그는 코미디 비디오를 빌려 보면서 날마다 실컷 웃었고 이러한 웃음 치료법은 질병에서 회복되는 데 결정적인 역할을 했다.

머릿속의 생각을 바꾸는 것만으로도 몸의 면역체계를 강화하고 좋은 호르몬 분비를 촉진할 수 있다. 미국 오하이오 주 클리블랜드에 있는 레인보우 아동병원에서 재미있는 실험을 했다. 이 실험에서 아이들은 인형극을 보았는데 그것은 '바이러스' 인형이 '경찰' 인형과 싸워 결국 경찰이 바이러스를 무찔러 이기는 내용이었다. 인형극이 끝난 뒤, 아이들에게 눈을 감고 자기 몸 안에 있는 수많은 경찰이 바이러스와 싸워 이기는 모습을 상상하라고 했다. 그런 다음 아이들의 타액을 채취해 검사한 결과, 면역체계가 실제로 병균과 싸울 때처럼 활성화되어 있었고 바이러스 퇴치에 필요한 단백질도 생성되었다.

★ 좋아하는 일을 하라.

마음이 원하는 일, 좋아하는 일을 하지 않으면 우울함에 휩싸이거나 마음에 병이 들 수 있다. 이런저런 이유로 하고 싶은 일을 못하는 사람, 꿈을 그저 마음에 담아두기만 하는 사람은 우울증을 겪는 경우가 많다.

나는 수년 동안 우울증에서 헤어나지 못하는 고객을 상담한 적이 있다. 그녀는 젊은 시절부터 늘 변호사가 되길 꿈꿨지만 집안 형편상 법대에 진학할 수가 없었다. 결국 전혀 다른 길을 걷게 되었고 은퇴할 즈음이 되자 인생을 허비했다는 생각이 밀려왔다.

그녀는 법조계에서 일할 기회를 영영 놓쳐버렸다는 생각에 한없이 괴로워했다. 그녀와 법조계 분야에 대해 좀 더 이야기를 나눠보니 기회가 영영 사라진 것은 아니었다. 그녀는 법률상담소에 자원하여 일정 기간 동안 일을 한 후에 필요한 연수교육을 받고 민간치안

판사가 되었다. 법을 전공하지 않은 사람도 필요한 기간을 거치면 임명될 수 있는 자리였다.

남들보다 조금 늦긴 했지만, 결국 그녀는 젊은 시절부터 원했던 분야에서 일하게 되었고 자연스럽게 마음속 우울증도 떨쳐낼 수 있었다.

고객 중 다른 하나는 어렸을 때 의사가 되고 싶어 했지만 학비를 마련하기가 힘들어 의대 진학을 포기했다. 그녀는 이런저런 시시한 직장을 전전하며 가족을 부양했고 쉰다섯 살이 되면서 심각한 우울증에 빠졌다. 자식들이 독립해 혼자 남은 데다 직장에서도 아무런 보람을 느끼지 못했기 때문이다. 어느 순간부터 그녀는 먹는 것으로 외로움을 달래기 시작했지만 그럴수록 우울증과 무력감은 더욱 깊어졌다. 오랜 상담 끝에 우울증의 원인은 그녀가 정말로 원하는 일을 한 번도 해본 적 없다는 데 있다는 것이 밝혀졌다.

그녀는 Step3에서 설명한 마음 훈련법을 사용해 내면의 문제를 해결할 방법을 찾기 시작했다. 결국 그녀가 내린 결론은 필요한 교육 과정을 밟은 뒤 아로마테라피스트(향기치료사)가 되는 것이었다. 이후 그녀는 아로마테라피스트 자격증을 따서 병원과 호스피스센터에서 일하기 시작했고 자기 직업에 대한 더할 나위 없는 자부심과 만족을 느끼며 살고 있다. 환자들과 직접 소통하며 그들에게 도움을 주는 것이야말로 그녀가 진정 원하던 일이었기 때문이다.

만일 무대에 서고 싶다는 꿈이 있다면 멀리서 애만 태우지 말고 과감하게 결정을 내리고 움직여라. 아마추어 연극팀에 들어가거나 극장 스태프로 일하는 것으로부터 출발할 수도 있다. 마음이 시키는 일을 하지 못해 혹은 그 꿈을 좇지 못해 후회하거나 우울해하고 있는가? 당신이 후회하고 있는 그 순간에도 결코 늦은 것이 아니다. 설사 그것을 직업으로 만들지 못할지라도 취미 삼아 늘 당신 삶의 테두리 안에 둘 수 있다.

나와 상담한 어느 고객은 아이를 낳지 않은 것을 뒤늦게 후회하면서 오랫동안 우울한 시간을 보냈다. 그러다가 아프리카에 있는 어린이 두 명을 후원하기로 결심했다. 그녀는 정기적으로 아이들을 만났고 수시로 편지를 주고받았다. 물론 친자식을 키우는 것만큼은 아니었지만 아이들에게 사랑을 쏟으며 돌보는 것은 그녀에게 커다란 만족감을 안겨주었다. 그녀의 결단으로 아이들도, 그녀도 전과 완전히 다른 삶을 살게 되었다. '~했더라면' 하는 후회로 가득 찬 삶을 살지 마라. 그 대신 지금이라도 할 수 있는 것을 찾아라.

★ 심리치료를 받아라.

올바른 전문가와 함께하는 심리치료는 우울증을 현저히 호전시킨다. 효과적인 대화요법이 불안감과 관련된 두뇌 영역의 과도한 활동을 감소시킨다는 연구 결과도 나와 있다.

★ 행동과 사고를 바꿔라.

명상은 마음의 평온을 찾는 데 많은 도움을 주지만 우울증의 원인이 되는 사고 프로세스를 교정해주지는 못한다. 그러므로 우울증에서 벗어나려면 행동과 더불어 반드시 사고를 변화시켜야 한다.

★ 우울증이 낳는 결과를 정확히 인식하라.

우울증을 치료하려면 그 우울증이 자신의 삶에서 어떤 역할을 하는지, 자신의 삶에 어떤 영향을 미치는지 정확히 인식해야 한다. 우울증 때문에 점점 소극적인 존재로 변해가고 있는가? 그것이 당신을 스트레스나 책무에서 벗어나게 해주는가?

어쩌면 당신은 다음에 소개하는 사례 연구에서 당신 자신의 모습을 엿볼 수 있을지도 모른다. 만일 그렇다면 스스로의 모습을 되돌아보고 우울증에서 탈출하기 위한 기회로 삼아라.

존재 의미와 역할을 발견하라

■■■

자신이 어떤 집단(가족, 그밖에 자신을 돌봐주는 사람들)에 소속되어 있고 그들에게 받아들여진다는 확신이 들지 않을 때 사람들은 네 가지 행동 유형을 보인다. 이 네 가지는 집단 내에서 자신의 존재감을 확인하고 소속감과 안정감을 얻기 위한 것이다.

첫째, 몸이 아프거나 허약한 것을 이용해 자신의 존재감을 강조하고 다른 이들이 돌봐주길 바란다. 우울증 환자는 때로 자신이 아프다는 사실을 이용해 욕구를 충족시키려고 한다. 환자는 대개 주변 사람들로부터 관심과 따뜻한 보살핌을 받기 때문이다. 그들은 아픈 사람이 됨으로써 자신이 중요하고 의미 있는 존재가 되었다고 느낀다. 그러나 아프다는 사실을 이용해 타인과의 유대감이나 소속감에 대한 욕구를 충족시키면 존재 그 자체만으로 사랑받는 만족감은 얻을 수 없다. 이것은 더욱 심각한 우울증을 초래할 수도 있다.

나는 40대 중반의 남자와 상담을 했는데 그는 가정과 직장에 아무런 문제가 없는 평범한 사람처럼 보였다. 심각한 우울증을 앓고 있다는 사실만 빼면 말이다. 특이하게도 매주 일요일 오후마다 그에게 우울증이 엄습했고 그 우울증은 사나흘 동안 지속되었다. 마치 마음속에 검은 장막이 드리운 듯 지독한 우울함이 심신을 묵직하게 짓눌렀던 것이다. 그 우울함은 시간이 흘러도 나아지지 않았고 그의 삶을 조금씩 갉아먹었다. 그는 남들처럼 주말을 즐길 수가 없었다. 일요일이면 어김없이 우울증이 고개를 들 것임을 알았기 때문이다. 또한 주말 동안의 우울함이 계속 영향을 미쳐 평일에도 늘 어두운 얼굴로 지냈다.

나는 그의 주말 우울증에 뭔가 원인이 있을 거라고 생각했다. 그에게 최면을 걸어 이야기를 유도하자 문제의 원인이 수면 위로 올라오기 시작했다. 아홉 살 때 그는 위클리 보딩스쿨(주중에는 학교에서 지내고 주말에는 집에 가는 기숙사 학교-옮긴이)에 들어갔는데 그곳에 다니는 걸 지독하게 싫어했다. 입학 후 두 번째로 찾아온 주말에 집에 갔을 때, 그는 부모님에게 학교에 가고 싶지 않다고 말했다. 부모님은 단호했고 그는 화가 나서 집 밖으로 뛰쳐나갔다. 우여곡절 끝에 아들을 찾아낸 그의 부모는 의사를 불러 진정제를 놓은 다음 아들이 잠든 사이에 학교 기숙사에 데려다놓았다. 이런 식의 '강제 등교'는 여러 차례 반복되었다. 그가 학교에 가기 싫다며 거칠게 반항하면 부모님은 몰래 점심밥에 진정제를 섞어 먹였고, 그는 잠든 상태로 학교로 되돌아가곤 했다.

그때부터 그는 일요일을 두려워하기 시작했다. 학교를 졸업하고 한참이 지난 후에도 여전히 일요일 오후만 되면 우울한 기분에 빠져들었다. 그는 부모님에 대한 커다란 원망과 분노를 가슴 깊이 품고 있었으며 이는 우울증을 악화시켰다. 상담이 진행되는 동안 그는 부모님의 방식이 분명 잘못되긴 했지만 나쁜 의도로 그런 것이 아니라는 사실을 차츰 이해하기 시작했다. 부모님이 그를 사랑해서 아들을 달래 학교에 보내야겠다는 생각에 어쩔 수 없이 약물을 사용한 것이라고 이해한 것이다.

당시의 경험에 대해 관점을 바꾸자 그의 마음속에서 분노와 원망이 눈 녹듯 사라지기 시작했다. 또한 자신이 학교에서도, 집에서도 받아들여지지 못하는 못난 사람이라는 생각을 떨쳐내기 시작했다. 어딘가에 소속될 수 없는 존재라는 믿음, 이해받지 못한다는 기분 때문에 우울증이 깊어졌지만 마음속의 감정과 상처를 털어내자 그는 우울증을 극복하고 즐거운 삶을 되찾았다.

수지라는 고객은 어린 시절에 앓은 피부염으로 얼굴과 팔다리에 남은 흉터 때문에 우울하고 내성적인 성격으로 변해갔다.

피부염이 그녀의 자신감과 자아상에 부정적인 영향을 미친 것이다. 수지는 자신이 어린 두 동생보다 항상 더 많은 관심을 받았다고 말했다. 어머니는 그녀를 학교에 보내지 않고 피부염 치료를 위해 여러 의사와 전문가에게 데리고 다녔다. 밤이면 부모님이 몇 시간이고 그녀 옆에 앉아 연고를 발라주었다. 수지는 그 시간만큼은 자신이 어린 두 동생보다 훨씬 더 중요한 존재가 된 듯한 기분을 느꼈다.

수지는 장녀가 부담해야 하는 책임감이 싫었고 두 동생을 돌보고 싶지도 않았다. 부모님 다음으로 동생들에 대한 보호자 역할을 해야 한다는 압박감이 싫었다. 피부염 덕분에 그녀는 아기 시절로 돌아간 기분, 동생들이 아직 태어나지 않아 부모님과 자신밖에 없던 시절로 돌아간 기분을 느꼈다. 또한 부모님이 옆에서 연고를 발라줄 때면 귀염과 보살핌을 받는 아기가 된 듯했고 그 순간만큼은 자신이 가장 중요한 자식이 된 것 같았다.

하지만 그녀는 자신이 언제까지나 부모님의 '아기'가 되어서는 안 된다는 사실, 또한 부모님이 피부염 때문이 아니라 '자식이기 때문에' 자신에게 관심을 쏟은 것이라는 사실을 깨달았다. 그러자 우울하고 내성적인 성격이 거의 사라지고 밝은 여성이 되었다.

 자신의 존재감을 확인하고 소속되어 있다는 안정감을 얻기 위해 다른 사람들을 보살핌으로써 스스로를 없어서는 안 될 존재로 만드는 것이다. 이러한 역할을 맡고자 하는 사람은 종종 간호사, 사회사업가, 간병인, 치료사가 된다. 이 행동 유형을 보이는 사람은 자신은 항상 타인에게 베풀지만 그만큼 돌려받지 못하는 관계 때문에 불만족을 느낄 수도 있다.

인권변호사로 일하는 모이라는 어찌된 일인지 사귀는 남자마다 인생의 패배자에 가까운 사람들이었다. 알코올중독자나 직장이 없는 백수 등 하나같이 그녀에게 별로 해줄 것 없는 남자들만 만났던 것이다. 나와 상담하면서 모이라는 과거의 이야기를 들려주었다. 그녀의 아버지는 외교관이었고 어머니는 알코올중독자였다. 어머니는 허구한 날 술에 취해 침대에 누워 지냈다. 모이라는 어머니의 행동이 밖으로 드러나지 않도록 늘 빈 술병을 치우고 대사관 내에 있는 어머니의 방에 다른 사람이 들어오지 못하게 막았다.

어머니를 위해 그렇게 해주면서 모이라는 자신이 대단히 중요한 역할을 한다고 생각했다. 어머니는 그럴 때만 딸에게 관심을 보이고 딸을 필요로 했다. 이런 까닭에 모이라는 어린 시절부터 자신이 약한 누군가를 돌봐주어야만 의미 있고 중요한 존재가 된다고 믿고 있었다. 이러한 경험으로 인해 그녀는 성인이 되어서도 자신도 모르게 약한 남자들만 데이트 상대로 고른 것이었다. 엄마처럼 보살피고 챙겨주어 자신이 상대에게 없어서는 안 될 존재가 되도록 말이다. 자꾸 그런 남자만 만나면서 모이라는 자기 삶이 불행하다는 우울감에 빠져들었다.

그녀는 상담을 통해 문제의 근원을 찾아낸 이후 누군가를 보살펴야 한다는 강박관념을 떨쳐내려 노력하기 시작했다. 결국 그녀는 서로에 대한 존중과 애정을 토대로 이성 관계를 이어가는 여성으로 변화했다.

아네트는 사람들을 따뜻하게 보살피고 사랑을 베풀고자 하는 마음에서 간호사가 되었다. 그런데 막상 간호사가 되자 그녀는 불균형적 관계에서 오는 우울함에 시달렸다. 자신이 환자들에게 사랑을 베푼 만큼 되돌려받지 못한다는 생각이 들었기 때문이다. 물론 환자들과의 관계 속에서 친밀감과 자신이 중요한 사람이라는 기분은 느꼈지만 그것은 잠시뿐이었다. 더구나 환자들은 곧 퇴원하거나 그녀 곁에서 사라졌다. 아네트는 우울함을 달래기 위해 시도 때도 없이 먹기 시작했다. 직장 안에서든 바깥에서든 지속적인 사랑과 삶의 의미를 찾을 수 없다는 생각이 들었던 까닭이다.

모든 간호사가 그런 것은 아니지만 이런 고민을 토로하는 간호사가 의외로 많다. 한 연구 결과에 따르면 간호사들의 80% 정도가 불우하거나 문제가 있는 가정에서 자랐을 가능성이 있다고 한다. 아네트의 마음의 병을 치료하기 위해서는 그녀가 사랑을 주는 것뿐 아니라 충분히 사랑받을 수 있는 존재라는 사실을 일깨우는 것이 중요했다. 내 조언에 따라 그녀는 자신을 사랑한 사람들의 이름을 모두 종이에 적었고 그들이 자신의 어떤 점을 좋아했는지도 기록했다. 그리고 마음속에 완전히 각인될 때까지 그 내용을 날마다 반복해서 읽었다. 그 훈련을 거친 후, 아네트는 자신이 타인을 위한 행동 때문이 아니라 존재 그 자체만으로도 사랑받을 가치가 있음을 깨달았다. 이제 그녀는 베푼 사랑을 돌려받지 못해 괴로워하는 대신 자신이 무조건적인 사랑을 받을 자격이 있음을 깨닫고 한층 자신감 있는 삶을 살고 있다.

셋째, 무언가에서 뛰어난 능력을 발휘해 자신의 존재와 중요성을 남들에게 입증해 보인다. 예를 들어 많은 학생들이 공부나 운동에서 남보다 뛰어난 성적을 내고 싶어 한다. 뛰어난 존재가 되고 싶은 욕구 뒤에 숨은 내면의 동기는 남을 보살피려는 욕구 뒤에 숨은 동기와 동일하다. 즉, 집단 내에서 없어서는 안 될 중요한 구성원이 되고 싶은 것이다.

우리는 '필요한 존재'가 됨으로써 안정감을 느낀다. 수학, 컴퓨터 그리고 운동에서 탁월한 학생이 되면, 직장에서 뛰어난 세일즈맨이나 협상가가 되면, 우리는 중요하고 가치 있으며 꼭 필요한 사람이 된 듯한 기분을 느낀다. 하지만 특정 능력이나 실적 때문에 가치 있고 필요한 사람이 되어서는 안 된다. 우리는 존재 그 자체만으로도 가치 있고 의미 있는 사람이어야 한다.

아이에게 "엄마는 너를 사랑해. 너는 똑똑하잖아."라고 말하면 아이는 '내가 똑똑하지 않으면 엄마는 나를 사랑하지 않을 거야'라고 생각하게 된다. 연인에게 "당신을 사랑해. 당신은 아름다우니까."라고 말하면 상대방은 '내 외모를 좋아하는 것일 뿐 내 진짜 모습을 사랑하는 게 아니야'라고 생각한다. 빼어난 외모에도 불구하고 내면이 불안정한 사람이 많은 것은 이 때문이다. 남들이 있는 그대로의 자기 모습을 사랑하는 것이 아니라 겉모습을 사랑하는 것임을 깨닫는 순간, 그들의 정체성과 자기애는 흔들리기 시작한다. 사회적으로 성공을 거둔 많은 사람이 진정한 내면의 자신감이 부족한 것도 마찬가지 이유에서다.

상대방에게 '수식어'를 붙이는 순간, 당신은 그 사람을 특정한 테두리에 가두게 된다. '예쁜 딸', '똑똑한 아들', '공부 잘하는 우리 딸'처럼 긍정적인 수식어도 꼭 바람직한 것은 아니다. 우리는 누구나 사랑받고 인정받아야 하지만 특정 조건이나 장점 때문에 사랑받아서는 안 된다. 그보다는 "있는 그대로의 네 모습을 사랑해. 내가 널 사랑하는 건 네가 예뻐서도 똑똑해서도 재미있어서도 내게 도움을 주어서도 아니야. 물론 그런 것은 커다란 장점이지만 그런 장점이 없어도 난 여전히 널 사랑할 거야."라는 말을 들어야 한다.

사례 5

스티븐은 만성적인 우울증에 시달리며 내면의 행복감을 느끼지 못하는 변호사였다. 그는 어떤 성취를 해도 자기 자신에게 만족하지 못하는 듯했다. 상담을 해보니 그는 늘 부모님으로부터 최고가 되어야 한다는 말, 남보다 뛰어나야 한다는 말을 들으며 자랐다. 그가 시험에서 99점을 받아오면 부모님은 100점을 받아야 한다고 말했다. 그가 학교에서 상을 받지 못하면 부모님은 상을 받은 다른 아이들과 비교하면서, 왜 그것밖에 안 되느냐고 다그쳤다. 스티븐의 아버지는 대단히 잘나가는 변호사였고 스티븐은 자신이 아버지를 따라가지 못한다는 생각에 늘 괴로워했다.

사실 그는 법률 공부를 좋아하지 않았지만 아버지의 강요로 어쩔 수 없이 법률회사에 들어갔다. 부모님은 늘 그가 완벽해지길 기대했고 그런 영향 탓에 그 자신도 스스로 완벽해져야 한다고 생각했다. 이로 인해 그는 항상 자기 자신에 대한 불만족에 시달렸고 완벽해지지 못하는 한 만족이나 즐거움을 느낄 자격이 없다고 여겼다.

나에게 꾸준히 상담을 받으면서 스티븐은 삶의 의미가 아버지 인생을 그대로 복제하는 데 있지 않음을 깨달았다. 우주는 다른 누군가와 똑같은 삶을 살라고 자신을 창조한 것이 아님을 알게 된 것이다. 그는 과감하게 변호사 일을 그만두고 예전부터 꿈꿔온 골프 강사가 되었다. 물론 그의 가족은 골프 강사가 하찮고 의미 없는 직업이라며 한사코 만류했다.

이제 스티븐은 완벽한 사람이 되려고 애쓰지 않는다. 가족을 기쁘게 해주기 위해 완벽한 아들이 되고자 끊임없이 경주해야 하는 경쟁 사이클에서 벗어나 자기 삶을 즐기고 있다. 좋아하는 일을 하게 되면서 마음속을 짓누르던 우울함도 말끔히 사라졌다. 물론 부모님 앞에서 스스로를 못난 아들로 여기는 일도 없어졌고 자기 자신과 삶에 대한 만족도도 높아졌다.

어떤 고객은 잘나가는 주식중개인이었는데 그는 조울증을 앓고 있었다. 하지만 금융회사를 그만두고 선생님이 된 뒤 그는 조울증에서 완전히 벗어났다. 주식중개인으로 일하면서 받은 스트레스가 조울증의 원인이었던 것이다.

인생의 성공은 반드시 돈을 많이 벌고 높은 사회적 지위에 오르는 데 있지 않다. 내면의 평화를 얻는 것, 자신을 진정으로 사랑하는 것, 원하는 일을 하면서 만족감을 얻는 것이 무엇보다 중요하다. 통계적으로 볼 때 수많은 직업 가운데 미용사가 가장 직업적 만족도가 높다고 한다. 일을 하면서 창의성을 발휘할 수 있을 뿐 아니라 날마다 삶의 여러 가지 욕구를 채울 수 있기 때문이다. 직업적 안정성과 다양성, 사람들과의 교류에 대한 욕구 그리고 중요한 존재로 인정받고 싶은 욕구 말이다.

넷째, 호전적인 태도를 취하고 까다롭게 굴며 통제력을 쥐려고 한다. 남과 다르게 보이려고 애쓰는 많은 사람이 이러한 유형에 속한다. 이들은 통제력을 쥠으로써 안정감을 느끼고 자신이 거부당할 수 없는 사람임을 드러내고 싶어 하기 때문에, 주변 사람들에게 불쾌하고 까다롭고 비판적인 사람으로 여겨지기도 한다. 조울증 환자 가운데는 이런 행동 유형을 보이는 경우가 많다.

나는 방송국 프로그램을 진행할 때 네 가지 행동 유형을 모두 보이는 한 연예인을 만난 적이 있다. 그녀는 항상 어딘가가 아프다고 호소하며 의사나 지압사를 불러달라고 요청했다. 또한 함께 일하는 다른 연예인을 수시로 신경 쓰며 돌봐주려 했고 거의 모든 사안에서 자기주장을 단호히 내세우며 리더 역할을 자청했다. 여기에다 대단히 파괴적이고 성격이 까다로웠다.

그녀는 결국 심한 조울증 때문에 방송 프로그램이 종영되기도 전에 치료시설에 들어가야만 했다. 나는 그녀를 상담하면서 그녀가 소위 '잘난' 가족이 가득한 집안에서 자랐다는 사실을 알게 되었다. 그녀의 형제들 가운데 첫째는 사회적으로 큰 성공을 거둔 명사였고 둘째는 외모가 출중했으며 셋째는 유명한 코미디언이었고 넷째는 몸이 허약해 항상 병을 달고 살았다. 그밖에 다른 가족구성원 중 몇몇은 성격이 매우 까다로웠다. 그녀는 가족 구성원 각각의 모습을 조금씩 닮은 셈이었다.

내가 상담한 다른 환자 중에도 그녀와 비슷한 경우가 꽤 있었다. 그런 집안에서 자라는 사람은 커다란 스트레스와 불만족을 겪게 된다. 당신이 형제가 많은 집안에서 자랐는데 맏이에게 사랑이 집중되는 경우, 당신이 가장 예쁘거나 똑똑한 아이가 아닌 경우, 당신은 정체성을 찾기가 힘들 수도 있다. 만약 다른 형제가 몸이 아프거나 혹은 남을 보살피고 챙기는 역할을 이미 맡았다면 당신은 존재감을 드러내기 위해 까다로운 말썽쟁이가 될 수밖에 없다.

자신의 정체성을 찾고 그것을 유지하기 위해 계속 애써야 하는 사람은 결코 자신감이나 마음의 평온을 찾을 수 없으며 때로는 우울증에 빠지기도 한다. 우리는 사회적으로 크게 성공을 거두거나 유명한 사람의 자녀가 평화로운 삶을 이어가지 못하는 경우를 종종 목격한다. 부모가 큰 성공을 거둔 데 비해 자녀는 그만큼 훌륭한 사람이 되지 못하면 정체성 혼란 및 자괴감을 겪을 수 있는 것이다. 높은 사회적 명성과 인지도가 있는 명사의 자녀들 가운데, 어떤 자녀는 부모처럼 성공하는 반면 또 다른 자녀는 거듭되는 실패와 우울증을 경험하기도 한다. 커크 더글러스, 폴 뉴먼, 그레고리 펙, 버트 바카락, 메리 타일러 무어의 자녀는 스스로 못났다는 자괴감과 혼란을 겪다가 약물중독이나 자살로 생을 마감했다. 빙 크로스비의 자녀 가운데 두 명도 자살했다.

가족이라는 테두리 안에서 존재감을 확인하기 위해 억지로 애쓸 필요는 없다. 가족이 당신을 어떻게 생각하는지, 당신에게 무엇을 기대하는지가 당신 삶의 전부는 아니다. 어렸을 때 당신이 어떤 아이였든 그것은 과거의 일로 남겨두어라. 그리고 지금의 당신에게 걸맞은 정체성과 자아상을 발견하도록 노력하라.

셜리는 10대 때부터 자주 우울증을 겪었다. 셜리의 어머니는 '난 못해', '내 힘으론 어쩔 수가 없어' 같은 말을 습관적으로 내뱉었고 그런 어머니 밑에서 자란 셜리의 내면에는 '나는 할 수 없다'는 부정적인 믿음이 자연스럽게 뿌리를 내렸다. 그녀는 자기 능력을 충분히 발휘하려는 어떠한 시도도 해본 적이 없었다. 늘 쉬운 직장만 다녔고 다른 사람들과 적극적으로 관계 맺기를 기피했으며 조금이라도 자기 능력을 벗어난다고 여겨지는 일자리는 택하지 않았다.

우울증은 그녀에게 유용한 핑계였다. 삶의 방관자적 태도를 정당화할 수 있는 이유가 되어주었으니 말이다. 한마디로 셜리는 모험과 도전이 전혀 없는 삶을 살았다. 나는 그녀가 어머니와 다른 존재라는 것, 어머니와 다른 삶을 사는 독립적인 주체라는 것을 각인시키려 노력했다. 또한 그녀에게는 그녀만의 능력이 있으며 어떤 일에도 대응할 수 있다는 사실을 강조했다.

이러한 사실을 깨달은 셜리는 점차 사람들과 적극적으로 교류하기 시작했고 일에서도 성공을 거둬 나중에는 기업체의 CEO가 되기에 이르렀다. 재능이 뛰어난 사람이 흔히 그렇듯 셜리 역시 학교에서는 그다지 두각을 나타내지 못했다. 똑똑한 아이들은 오히려 학교의 전통적인 교육에 흥미를 느끼지 못하기 때문에 정해진 틀과 시스템에 적응하지 못하고 성적도 낮은 경우가 많다. 이는 그들의 자신감과 자존감을 크게 손상시킨다. 사실은 다른 아이들보다 월등하게 똑똑한데도 '멍청한' 아이로 낙인찍히기 때문이다. 그런 아이들은 다른 방식, 즉 창의적인 접근법을 통해 교육시킬 필요가 있다.

학교에 다닐 때 공부를 못했다고 해서 내면에 뛰어난 재능이 없는 것은 아니다. 인생에서 성공을 거두기에 너무 늦은 나이란 없다. 큰 성공을 거두어 세상의 존경을 받는 명사들 중에 정규교육을 거의 받지 못했거나 대학을 나오지 않은 사람도 많다는 것을 생각해보라. 빌 게이츠는 대학을 중퇴하고 자신만의 길을 개척해 성공을 거두었다. 존 레논 역시 학교를 중퇴했다. 존 레논의 학교 성적표에는 '가망 없는 아이'라고 적혀 있었다고 한다. 데미언 허스트Damien Hirst는 학창시절에 미술 과목에서 최하점을 받았지만 지금은 세계적으로 인정받는 예술가가 되었다. 이들은 모두 학교에서 제대로 인정받지 못했으나 공통적으로 흔들리지 않는 자기 확신이 있었다. 학력이나 자격증보다 자기 자신에 대한 믿음이 더 중요한 법이다.

내가 아는 어떤 노래에 이런 가사가 나온다.

"사람들은 누구나 자기에게 익숙한 춤만 추지. 그리고 그 춤은 그의 유일한 춤이 된다네."

나는 위의 가사를 이렇게 바꿔보고 싶다.

"사람들은 누구나 자기에게 익숙한 역할에만 머물지. 그리고 그 역할은 그의 유일한 역할이 된다네."

만약 당신이 오랫동안 우울증을 겪어왔다면 혹은 부정적인 부모 밑에서 자랐거나 문제 가정에서 자랐다면, 지금까지 당신에게 주어졌던 역할과 모습을 바꿀 수 없을 거라고 생각할지도 모른다. 그것은 잘못된 믿음이다. 새로운 역할, 더 나은 역할을 맡겠다고 결심하는 데 너무 늦은 때란 없다. 그리고 그 변화된 모습을 얼마든지 당신의 유일한 역할로 만들 수 있다.

당신의 모습과 행동 방식이 변하면 주변 사람들의 행동 방식도 자연스럽게 변화한다. 테니스를 칠 때 당신이 공을 쳐서 저쪽으로 넘기면 상대 플레이어도 그 방향에 맞춰 공을 맞받아쳐야 하지 않는가. 당신이 자신감 넘치게 행동하면 가족도 결국 그런 당신의 모습을 인정하고 더 이상 과거와 같은 방식으로 대하지 않을 것이다. 이 책의 내용을 당신의 삶에 온전히 받아들이고 변화된 모습으로 거듭나라. 분명 전과 다른 정체성으로 보다 행복 가득한 삶을 누릴 수 있을 것이다.

표면의식과 잠재의식을 일치시켜라

...

의사나 과학자는 환자에게 긍정적인 말을 주입했을 때 치료 효과가 높아진다고 말한다. 우리에게는 두 개의 자아가 존재한다. 표면의식상의 자아와 잠재의식 속의 자아가 그것이다. 표면의식상의 자아는 기억력이 불완전하지만 잠재의식 속의 자아는 기억력이 놀라울 정도로 뛰어나다. 우리가 의식하지 못하는 사이에 잠재의식은 사소하고 작은 사건도 받아들여 내면에 저장한다. 또한 우리가 스스로에게 말하는 내용을 아무런 추론 없이 그대로 받아들인다.

잠재의식이 '나는 자신감 있는 사람이야'라고 믿으면 우리는 실제로 그런 사람이 된다. 하지만 잠재의식이 '나는 문제 가정에서 태어났으니 어쩔 수 없는 인생 낙오자야'라는 말을 받아들이면, 실제로도 불안하고 우울한 상태에서 벗어나지 못할 가능성이 크다. 의식적으로 알아차리지 못할지라도 그런 말은 마음에 벽을 세워놓기 때문이다. 잠재의식은 일상생활의 모든 행동을 관장한다. 상상은 우리를 행동하도록 만들고 때로는 우리의 의지와 반대되는 행동도 하게 만든다. 기억하라. 언제나 상상이 의지를 이긴다.

 언제나 상상이 승리한다. 그것은 변치 않는 법칙이다. 이 책의 목적은 당신의 상상력을 훈련시켜 당신이 언제나 승리할 수 있도록 이끄는 데 있다. 우리의 상상력과 잠재의식은 길들이지 않은 말과 같다. 대단히 힘이 세지만 훈련하고 길들이면 얼마든지 당신이 원하는 방향으로 이끌 수 있기 때문이다. 우울증에서 벗어난 자신의 모습을 상상하는 것, 자신감과 자존감을 회복할 수 있다고 믿는 것은 대단히 중요하다. 현대과학은 머릿속 생각이 실제로 행동 방식과 삶을 변화시킬 수 있다는 사실을 밝혀냈다. 생각을 바꾸면 삶이 바뀐다. 그리고 생각을 바꾸면 우울증에서 벗어날 수 있다.

마음의 힘

내가 아무리 말로 설명해봐야 당신이 직접 경험해보는 것만 못하다. 다음의 실험을 해보라. 이 실험을 해본 사람들은 모두들 깜짝 놀랐다. 생각이 실제로 신체에 영향을 미친다는 확실한 증거를 보았기 때문이다. 당신도 직접 경험해보고 나면 다시는 '나는 못해', '난 원래 이렇게 생겨먹었어' 같은 말을 입에 담지 않을 것이다. 다음의

'나는 무기력하고 우울해' vs. '나는 자신감이 넘쳐'

이 실험을 하려면 도와줄 친구가 한 명 필요하다. 먼저 발을 어깨넓이로 벌리고 양손은 자연스럽게 몸 옆에 붙인 자세로 선다. 이제 머릿속으로 당신 자신에 대한 가장 부정적인 말과 믿음을 생각하라. 그 말을 소리 내 열 번쯤 반복하거나 진짜라고 생각하며 마음속으로 열 번쯤 되뇌어라. 예를 들면 이런 말이 있다.

"나는 무기력하고 모자란 인간이야."

"나는 사람들 앞에서 제대로 말도 못해."

"우울해서 미치겠어."

"나는 수줍음이 많아."

"나는 정말 못났고 한심해."

이런 말을 마음속으로 되뇌는 상태에서 친구에게 당신의 어깨나 가슴을 밀어보라고 하라. 물론 넘어질 정도로 세게 미는 것이 아니라 몸이 뒤로 밀려날 정도의 힘으로 말이다. 십중팔구 당신은 균형을 잃고 한 발짝 뒤로 물러난다. 부정적인 생각이 몸의 힘을 앗아가는 바람에 몸이 쉽게 뒤로 밀리는 것이다. 놀랍지 않은가? 부정적인 생각을 하면 실제로 몸의 힘이 약해진다.

이번에는 긍정적인 말과 믿음을 생각하라. 위에서 한 것처럼 열 번쯤 크게 말하거나 진짜라고 생각하며 열 번쯤 마음속으로 되뇌어라.

"나는 자신감이 넘쳐."

"나는 언제나 당당해."

"부정적인 삶의 태도는 이제 깨끗이 버렸어."

"사람들은 누구나 나를 좋아해."

"나는 누구보다 건강하고 행복해."

이제 친구에게 당신의 어깨나 가슴을 밀어보라고 하라. 아마 몸이 한 발짝도 움직이지 않을 것이다. 어느새 몸 안에 친구가 미는 힘을 견딜 수 있는 힘이 생겨난 것이다. 긍정적인 생각을 하는 것만으로도 몸의 힘이 강해진다는 사실이 놀랍지 않은가? 마음속의 모든 생각은 실제로 신체에 반응을 일으킨다. 이제 이 말이 사실임을 확실히 알게 되었을 것이다.

실험을 당신의 생각과 행동을 변화시키는 계기로 삼길 바란다.

우리 몸의 안팎을 맴도는 에너지는 우리의 생각을 따라 움직인다. 그렇기 때문에 생각과 언어를 바꾸면 실제로 몸과 행동을 변화시킬 수 있다. 많은 사람이 위의 실험을 해보고 깜짝 놀란다. 당신도 '반드시' 해보라. 그러면 그 실험의 흐름을 다시 한 번 정리해보자.

1. 자신에 관한 모든 부정적인 생각과 믿음을 반복해서 말한다.
2. 평소에 사용하던 부정적인 말을 모두 동원한다.
3. 몸의 힘을 테스트해본다.
4. 부정적인 말을 긍정적인 말로 대체한다.
5. 몸의 힘을 다시 테스트해보고 차이를 경험한다.

당신 자신에 대한 어떠한 믿음도 상관없다. 자신감, 습관, 능력,

인간관계 등 어떤 것을 주제로 삼아도 된다. 그러한 믿음은 오로지 당신의 마음속에만 있는 것이다. 따라서 당신이 얼마든지 변화시킬 수 있다. 지금까지 부정적이고 파괴적인 언어를 사용해왔다면 또한 그것을 믿었다면 당장 긍정적인 것으로 바꿔야 한다.

정신이 신체를 지배한다. 그 정신은 다른 사람이 아닌 당신의 것이므로 당신이 변화시키고 방향을 제시하며 영향을 미쳐야 한다. 이를 위한 가장 빠르고 효과적인 방법은 평소에 사용하는 언어와 믿음을 바꾸는 것이다.

★ 당신의 생각을 바꿀 수 있는 사람은 당신 자신이다.

★ 당신의 마음에 방향을 제시해야 할 사람도 당신 자신이다.

★ 당신의 자신감과 자존감을 변화시킬 사람 역시 당신 자신이다.

최소한 5분 이상 시간을 투자해 다음에 설명하는 내용을 실천해보라. 반드시 진지한 자세로 임하길 바란다. 당신 자신에게 다음의 질문을 던져보라.

－내면에 잠재된 가능성을 충분히 이끌어내지 않음으로써 나는 무엇을 잃고 있는가?

－주저하고 한 발짝 물러나 있는 태도로 인해 나는 어떤 대가를 치르고 있는가?

－나는 어떤 기회를 놓치고 있는가? 그런 대가를 치르는 것이 바람직한가?

－이 질문을 진지하게 생각해본 뒤에 그 대답을 종이에 적어라.

떠오르는 답변을 최대한 많이 적은 다음 그것을 읽어보라. 그런 대가를 치르는 것이, 그 기회를 놓치는 것이 정말로 아무렇지도 않은가? 아니면 새로운 태도와 마인드로 자신을 변화시키겠는가?

다음으로 아래에 소개하는 과제를 해보라. 그냥 읽고 지나가면 절대 안 된다. 반드시 '직접' 해봐야 한다. 이 책은 그냥 눈으로 읽기 위한 것이 아니라 당신의 실천을 돕기 위한 것이다. 이것은 종이책이라기보다 하나의 '프로그램'이며 그 내용을 흡수하고 직접 실천해야 성과를 얻을 수 있다. 정말로 성과를 얻고 싶다면 아래의 과제를 읽어보고 그대로 해보라.

눈을 감고 따라하기

조용히 눈을 감고 마침내 원하던 모습, 늘 꿈꾸던 모습으로 변화한 당신 자신을 상상해보라. 그런 다음 돈을 주고 손에 넣을 수 있는 물질적인 대상 가운데, 당신이 원하던 모습이 되었을 때와 똑같은 만족감을 줄 만한 것을 생각해보라. 멋진 자동차, 새 집, 보트, 여행용품, 최신 전자제품, 맛있는 음식 등을 말이다. 분명 그와 똑같은 만족감을 주는 물건은 없다는 사실을 깨닫게 될 것이다.

어떤 물건을 사서 기분 좋은 것은 잠시뿐 언제까지나 지속되지 않는다. 아무리 최신 제품이더라도, 아무리 근사하더라도 곧 거기에 익숙해져 무감각해지게 마련이다. 나는 새 스포츠카를 장만했을 때 가족에게 절대 그 차 안에서 음식물을 먹지 못하게 했다. 혹시라도 무언가를 흘려 더러워질까 봐 자동차 내부 바닥에 타월을 깔아놓기까지 했다. 하지만 시간이 흐르자 점차 무감각해졌고 그것은 그저 '자동차'에 불과한 물건이 되었다.

새 옷, 새 신발, 새 카펫을 사면 잠시 만족감을 느끼게 된다. 하지만 그 다음엔 다른 신제품을 갖고 싶고 또 다른 물건으로 마음의 빈자리를 채우고 싶어진다. 기업들은 이러한 사실을 잘 알기 때문에 끊임없이 최신 상품 광고를 쏟아내는 것이다.

자기 자신에 대해 진정한 만족감을 느끼는 사람은 그런 물질적인 것에 연연하지 않는다. 새 물건을 샀을 때의 만족감과 진정한 자기애가 확립되었을 때의 만족감 중에서 어떤 것이 더 오래 지속될까? 우리가 무언가를 원하는 이유는 그것이 가져다줄 만족감 때문이다. 그 어떤 물질적 대상이 주는 만족감도 자기 자신에 대한 만족감에 비할 수는 없다.

이 과제는 당신 뇌의 신경회로를 변화시키기 위한 것이다. 이것을 변화시켜야 내면의 자신감도 변화한다. 거듭 강조하건대 그냥 읽고 지나가지 말고 반드시 해봐야 한다. 궁극적으로 당신의 내면과 삶에 강력한 영향을 미치기 때문이다.

인간의 어리석은 행동 중 하나는 이전과 똑같은 행동과 습관을 반복하면서 결과가 달라지길 기대하는 것이다. 다르게 생각하고 다르게 행동해야 다른 결과를 얻을 수 있다. 이 책의 내용을 꾸준히 실천하면 그것을 스스로 깨달을 수 있을 것이다. 원하는 모습으로 변화한 당신의 모습, 당신이 느끼게 될 감정, 주변 사람들이 당신을 바라보는 변화된 시각을 구체적이고 생생하게 상상하라.

Step 10

반복

———

"과거와 다른 현재를 살고 싶다면 과거를 들여다보라."
– 바루흐 스피노자(Baruch Spinoza, 1632~1677, 네덜란드 철학자)

ULTIMATE CONFIDENCE

자신감을 높이기 위한 열 가지

■ ■ ■

Step10은 전체적인 요약을 다루기 때문에 앞에 나온 내용이 반복된다고 느낄 수도 있다. 하지만 어떤 기술을 익히거나 무언가를 배울 때 가장 중요한 것은 '반복'이라는 사실을 잊지 마라. 자신감 넘치는 삶과 변화된 미래를 기대한다면 반드시 다음의 내용을 마음속에 각인시켜야 한다.

★ 자신을 사랑하라. 당신 자신을 사랑해야 다른 사람도 당신을 좋아하게 된다

누구나 자신의 장점과 좋은 면을 찾아낼 수 있다. 당신의 겉모습은 말 그대로 '겉모습'이자 포장지에 불과하다. 살아오면서 타인에게 받은 칭찬을 모두 떠올려보라. 당신이 자신을 사랑할수록 남들도 당신을 좋아하게 되고 당신 곁에 머무는 것을 편안하게 느낀다. 당

신의 자존감이 높으면 주변 사람들도 당신을 더욱 가치 있는 존재로 받아들인다. 현대인은 자신을 끊임없이 발전시키고 더 '잘난' 존재가 되어야 행복해질 수 있다고 믿는다. 하지만 그것은 절반의 진실일 뿐이다. 가장 중요한 행복의 열쇠는 '자기 자신을 받아들이고 사랑하는 것'이다.

내가 아는 한 성형외과에서는 예뻐지면 더 행복해진다고 광고한다. 주름살을 펴고 코를 높이면 기분이 좋아지고 자신감이 좀 더 생길 수도 있다. 그런데 많은 성형외과 의사가 한 번으로 끝내지 않고 자꾸만 어딘가를 고치고 싶다며 찾아오는 환자를 나에게 보낸다. 상담이 필요할 것 같다고 판단했기 때문이다. 그들은 성형한 코가 마음에 들지 않는다거나 이번에는 지방흡입술 혹은 복부성형을 해야겠다며 또 병원을 찾은 것이다. 지방흡입술은 결코 당신을 변화시키지 못한다.

진정한 변화는 자기 자신을 사랑할 때, 자신의 좋은 점을 인정할 때 시작된다. 그렇다고 자신을 아름다운 모습으로 가꾸지 말라는 얘기는 아니다. 진정한 자신감과 행복은 성형수술 따위로 하루아침에 도달할 수 있는 목적지가 아니라는 의미다. 그 목적지에 이르려면 시간이 필요하며 자신을 좋아하고 있는 그대로 받아들여야만 정말로 의미 있는 삶을 살 수 있다.

★ 완벽해지려고 애쓰지 마라

완벽해지려고 애쓰는 것은 결승점 없는 경주와 같다. 이 경주에는 끝이 없다. 끝이라고 생각하는 곳에 다다른 순간, 저 앞에 또 다른 목표 지점이 보일 것이다. 완벽해질 수 있다는 생각은 착각이자 신기루다. 완벽해지려고 발버둥치는 사람은 불만족스럽고 불행한 삶에서 헤어나지 못한다. 완벽해지고 싶은 욕구를 버려야 비로소 타인에게 인정받고자 하는 욕구를 채울 수 있다.

★ 좋아하는 일을 하라

누구나 타고난 재능이 있다. 지금 당신의 마음이 원하는 일이나 7~14세 무렵에 꿈꿨던 장래 희망을 생각해보라. 그것은 당신의 재능과 연결되어 있을 확률이 높다. 사람은 좋아하는 일을 해야 빛이 나고 존재 의미도 확인할 수 있다. 누구나 내면에 자신만의 재능을 품고 있다. 당신은 그저 사랑하는 사람을 만나기 위해 세상에 태어난 것이 아니다. 자신만의 재능을 발견하고 그것을 펼치기 위해 태어난 것이다. 어렸을 때 나중에 커서 뭐가 되고 싶다고 생각했는가? 당신은 어떤 일을 할 때 가장 행복한가? 좋아하는 일을 해야 성공할 수 있다. 나아가 세상에 기여하고 싶은 욕구도 채울 수 있다.

★ 목표를 세우고 그것을 향해 나아가라

우리의 두뇌는 목표를 향해 움직이도록 설계되어 있다. 목표가 있어야 비로소 방향이 잡힌다. 목표가 없으면 표류하고 헤맬 수밖에 없다. 진정한 행복감은 목표를 세우고 그것을 향해 나아가며 성취하는 데서 찾아온다. 목표 자체만 중요한 것이 아니라 그것을 이뤄가는 과정도 중요하다. 목표를 달성했을 때는 물론 그곳을 향해 나아가는 여정도 우리에게 행복과 성취감을 안겨준다. 이런 까닭에 많은 사람이 하나의 목표를 이룬 후 또 다른 목표를 세우고 돌진하는 것이다. 그 과정 속에서 당신은 성장과 발전에 대한 욕구를 채울 수 있다.

★ 베풀어라

과학자들은 타인을 위해 좋은 일을 하거나 무언가를 베풀 때(아무리 사소한 것이라도) 느끼는 행복이 새 옷과 신발을 사거나 맛있는 음식을 먹을 때의 행복보다 더 오래간다는 사실을 밝혀냈다. 넉넉한 마음으로 친절을 베풀어라. 교통체증이 심한 상태에서 누군가가 당신 앞에 끼어들고 싶어 한다면 기꺼이 양보하라. 그러고 나면 한결 기분이 좋아진다. 양보를 해도 당신이 목적지에 도착하는 시간에는 거의 차이가 없다. 슈퍼마켓 계산대에서 앞사람이 물건 값을 지불할 돈이 조금 모자란다면 당신이 보태주어라. 살아오면서 경험한 커다란 성공과 멋진 순간도 내 기억에 남아 있지만 계산대에서 모자란 내 물건 값을 누군가가 지불해준 것처럼 사소한 일도 결코 잊을 수가 없다.

나 역시 누군가에게 작은 도움이 필요할 때 기꺼이 손을 내밀려고 노력한다. 언젠가 지하철역에서 한 남자의 지하철 요금을 대신 내준 적이 있다. 그는 요금이 모자란 것을 알고 퍽 당황한 눈치였는데, 내가 돈을 건네자 마치 복권에라도 당첨된 것처럼 환한 미소를 지었다. 나는 그에게 건넨 몇 푼보다 훨씬 더 값진 행복감을 돌려받았다.

지금도 선명하게 기억하는 10대 시절의 일화가 하나 있다. 내가 열네 살쯤이던 어느 날, 또래 남자아이가 우리 집에 찾아왔다. 집안이 매우 가난한 아이였는데 우리 아버지가 약속한 자전거를 가지러 왔다고 했다. 알고 보니 아버지는 그 아이가 자전거를 몹시 갖고 싶어 한다는 것을 알고 아이의 학교에 방치되어 있던 주인 없는 헌 자전거를 가져다 열심히 고쳐놓은 것이었다. 차고로 가면서 그 아이는 내게 "너희 아빠는 정말 천사 같은 분이셔."라고 말했다. 아버지는 언제나 남에게 베풀어야 한다는 것을 몸소 가르치셨다. 아버지는 늘 남을 도왔는데 나는 그런 아버지 밑에서 태어난 것을 커다란 행운으로 생각한다. 남에게 베풂으로써 당신은 타인과의 유대감에 대한 욕구를 채울 수 있다.

★ 칭찬을 늘리고 비판을 줄여라(특히 자기 자신에 대해)

칭찬은 자존감을 높여주지만 비판은 자존감을 손상시킨다. 훌륭한 사람은 늘 남을 칭찬한다. 자아에 대한 만족감이 부족한 사람일수록 남을 헐뜯고 깎아내린다. 내면의 불만족을 그렇게 외부로 표출하는 것이다. 타인을 칭찬하면 당신에게도 무언가가 돌아온다. 아무리 보잘것없어 보이는 사람에게도 반드시 칭찬할 구석이 있게 마련이다. 상대방의 자존감을 높여주면 당신 자신의 자존감도 높아진다는 사실을 기억하라.

슈퍼마켓 계산대 직원에게 '헤어스타일이 잘 어울리네요', '향수 냄새가 참 좋아요'라고 칭찬의 말을 건네 보라. 칭찬한 사람도 칭찬받은 사람도 모두 기분이 좋아진다. 누군가에게 칭찬을 건네는 것이 초콜릿을 먹었을 때보다 더 지속적인 만족감을 준다는 사실이 과학적으로 밝혀진 바 있다. 칭찬을 습관화하라.

당신 자신에 대한 칭찬도 잊지 마라. '잘하고 있다'고 상대방을 칭찬하고 당신 자신도 늘 칭찬하라. 주저할 것 없다. 당신은 충분히 칭찬받을 자격이 있다. 남들에게 칭찬을 충분히 받지 못하는 것 같다면 스스로 칭찬하라. '난 참 잘했어', '난 멋진 놈이야', '나처럼 괜찮은 사람은 없을 거야', '난 내가 좋아'라고 말이다. 자신과 타인을 칭찬함으로써 당신은 안정감에 대한 욕구, 거절당하지 않고 싶은 욕구를 채울 수 있다.

★ 상처와 감정을 가급적 빨리 표현하라

마음에 상처를 받았다면 시간이 흐르기 전에 가급적 빨리 그것을 표현하라. 그래야 그것이 곪아 당신의 내면을 망가트리는 일을 막을 수 있다. 상처 입은 감정을 표출하지 못하면 그것은 화와 분노로 쌓인다. '내 생일을 잊다니, 얼마나 화가 났는지 알아?', '당신이 약속 장소에 나타나지 않아서 정말 짜증스러웠어'라고 말하지 말고 '당신이 내 생일을 잊어서 정말 속상했어', '당신이 약속 장소에 나타나지 않아서 기분이 상했어'라고 말하라. 그런 감정을 속에만 꾹꾹 담아두면 더 악화될 뿐이다. 그러한 감정은 밖으로 나올 통로가 필요하다. 내면에 앙금이 켜켜이 쌓이면 당신의 불안과 화는 더욱 증폭된다. 당신에게 상처를 준 직장상사나 친척에게 직접 말할 수 없다면, 혼자 있는 공간에서라도 크게 말하라. 속에 쌓아두는 것보다 차라리 그 편이 낫다. 상처 입은 감정을 표현함으로써 내면의 평화에 대한 욕구를 충족시켜라.

★ 어떤 상황에서든 좋은 점을 발견하려고 노력하라

일이 꼬이고 잘 풀리지 않을 때도 '좋은 점은 뭐지?', '내가 배울 수 있는 점은 무엇이지?' 하고 생각해보라. 말도 안 되는 소리처럼 들릴지도 모르지만 잘 생각해보면 어떤 상황에서든 좋은 점을 발견할 수 있다. 교통체증으로 도로 한가운데에 갇혀 있는가? '자동차가 없는 사람도 많은데 그래도 난 자동차가 있잖아'라고 생각하라. 마트 계산대의 줄이 도무지 줄어들 기미가 보이지 않는가? 먹을거리가 풍부한 나라에 태어난 것과 당신에게 그것을 살 돈이 있다는 사실에 감사하라.

당신이 어떤 문제를 겪고 있든 그것이 다른 누군가에게는 꿈처럼 여겨질 수도 있다. 세상의 누군가는 스트레스를 받아도 좋으니 제발 일자리를 얻었으면 좋겠다고, 정리정돈 못하는 배우자라도 좋으니 결혼을 해봤으면 좋겠다고, 밤새 잠을 설쳐도 좋으니 울면 달랠 아기가 있었으면 좋겠다고, 늘 여기저기를 고쳐야 할지라도 집이 있었으면 좋겠다고 생각한다. 긍정적이고 좋은 점에 집중하면 '갖지 못했다'는 불만이 아니라 '가진 것'에 감사하는 마음이 생긴다. 예전에 나는 딸아이를 차로 학교에 태워다주는 것이 귀찮아서 계속 부정적인 생각만 했다.

'도로공사 때문에 차선이 하나 줄었잖아. 그러니 차가 도통 움직일 생각을 하지 않지. 벌써 시간을 이렇게 잡아먹었는데 앞으로 갈 거리가 얼마야? 어휴 끔찍해.'

그러다가 비가 쏟아지는 어느 날 막힌 도로 한가운데에서 차 안에 앉아 있다가 한 엄마와 아들이 함께 우산을 받치고 버스정류장에 서 있는 모습을 보았다. 그제야 나는 내가 얼마나 행복한지 깨달았다. 나는 자동차도 있고 사랑하는 딸아이를 편하고 안전하게 학교에 데려줄 수 있지 않은가. 슈퍼마켓 계산대에서 앞 사람이 한없이 꾸물거리고 있을 때, 나는 속으로 생각했다.

'이렇게 내가 원하는 음식을 살 수 있고 그것으로 사랑하는 가족과 맛있는 요리를 해먹을 수 있어서 정말 다행이야.'

만약 '쇼핑은 귀찮은 일이야. 재료를 사서 자동차에 싣고 집에 가져가 정리한 다음 음식을 준비하고 또 먹은 다음에 치워야 하고……시간은 왜 그렇게 많이 걸리는지!'라고 생각하면 절대로 즐거운 마음으로 쇼핑을 하거나 요리할 수 없다. 나도 그런 부정적인 생각을 한 적이 있지만 어떤 계기로 인해 그것이 얼마나 배부른 고민인지 깨닫게 되었다.

우리 집에 크로아티아에서 온 오페어(au pair, 가정에 입주해 집안일을 거들며 언어를 배우는 외국인 유학생—옮긴이)가 있었는데, 하루는 그녀를 데리고 대형 마트에 장을 보러 갔다. 그런데 그녀는 마트에 쌓인 수많은 음식을 보고 눈물을 글썽였다. 당시(1994년이었다) 고향에 있는 그녀의 가족은 음식 살 돈이 부족해서 그녀가 수프 가루나 몇몇 가공식품을 가족에게 보내주고 있었다. 그녀는 내가 행복한 삶을 살고 있다는 사실을 일깨워주었다. 마트의 긴 줄에 서 있다고 불평하지 마라. 누군가에게는 그렇게 긴 줄에 서서 물건을 사보는 것이 꿈일 수도 있다. 항상 감사하는 태도로 살아라.

★ '나는 ~할 거야'라는 표현을 사용하라

성공하는 사람은 '난 할 수 없어'라는 말을 절대 쓰지 않는다. 그들은 '나는 ~할 거야', '나는 ~하지 않을 거야'라고 말한다. 이렇게 말하면 자신과 상황을 통제하는 주체가 된 듯한 기분을 느낄 수 있다. 삶의 방향과 변화를 스스로 주도한다는 기분을 느끼지 못하면 자신에 대한 진정한 만족감과 자신감을 얻기 어렵다. 평소에 쓰는 말만 바꿔도 당신의 감정에 커다란 변화가 일어난다. 그럼으로써 안정감에 대한 욕구를 채울 수 있다.

★ 날마다 세로토닌 증가에 도움이 되는 음식을 먹어라

세로토닌은 행복 호르몬으로 섭식장애나 우울증 환자, 알코올중독자는 이 호르몬이 부족한 경우가 많다. 고수풀(coriander, 미나리과 한해살이 풀─옮긴이), 바나나, 달걀, 칠면조, 대추야자, 배, 아보카도, 진한 다크초콜릿은 세로토닌 증가에 도움을 준다. 비타민 B와 비타민 B_6도 세로토닌 증가를 돕는다.

★ 날마다 신체 접촉을 하라

신체 접촉은 사랑 호르몬인 옥시토신 분비를 촉진한다. 사랑하는 사람과 눈을 맞추며 따뜻하게 바라보는 행위도 마찬가지다. 친구들끼리의 포옹이나 손잡는 것, 아이들 안아주기, 애완동물 쓰다듬기도 비슷한 효과를 낸다. 사람들은 자신에게 따뜻한 태도를 보이는 사람, 감정에 공감해주는 사람을 좋아한다. 그러니 주저하지 마라. 이야기를 나누면서 상대의 어깨를 살짝 건드리거나 토닥이기만 해도 상대는 당신을 더 잘 기억하고 당신에게 더욱 호감을 갖게 된다.

★ 적절한 성생활을 유지하라

섹스는 행복감을 높여준다. 사랑 호르몬인 옥시토신을 현격하게 증가시키기 때문이다. 파트너와 몸을 맞대고 몇 분간 눈을 가만히 바라보기만 해도 옥시토신 분비가 늘어난다. 섹스 후에는 세로토닌이 분비된다. 이는 보다 의욕적이고 쾌활한 기분으로 하루를 보낼 수 있게 해준다. 최근의 연구 결과에 따르면 건강한 면역체계를 유지하는 데 오르가슴이 중요한 역할을 한다고 한다. 정기적으로 오르가슴을 경험하는 여성은 그렇지 않은 여성보다 유방암에 걸릴 확률이 낮다. 또한 오르가슴은 자연살해세포와 T세포를 증가시키고 신체가 젊음을 유지할 수 있도록 도와준다. 자위를 통한 오르가슴 경험도 동일한 효과를 낸다. 정액에 들어 있는 프로스타글란딘은 기분을 좋게 만들어주는 호르몬으로 이것이 여성의 신체로 들어가면 여성에게도 긍정적인 영향을 미친다. 적절한 성생활을 통해 삶에 리듬을 만들어라.

요약

■ ■ ■

★ 날마다 타인에게 무언가를 베풀어라.

★ 날마다 당신 자신에게 무언가를 베풀어라.

★ 감정을 표현하고 발산하라.

★ 주변 사람들과 당신 자신을 매일 칭찬하라.

★ 감사하라.

★ 자신감 있는 태도로 스스로에게 말을 걸어라.

★ 부정적인 생각이나 자기비판적인 말을 중단하라.

★ 자신감 있는 사람처럼 걷고 행동하라.

★ 원하는 모습이 된 자신을 마음속에 그리고 그 이미지에 집중하라.

★ 당신은 사랑받을 자격이 있고 여러 면에서 '충분한' 사람이라는 것을 기억하라.

★ 목표를 세우고 그것을 향해 나아가라.

★ 항상 긍정적인 단어만 사용하라.

이 책의 모든 내용을 흡수하고 실천하면 당신은 반드시 변화한다. 변화한 당신은 다음과 같은 특징을 보일 것이다.

★ 두려워하고 수줍어하는 대신 거침없이 행동한다.

★ 현재에 충실하고 현재를 즐긴다.

★ 타인과 자기 자신을 비난하거나 깎아내리는 일이 없다.

★ 자신이 훌륭한 사람임을 입증해 보이려 애쓰지 않는다.

★ 감사와 만족, 사람들과의 유대감을 느낀다.

★ 통제권을 쥐려고 애쓰지 않는다.

★ 주변 이들에게 따뜻하고 사랑스러운 존재로 인식되며, 그들 역시 당신을 다정하게 대하고 인정해준다.

★ 웃음이 늘어나고 주변 이들에게도 웃음을 전염시킨다.

★ 있는 그대로의 당신 모습을 사랑하고 좋아한다.

당신이 변화하면 주변 사람 중에서 일부는 혼란스러워하며 당신의 그런 변화를 잘 받아들이지 못할 수도 있다. 물론 어떤 사람은 당신을 더욱 좋아하고 당신 곁에 더 오래 머물고 싶어 할 것이다. 버락 오바마는 이렇게 말했다.

"다른 누군가가 해주기를, 적당한 때가 오기를 기다리면 변화는 결코 일어나지 않는다. 우리가 기다려온 변화의 주인공은 바로 우리 자신이다. 우리가 추구하는 변화는 우리가 만들어내는 것이다."

이 책은 거의 끝나가지만 당신에게는 지금부터가 새로운 시작이다. 당신은 태도와 언어를 바꿔야 한다는 사실, 자신감 있는 사람이 되겠다고 '선택'해야 한다는 사실을 배웠다. 커다란 결과를 만들어낼 작은 실천방법도 많이 배웠다. 생각과 마음속 그림을 변화시키면 당신은 본래 내면에 있던 자존감과 자신감을 회복할 수 있다. 원하는 모습으로 변화한 자신을 마음속에 그리고 집중하는 것은 실제로 효과를 발휘하는 과학적인 방법이다. 성공하는 모습을 그리는 법, 목표를 세우고 그것을 이뤄나가는 법에 대한 설명을 잊지 마라.

또한 당신은 타인과 소통하는 법과 신체적, 정신적 변화를 일으키는 방법도 배웠다. 이 책에서 설명하는 방법을 실천하면 일과 인간관계에서 얼마든지 자신감 있는 사람이 될 수 있다. Step10에서 요약한 열 가지를 실천해 자연스럽게 자신감이 뿜어져 나오는 사람으로 변화하라.

물론 자신감을 회복했다고 해서 삶의 도전과제나 어려움에 마주치지 않는 것은 아니다. 하지만 자신감이 있으면 그런 것을 훨씬 더 쉽게 극복하고 제자리로 돌아올 수 있다. Step6에서 소개한 대본들을 활용하라. 당신은 한 번 실패했다고 해서, 장애물을 만났다고 해서 결코 포기하지 않을 것이다. 삶의 순간순간마다 자신감이 마치 당신 몸의 일부처럼 자연스럽게 뿜어져 나올 것이기 때문이다. 그렇다고 이 '모든' 내용을 늘 실천해야 효과를 발휘하는 것은 아니다. 설사 100%가 아닐지라도 이 내용을 '최대한' 실천하려 애쓰면 그것은 효과를 발휘한다.

한 가지 당부할 것은 책을 읽는 데 그치지 말고 책에 담긴 과제를 빠짐없이 실천하라는 것이다(만약 하나라도 빠트렸다면 지금 돌아가서 다시 시작하라. 나를 위해서가 아니라 '당신을 위해서'다). 그것은 당신의 자신감을 증진시키기 위해 꼭 필요한 것들이다. 이 책은 처음부터 끝까지 자신감과 자기 확신을 되찾기 위한 강력한 방법으로 채워져 있다. 그 내용을 충실하게 흡수하고 실천하면 '반드시' 완전한 자신감을 얻을 수 있다. 그와 더불어 당신의 인생이 달라진다.

자신감을 되찾은 당신에게

자신감을 회복하라. 내면의 행복을 되찾아라. 당신은 결코 부족하지 않은 사람임을 인식하라. 감정에 상처를 입었을 때는 밖으로 표현하라. 부정적인 자기비판을 멈춰라. 있는 그대로의 당신 모습을 사랑하라. 당신은 세상에서 유일하고 소중한 존재이며 세상에 값진 기여를 하기 위해 태어났다. 이 책의 내용을 온전하게 받아들이고 실천하면 당신은 완전한 자신감을 되찾을 수 있다. 기억하라. 더 나은 사람으로 변화하면 당신은 세상을 보다 나은 곳으로 만드는 데 힘을 보탠 셈이다.

만일 이 책에서 말한 내용 중 어느 한 가지가 잘 되지 않는다면 당장 해당 단계로 돌아가 다시 읽어라. 자신에게 혹독한 말을 퍼붓는 습관이 잘 고쳐지지 않는다면 언어를 바꾸는 것에 대해 설명한 단계를 다시 펼쳐라. 마음속 목표에 집중하면서 책의 내용을 실천하라.

주변 사람들이 변화한 당신의 모습에 거부감을 보인다면 인간관계 기술을 설명한 Step7을 다시 읽어라. 이 모든 것은 '당신의' 변화를 위한 것임을 명심하라. 타인을 변화시키려 애쓸 필요는 없다(물론 상대가 그것을 원한다면 이끌어주어라). 또한 당신이 받아들이지 않는 한 어느 누구도 당신을 예전의 나쁜 습관으로 되돌려놓을 수 없다. 책의 내용 가운데 특정 단계에 특히 공감이 간다면 되돌아가 다시 읽기 바란다. 필요하다면 해당 내용을 종이에 적어 늘 보이는 곳에 붙여두는 것도 좋다.

이 책은 당신이 최면 프로세스를 거치도록 구성되었다. 따라서 그것이 가져오는 변화는 강력하고도 영구적이다. 당신이 회의와 의심을 품지 않는다면 그 효과가 사라지는 일은 없다.

모든 학습의 기본은 반복이다. 반복은 두뇌 신경회로를 생성시키고 그 회로는 반복이 거듭될 때마다 더욱 단단해진다. 그런 이유로 이 책에는 똑같은 설명과 주장이 반복되어 있다. 그런 식으로 계속 긍정적인 변화를 강화해나갈 경우 그것은 당신의 내면에 뿌리를 내리고 두뇌는 어떤 상황에서도 자신 있게 대처할 수 있도록 재프로그램된다. 또한 당신의 마음 근육은 더욱 단단해지고 오래된 부정적인 믿음이 씻겨나가며 긍정적인 믿음이 자리 잡게 된다. 또한 꿈을 이룬 자신의 모습과 자연스럽게 자신감을 발산하는 모습이 현실 속의 당신 모습인 것처럼 느껴질 것이다.

자신감을 되찾기 위한 지금까지의 여정이 독자 여러분 모두에게 즐겁고 유익한 시간이었기를 바란다. 이 여정을 충실히 함께했다면 여러분은 멋진 종착역에 도착했을 것이다. 독자마다 느낌은 다를지도 모르지만 책의 마지막까지 완주했다는 것만으로도 큰 의미가 있다.

마지막 쪽까지 잘 따라와 준 여러분께 감사의 말을 전한다. 내게 연락하고 싶은 독자나 자신의 발전을 알리고 싶은 독자를 언제나 환영한다. www.marisapeer.com 또는 info@marisapeer.com으로 연락해주기 바란다. 언젠가 내 강연장에서 여러분을 만날 수 있기를 기대한다.

– 자신감 넘치는 당신의 얼굴을 그리며
사랑을 담아, Marisa Peer

p.38 "이에 따라 자연살해세포, T세포, 백혈구 등이⋯⋯." Martin L. Rossman, *Guided Imagery for Self-healing*(California, New World Library), 2000

p.51 "이 분야의 선구적인 인물은⋯⋯." Marva Collins with Civia Tamarkin, *Marva Collins' Way*(USA, Penguin group) 1990; Marva Collins, *Ordinary Children, Extraordinary Teachers*(USA, Hampton Roads Publishing) 2003; P. Kamara Sekou Collins, *The School That Cared: A Story of the Marva Collins Preparatory School of Cincinnati*(USA, University Press of America) 2003; www.marvacollins.com

p.62 "또 다른 실험에서는 종업원이⋯⋯." Nicolas Guéguen and Céline Jacob, *The Effect of Tactile Stimulation on the Purchasing Behaviour of Consumers: An Experimental Study in a Natural Setting, International Journal of Management*, Mar 2006. http://findarticles.com/p/articles/mi_qa5440/is_200603/ai_n21388596/pg_2

p.62 "인간의 두뇌는 하루 동안 대략 5만 가지의 생각을 한다⋯⋯." *Science Daily*(December 18, 2006). http://www.sciencedaily.com

p.78 "서른두 살에 파산하고 일자리조차 구하지 못한 한 남자가 있었다⋯⋯." Brian Tracy, Goals! How to Get Everything You Want-Faster Than Your Ever Thought Possible(Berrett-Koehler), 2001. 출판사의 허락 하에 전재함. Goals, copyright © (2001) by Brian Tracy, Berrett-Koehler Publishers, Inc., Francisco, CA. All rights reserved. www.bkconnection.com

p.88 "어렸을 때 부모에게 버림받은 메릴린 먼로는⋯⋯." Mike Evans, *The Marilyn Handbook*(MQ Publications), 2004

p.94 "패티 보이드는⋯⋯." Patti Boyd, *Wonderful Today*(UK, Headline

Review), 2008

p.152 "마크 매코맥은……." Mark McCormack, *What They Don't Teach You At Harvard Business School*(UK, Bantam), 1986

p.154 "루이 파스퇴르의 말을……." John Cook, Steve Deger and Leslie Ann Gibson, *The Book of Positive Quotations*(USA, Fairview Press), 2007

p.154 "브라이언 트레이시는 사람들이 목표를 세우지 않는 이유……." Brian Tracy, *Goals! How to Get Everything You Want—Faster Than Your Ever Thought Possible*

p.168 "파레토 법칙을 살펴보면……." www.theparetoprinciple.com

p.170 "연구 결과, 모임에 참석하면서……." Education Policy Analysis Archives, College of Education, University of South Florida

p.172 "중요한 목표는 언제나……." www.quotations.com

p.173 "어떤 사람이 농구 황제 마이클 조던에게……." www.quotations.com

p.175 "실패하는 사람은 어렵거나 하기 싫은 일을……." Brian Tracy, The Psychology of Achievement(Nightingale Conant), 1984

p.180 "당신의 생각을 주의 깊게 살펴보라……." www.trans4mind.com

p.234 "결혼하고 1년이 지나면……." World Values Survey, The Pew Research Center, 2007

p.277 "강한 감정을 담아 어떤 생각을 하면……." Gil Boyne, Transforming Therapy(USA, Westwood Publishing Co)

p.312 "미국에 있는 벨뷰 정신병원……." Norman Cousins, Anatomy of an Illness(USA, Bantam), 1991

p.327 "통계적으로 볼 때 수많은 직업 가운데 미용사가……." Department of Trade and Industry survey 2004 and 2006. 『심리과학저널』에 따르면 삶의 행복도가 높은 사람일수록 혼자 보내는 시간이 적고 타인과 교류하는 데 많은 시간을 보낸다고 한다.